É a sua vez!

NICK SAVOY

É a sua vez!

Como ganhar o homem que você quiser

Tradução
Elena Gaidano

1ª edição

BestSeller
Rio de Janeiro | 2016

CIP-BRASIL. CATALOGAÇÃO NA PUBLICAÇÃO
SINDICATO NACIONAL DOS EDITORES DE LIVROS, RJ

S28s
Savoy, Nick, 1974-
É a sua vez : como ganhar o homem que você quiser / Nick Savoy ; tradução Elena Gaidano. – 1. ed. – Rio de Janeiro : Best*Seller*, 2016.
238 p.

Tradução de: I's Your Move
ISBN 978-85-7684-515-7

1. Paquera. 2. Sedução. 3. Relação homem-mulher. 4. Autoconfiança. I. Título.

16-33925
CDD: 306.734
CDU: 392.6

Título original norte-americano
IT'S YOUR MOVE
Copyright © 2013 by Nick Savoy
Copyright da tradução © 2016 by Editora Best Seller Ltda.

Publicado mediante acordo com Lennart Sane Agency AB.

Capa: Gabinete de Artes
Editoração eletrônica: Abreu's System

Todos os direitos reservados. Proibida a reprodução,
no todo ou em parte, sem autorização prévia por escrito da editora,
sejam quais forem os meios empregados.

Direitos exclusivos de publicação em língua portuguesa para o Brasil
adquiridos pela
Editora Best Seller Ltda.
Rua Argentina, 171, parte, São Cristóvão
Rio de Janeiro, RJ – 20921-380
que se reserva a propriedade literária desta tradução.

Impresso no Brasil

ISBN 978-85-7684-515-7

Seja um leitor preferencial Record
Cadastre-se e receba informações sobre nossos lançamentos e nossas promoções.

Atendimento e venda direta ao leitor
mdireto@record.com.br ou (21) 2585-2002

Sumário

Agradecimentos		7
Introdução		9

Parte 1

CAPÍTULO UM	O que é Love Systems?	15
CAPÍTULO DOIS	Cinco segredos para 100 mil situações de paquera	34
CAPÍTULO TRÊS	Por que o processo de sedução é tão diferente do que "deveria" ser?	53
CAPÍTULO QUATRO	O que os homens querem, e por quê?	75

Parte 2

CAPÍTULO CINCO	Preparando-se (E como acumular vantagens a seu favor)	95
CAPÍTULO SEIS	Conheça mais homens. Conheça homens melhores	113
CAPÍTULO SETE	Agora, vamos facilitar as coisas ainda mais...	140
CAPÍTULO OITO	Ele está falando com você. E agora?	148
CAPÍTULO NOVE	Selecionando	170
CAPÍTULO DEZ	Saindo	180
CAPÍTULO ONZE	Relacionamentos: tirando as pedras do caminho	209
	Conclusão	233
	A jornada continua...	235

Agradecimentos

Agradecimentos longos e demorados são maçantes e rasgação de seda, portanto, sejamos breves. Agradeço aos meus colegas instrutores de Love Systems — juntos, mudamos milhares de vidas para melhor e realizamos todo o árduo trabalho que me possibilitou escrever este livro. Agradeço a Arrin e Sebastian. Vocês representam mais para mim do que imaginam. Obrigado aos assistentes de pesquisa Jonathan Lin, Katherine Bierig, James Lovley, Edward Mousenkis e Kyle DuPrey — sua contribuição deixou o livro muito melhor.

Como você não conhece nenhuma dessas pessoas, vamos logo ao assunto.

Introdução

Este livro não vem recheado com os típicos conselhos de paquera que interessem às mulheres.

Para começar, sou instrutor profissional de relacionamentos amorosos — que algumas pessoas chamam de mestre na arte da sedução. Na opinião daqueles que elaboram rankings, sou um dos melhores no mundo. Várias pessoas procuraram me dissuadir de escrever este livro, por temerem que eu revelasse segredos demais.

No início, essa reação me surpreendeu, embora não devesse ser assim. Por vezes, tenho a impressão de que o mundo dos relacionamentos se transformou em uma corrida armamentista. Vejo cada vez mais artigos e livros oferecendo conselhos de relacionamentos e ostentando títulos deste tipo: "Como controlar sua mulher" ou "Como conseguir que qualquer homem faça tudo que você queira", como se os relacionamentos fossem uma espécie de competição entre homens e mulheres. Na verdade, o oposto deveria ser verdadeiro. Uma das coisas que mais me agradam no meu trabalho como instrutor de relacionamentos de Love Systems é que eu torno ambos, homens *e* mulheres, mais felizes. Afinal, a cada homem que eu ajudo a encontrar o amor presumo que uma mulher também encontrará o amor com ele. Claro que existe competição no mundo da azaração, mas ela ocorre *dentro* de cada gênero (pelo menos, para os heterossexuais); não se trata de uma guerra dos sexos.

Embora desejoso de que este livro ajude a corrigir algumas dessas atitudes, na realidade eu o escrevi por outras três razões:

Em primeiro lugar, ao ajudar dezenas de milhares de clientes (majoritariamente homens) a melhorarem suas vidas amorosas, aprendi muito sobre o que move os homens: o que os instiga e o que não. Ser instrutor de relacionamentos me oferece a possibilidade única e privilegiada de ouvir os homens falarem de forma extremamente franca sobre sua vida amorosa e seus desejos, e também de verificar as decisões que eles tomam realmente ao flertar ou namorar mulheres. Um dos assuntos tratados neste livro é que, frequentemente, o que as pessoas dizem *não* corresponde à forma como reagem na realidade; assim, o fato de eu ter acesso tanto aos pensamentos quanto às ações dos meus clientes é de inestimável valor.

O segundo motivo decorre do mesmo corpo de conhecimento que pautou o primeiro. Eu imaginava que, ao dedicar minha carreira a ajudar homens a serem bem-sucedidos com as mulheres, me tornaria especialista em determinados aspectos da psicologia feminina. O que eu não esperava era que, ao longo do caminho, teria que me tornar igualmente perito em psicologia masculina. Cada cliente tem sua própria história — o que ele gosta e desgosta nas mulheres, a razão pela qual algumas mulheres terão sempre um lugar em seu coração, ao passo que outras nunca o conquistarão e assim por diante. Não extraí essas informações de levantamentos já prontos, nem as obtive de escritores sem a menor noção, dos que promovem pesquisas de opinião entre seus amigos para apresentar um "ponto de vista masculino" nas revistas femininas. Elas são fruto de horas de discussão com homens que me pagavam milhares de dólares para que eu os ajudasse a melhorar suas vidas amorosas e sexuais. Esses homens me contam coisas que *jamais* contaram a ninguém antes — nem mesmo aos amigos, à família ou aos parceiros românticos. O que descobri, a partir dessas conversas e observações, aponta conclusões bastante surpreendentes, das quais muitas contradizem o senso comum. Acredito que se mais mulheres conhecessem essas informações, elas passariam a compreender melhor os homens e, consequentemente, seriam mais felizes em seus relacionamentos.

A terceira razão que me levou a escrever este livro é que a maioria dos conselhos de paquera publicados por aí para as mulheres é inadequada. Eles são bastante extensos no quesito encorajamento (e, por algum motivo, também capricham nos pontos de exclamação), mas são parcimoniosos no que tange a detalhes específicos e exemplos: tenha autoconfiança! Faça com que ele sinta saudade de você quando estiverem longe um do outro! Faça ótimo sexo com ele! Vamos e convenhamos...

Muitas pessoas — tanto homens quanto mulheres — me alertaram que eu não poderia escrever este livro do mesmo jeito que escrevo para os homens. A abordagem de Love Systems não serve apenas para explicar *o que* se deveria fazer em uma situação específica, mas também indica *como* proceder — completinho, com exemplos e exceções —, sem esquecer de fornecer o *motivo*. Este estilo favorece a aprendizagem e ajuda as pessoas a memorizar, compreender e utilizar de fato as informações fornecidas. Fiquei surpreso ao ouvir que este método não funcionaria com as mulheres, acostumadas a uma farta dieta de chavões vazios. Em minha opinião, a noção de que mulheres não podem ou não conseguem compreender uma abordagem lógica, embasada em evidências, é chocantemente machista para o século XXI. Assim, muito embora a leitura deste livro, provavelmente, não seja tão leve quanto a média das revistas femininas, espero que ela deixe uma marca mais duradoura em sua vida.

COMO UTILIZAR ESTE LIVRO

É a sua vez põe você no comando. Você pode lê-lo do início ao fim seguindo sua ordem — coisa que recomendo fazer pelo menos uma vez — ou pode optar por mergulhar em um ou outro capítulo que pareça mais relevante para você no momento. A Parte 1 é, principalmente, porém não exclusivamente, descritiva. Nela são explicados alguns princípios-chave de como a paquera e a atração funcionam de fato. A Parte 2, então, os transforma em conselhos capazes de serem postos em prática.

A Parte 2 se debruça sobre cada fase do processo de relacionamento, seguindo sua ordem. O Capítulo 5 tem início antes de você sair de casa; os capítulos 6 e 7 tratam de conhecer homens (totalmente desconhecidos *versus* homens que seus amigos conhecem, ou ligados ao estudo/trabalho ou outras atividades); o Capítulo 8 ajuda você a atrair esses homens; o Capítulo 9 ensina como selecionar os homens e estabelecer suas próprias expectativas; o Capítulo 10 trata de encontros e o Capítulo 11, de relacionamentos. Esta estrutura possibilita acessar os capítulos em qualquer ordem e obter rapidamente a informação desejada, evitando que você se distraia com a maneira de resolver problemas de relacionamento quando estiver procurando dicas de última hora antes de um grande encontro; tampouco a obrigará a passar pela parte dedicada aos conselhos para conseguir chamar a atenção de mais homens, se você precisar tão somente de algumas técnicas que lhe permitam selecionar os homens que já estão atrás de você para descobrir qual deles é compatível.

Você pode não concordar com tudo que ler aqui. Mas, durante os meus dez anos de experiência nas trincheiras da azaração, já vi e aprendi o suficiente para assegurar, com toda certeza, que, a não ser que você constitua rara exceção, a maior parte daquilo que ouviu dizer sobre como funcionam a atração e a azaração — pela sociedade, pela mídia, por suas amigas e até por você mesma — está, provavelmente, errada. Aconselho experimentar as técnicas contidas neste livro com a mente aberta. Se as perguntas sobre sedução tivessem sempre respostas simples e fáceis, que se encaixassem com a noção que as pessoas têm do mundo dos relacionamentos, seria fácil todas conseguirem a vida amorosa almejada, e não haveria necessidade alguma deste livro (ou dos muitos outros que há por aí). Essas técnicas já ajudaram muitas mulheres que procuraram o auxílio de Love Systems, e ajudarão muitas, muitas mais.

Pronta para começar? É a sua vez...

Nick Savoy
Los Angeles, CA
Savoy@ItsYourMoveBook.com
@LS_Savoy

Parte 1

Capítulo Um
O que é Love Systems?

Eles vêm de longe — às vezes, de milhares de quilômetros de distância. Entram em uma sala de conferência de um hotel, inseguros e ansiosos com o que vai acontecer nos próximos três dias. Esperam que sua vida esteja prestes a mudar para melhor. Chegaram à procura de respostas para seus sonhos.

É um programa de treinamento de Love Systems.

Há uma enorme probabilidade de você nunca ter ouvido falar na existência desses programas de treinamento antes de abrir este livro. Você talvez não imaginasse que, a cada fim de semana do ano, grupos de homens se juntam para aprender os segredos de *vocês* com profissionais na arte da sedução e instrutores de paquera. Nem que esses homens costumam gastar milhares de dólares por três dias e duas noites de treinamento com especialistas na arte e na ciência de conhecer e atrair mulheres — com mais de 99% de aproveitamento!

Caso você ainda não esteja chocada, não se preocupe; a coisa piora. Grande parte de cada programa de treinamento é ensinada "ao vivo" — em bares, boates, cafés, shoppings e em qualquer outro lugar onde se encontrem mulheres atraentes. Instrutores abordam e paqueram as mulheres para demonstrar como o sistema funciona. Os clientes assistem e aprendem, e, então, é a vez deles de abordar e azarar, enquanto os instrutores os observam e corrigem.

Trocando em miúdos, aqueles caras que deram em cima de você ontem à noite no bar, ou que flertaram com você no último fim de semana no shopping, podem ter sido encontros fortuitos. Ou, talvez, aqueles homens estivessem treinando Love Systems com você, enquanto outros observavam e se preparavam para criticar cada um de seus gestos. Agora, você sabe. Não está se sentindo melhor?

Na realidade, você deveria. Não estou lhe contando isso para que fique paranoica. Na verdade, o motivo pelo qual eu lhe dou esta informação é, também, uma das principais razões que me fizeram decidir escrever este livro. Existe desinformação demais sobre como a atração e a sedução realmente funcionam. Como explicarei nos próximos capítulos, aquilo que as pessoas *pensam* querer e aquilo que elas *acham* que as move em um contexto romântico e/ou sexual não correspondem sempre ao que elas *de fato* querem e com o que *realmente* as move. Creio que você ficaria chocada com as coisas que mandamos os homens fazer para terem sucesso com as mulheres — e não por eu estar deliberadamente tentando chocá-la, porém, porque muito daquilo que de fato funciona pode parecer bem contraintuitivo. Você não encontrará as coisas que ensinamos na maioria das revistas masculinas ou nos livros em voga. Contudo, são eficientes.

Nós não desafiamos deliberadamente o senso comum — foi a realidade que nos guiou até aqui. Love Systems foi desenvolvido por meio de um processo de tentativa e erro aplicado em escala massiva. Não partimos de ideias preconcebidas. Não nos preocupamos com o que "deveria" funcionar ou o que seria "legal", nem com nenhuma outra coisa senão aquilo que realmente ajuda caras comuns a atraírem as mulheres por quem se interessam. Quero compartilhar algumas dessas técnicas com você por achar que, se conseguirmos desvendar como e por que a atração funciona — sem vacilar e deixando de lado o aspecto politicamente correto —, homens e mulheres poderão tomar decisões mais acertadas no que tange à sedução e aos relacionamentos. Creio que isso melhorará a vida amorosa de todos.

O MÉTODO POR DENTRO

Os programas de treinamento duram três dias, normalmente, de sexta-feira a domingo. Eles têm início em uma sala de conferência de algum hotel, onde instrutores ensinam a abordagem Love Systems. Durante o seminário, executamos muitos exercícios práticos, como "Abordagem e transição", "Provocação e gracejo" e "Linguagem corporal". Esses exercícios interativos — sendo que todos correspondem mais ou menos ao nome que têm — permitem aos clientes que pratiquem e se corrijam em uma situação típica de sala de aula, sem muita pressão. Contudo, precisamos de uma resposta rápida dos clientes, porque sairão à noite conosco na sexta-feira e no sábado, quando serão submetidos a várias horas de treinamento ativo em campo. É nesta parte de nosso programa de treinamento que você — uma vez que se encontre casualmente em uma das nossas locações de treinamento ativo — pode vir a ser abordada por clientes e/ou instrutores Love Systems, que flertarão e tentarão seduzi-la com o objetivo de praticar ou demonstrar as técnicas.

Programas desse tipo são realizados todos os fins de semana, em múltiplas cidades mundo afora. Todos apresentam a mesma estrutura, com ligeiras variações. (Por exemplo, os programas Day Game ministram o treinamento prático em shoppings, cafés e áreas de pedestres.) Tipicamente, os programas congregam entre seis e 12 clientes e contam com uma equipe de instrutores — pelo menos um para cada três clientes — e, normalmente, alguns instrutores que estão recebendo treinamento.

Agora, vamos esmiuçar tudo...

Seminário

Normalmente, iniciamos os programas perguntando aos clientes o que eles desejam para sua vida amorosa. Conforme veremos detalhadamente mais adiante neste capítulo, a maioria dos homens expressa um de três grandes objetivos. Alguns nunca tiveram muita sorte com mulheres e, assim, procuram essa brecha inicial. Outros, buscam mais e melhores opções. Há outros, ainda, que desejam melhorar sua vida sexual e sair, qualquer noite, levando uma mulher bonita para casa. Tipicamente, os programas podem ter um ou, talvez, dois clientes do primeiro e/ou do último tipo, sendo que a maioria está normalmente interessada em "mais e melhores opções". Essa conversa inicial possibilita personalizar o programa de treinamento.

Após termos estabelecido nossos objetivos, introduzimos a estrutura geral de Love Systems, chamada Tríade de Love Systems. A Tríade está baseada naquilo que funciona com as mulheres na vida real — e não no que se vê no cinema ou na TV, ou que se lê nos romances. Não é o que funcionaria se o mundo fosse um lugar melhor e mais justo, em que todos dessem oportunidades a todos. Tampouco é o que as pessoas bem-intencionadas dizem que *deveria* funcionar. Nós ensinamos o que garante ao homem a melhor chance de sucesso, que comprovamos ao observar mais de 100 mil abordagens, paqueras e tentativas de sedução (voltaremos mais adiante a este assunto).

É chamada Tríade porque está estruturada de acordo com as três pedras angulares fundamentais no processo de namorar ou seduzir: Conexão emocional, Conexão física e Logística.* Cada um desses elementos pode ser subdividido em subcomponentes, subsubcomponentes etc. (veja a figura a seguir). Por ser flexível, a Tríade é uma poderosa ferramenta didática: pode ser utilizada em um nível muito elementar, para familiarizar alguém com Love Systems, mas também pode-se lançar mão dela em um nível muito detalhado e avançado, para solucionar problemas com que até homens muito bem-sucedidos deparam. Um rápido resumo de todo o sistema pode ser encontrado no site **www.LoveSystems.com/Triad**.

---

* "Logística" se refere ao contexto social e físico de qualquer interação. Por exemplo, um homem que a conhecesse acompanhada de sua melhor amiga ciumenta e hipercrítica, que espera que você a leve para casa daí a alguns minutos, estaria experimentando uma péssima logística. Um encontro marcado normalmente apresenta uma boa logística, porque os dois estarão sozinhos, com bastante tempo e liberdade para ir aonde quiserem. A Logística tem muitos desdobramentos poderosos, que abordaremos mais adiante.

A Tríade de Love Systems

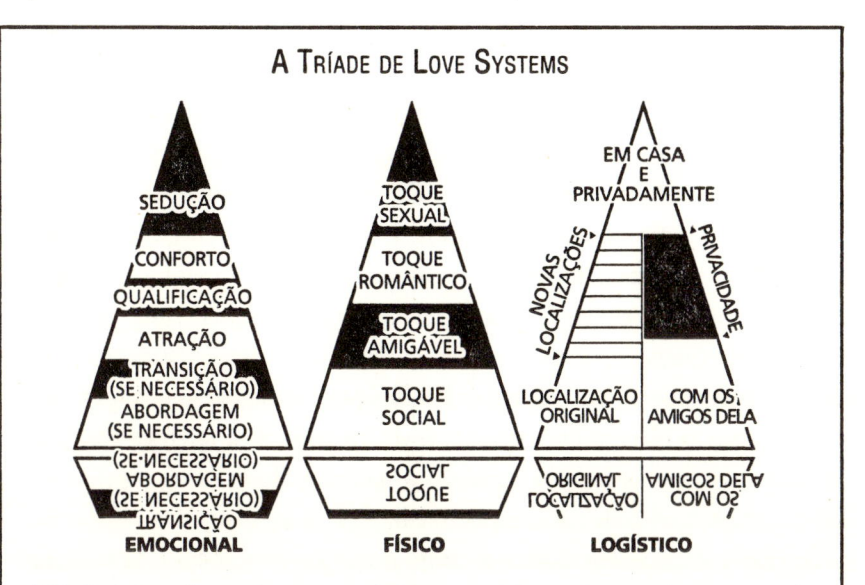

EMOCIONAL: Sedução / Conforto / Qualificação / Atração / Transição (se necessário) / Abordagem (se necessário)

FÍSICO: Toque Sexual / Toque Romântico / Toque Amigável / Toque Social

LOGÍSTICO: Em casa e privadamente / Novas localizações / Privacidade / Localização original / Com os amigos dela

A Tríade de Love Systems serve para balizar o caminho que leva um homem a conhecer, atrair e iniciar um relacionamento amoroso e/ou sexual com uma mulher. Ela possui três dimensões — emocional, física e logística —, cada uma das quais é composta por diversas fases (por exemplo, "Atração", no modelo emocional, "Toque social", no físico) que deveriam ser buscadas nesta ordem. Grande parte do que se faz nos programas de treinamento é oferecer aos clientes ferramentas que lhes permitam ser bem-sucedidos ao passar por todas as fases do modelo.

Em campo

O treinamento em campo é o que diferencia Love Systems de quase tudo o que existiu anteriormente. Os clientes não aprendem tão somente o sistema, mas também o colocam em prática ao vivo, sob o olhar de treinadores e instrutores especializados. Eles observam e escutam quando os instrutores demonstram ao vivo cada técnica separadamente. A componente de campo comprova a eficácia de Love Systems, já que um cliente que não registrasse significativo progresso durante o seu programa de treinamento talvez exigisse ser reembolsado, de acordo com nossa garantia de restituição plena. Nosso nome e nossa reputação estão em jogo a cada noite, em todos os programas de treinamento.

As sessões de campo costumam começar por volta das 22 horas, quando todos se encontram em uma região da cidade em que há muitos bares e boates. Na metodologia Love Systems não há nada de especial na escolha dos bares e boates; nós os utilizamos nos programas de treinamento por serem ambientes amplos e anônimos, em que grupos de homens podem praticar Love Systems sem deparar sempre com as mesmas mulheres. Mas o treinamento pode ser aplicado igualmente em qualquer outro ambiente em que homens e mulheres possam se conhecer. Como observamos acima, os programas de Day Game acontecem em shoppings, áreas de pedestres, parques e cafés, ao passo que o treinamento individual pode ser feito em qualquer lugar.

Durante as horas subsequentes, os instrutores e os clientes abordarão mulheres usando as técnicas ensinadas naquele dia durante o seminário. As mulheres tendem a não frequentar bares e boates sozinhas, o que normalmente significa abordá-lo e quaisquer amigos ao seu lado. Se você estiver com amigos homens, não há problema — nós a abordaremos de qualquer maneira. Se você se mostrar absolutamente inabordável — se estiver sentada em um canto e circundada por indivíduos de aspecto agressivo, por exemplo — *aí mesmo* é que, provavelmente, será abordada, porque os clientes querem que os instrutores demonstrem casos mais difíceis.

Muitos clientes sofrem do que chamamos ansiedade de abordagem, que é o temor de se aproximar de uma mulher que não conhecem, nem têm nenhum motivo para conhecer. Trata-se de um sentimento instintivo, quase primitivo, sobre o qual nos deteremos mais no Capítulo 6; por enquanto, basta dizer que a ansiedade de abordagem não tem nada a ver com confiança e sucesso, ou com a falta deles, em outros setores da vida. Alguns anos atrás, um paraquedista altamente qualificado chamado Edward participou de um dos nossos programas e nos contou que, na realidade, ele ficava mais nervoso abordando um grupo de mulheres bonitas em um canto de um bar, com todo mundo olhando, do que saltando de um avião. E trata-se de um ex-combatente — e não de alguém que tem o costume de deixar o medo governar sua vida.

Embora a ansiedade da abordagem possa parecer um obstáculo invencível aos olhos de muitos homens, em uma ou duas horas instrutores experientes conseguem levar até mesmo o mais tímido dos clientes a se aproximar das mulheres com confiança. É então que a diversão se inicia. Os instrutores observam os clientes abordarem mulheres atraentes e lhes oferecem um feedback e conselhos; eles fazem isso seja a distância, seja de perto, para poder ouvir tudo que for dito. Os instrutores podem interferir na conversa, apresentando-se normalmente como amigos do cliente. Podem até realizar rápidas filmagens com o telefone celular, para que mais tarde possam ilustrar um ponto específico para o cliente — em geral, trata-se de problemas de linguagem corporal. Mas não espere nos flagrar fazendo algo desse tipo na próxima vez que você sair. Já dominamos a técnica de permanecermos imperceptíveis enquanto estamos trabalhando — e este é o único segredo que *não* vou partilhar com vocês neste livro...

Quando os instrutores fazem as abordagens, costuma haver outro instrutor com o grupo de clientes, fora do campo auditivo da mulher; isso lhe permite comentar passo a passo tudo o que está acontecendo e explicar o que o instrutor está fazendo a cada momento-chave, e por quê. Esse tipo de treinamento é inestimável para a maioria dos nossos clientes, que nunca viram paqueras bem-sucedidas sendo explicadas passo a passo dessa maneira.

Eu disse bem-sucedidas? A maioria é, terminando com um número de telefone, um beijo ou mais! Outras, não. Às vezes, uma mulher simplesmente não vai se interessar por um homem, independentemente da habilidade dele. Isto faz parte das expectativas realistas que transmitimos a nossos clientes. Contudo, no curso da noite, a maioria dessas abordagens demonstrativas do instrutor, ou "demos", será bem-sucedida, e os clientes terão muito para observar e receberão modelos para copiar. Até o fim da primeira noite, muitos clientes também obtêm resultados positivos.

Normalmente, procuramos programar as abordagens para mais ou menos meia hora, já que temos muito para ensinar e pouco tempo disponível. Não obstante, os clientes costumam fazer só o que querem; aconteceu mais de uma vez que uma das pessoas que estavam sendo treinadas decidiu ficar com sua nova descoberta amorosa, em vez de concluir a noite no programa. Alguns clientes até se casaram com mulheres que conheceram durante um programa de treinamento Love Systems.

Na segunda noite de treinamento em campo já dá para ver de fato a transformação. Após terem passado por dez horas de seminários e cinco horas de treinamento ao vivo, as abordagens dos clientes tendem a ser mais animadas, mais confiantes e mais decididas. Eles já demonstram compreender melhor o que as mulheres acham irresistível, e aprenderam a realçar os aspectos mais atraentes da sua própria personalidade e de seu caráter. Normalmente, eles terminam a segunda noite com números de telefone, encontros marcados e/ou alguém com quem já se sentem conectados.

Então... o que você acha disso tudo? Se você for como a maioria das mulheres, é provável que sua reação seja uma mistura de "Isto é fascinante e divertido", "Isto é ofensivo e obsceno" e/ou "Você está falando sério quando diz que os homens *fazem aula* para se tornarem mais atraentes para as mulheres?". Independentemente da sua opinião, é inegável que Love Systems funciona; perdi a conta de quantas vezes o método foi testado, comprovado e documentado.* O que ensinamos aos homens sobre as mulheres é correto, e esses segredos sobre atração e sedução apresentam poderosas ramificações. Você merece saber — começando no próximo capítulo — quais são esses segredos, para que possa utilizá-los a *seu* favor para conseguir o amor e os relacionamentos que almeja.

No entanto, antes de entrarmos em detalhes mais específicos quero apontar os cinco equívocos mais comuns sobre homens, sedução e programas de treinamento. Seria fácil conjecturar que tipo de clientes procuram esses programas ou como eles são ensinados a considerar e a tratar as mulheres — sobretudo porque alguns dos pressupostos mais corriqueiros são reforçados pela mídia, bem como pelos imitadores malsucedidos de Love Systems. A ideia não é defender os programas de treinamento — alguns aspectos relativos ao modo como ensinamos *realmente* incomodam muita gente, e eu não me esquivarei deles —, porém quero lhe mostrar que sabemos exatamente o que estamos fazendo, para que você possa contextualizar nossas conclusões.

EQUÍVOCO NÚMERO 1: OS PROGRAMAS DE TREINAMENTO GIRAM, TODOS, EM TORNO DE SEXO SEM COMPROMISSO, E NÃO DE RELACIONAMENTOS SIGNIFICATIVOS

Os homens procuram Love Systems para melhorar seu sucesso com as mulheres. Alguns afirmam querer mais sexo. Outros comentam querer um

---

* Veja em www.LoveSystems.com/media.

relacionamento de longo prazo ou casar. Na realidade, a maioria dos homens solteiros está aberta a ambas as possibilidades e a várias outras, intermediárias, também. Até mesmo o paquerador mais consumado pode encontrar o par perfeito, e até os mais irremediavelmente românticos podem curtir uma noite de paixão sem levar as coisas adiante. Depende de como se sentirem, da mulher com quem estiverem conversando e da situação, de modo geral. Acredito que muitos dos seus amigos solteiros também pensem da mesma maneira. E, inclusive, que a maioria de suas amigas solteiras também faça o mesmo.

Por outro lado, onde há fumaça, costuma haver fogo — ou, pelo menos, algo que explique a origem da fumaça. Nós *realmente* ensinamos aos homens que querem melhorar sua vida sexual a serem sexualmente mais desejáveis. Mostramos como podem ser mais sedutores, compartilhamos nossas melhores estratégias para convencer você a querer ir para a cama com eles. Contanto que os homens sejam honestos sobre suas intenções com as mulheres que conhecem, para nós está tudo bem.

Nós também informamos aos nossos clientes que, independentemente de quais forem suas intenções de longo prazo com alguma mulher, eles, normalmente, deveriam tentar sexualizar mais o relacionamento — mesmo que estejam totalmente focados em um namoro longo, seguido de casamento. Um homem tem mais probabilidade de se tornar seu namorado (caso seja o seu desejo e ele saiba o que está fazendo), na condição de parceiro sexual regular, do que sendo um cara legal que leva você para jantares sofisticados e fica só "saindo e esperando".

Além do mais, não há nada de desonesto ou desabonador em ser sedutor, e tampouco isto é ser manipulador. Todos nós sabemos que o sexo é um aspecto normal e saudável dos relacionamentos humanos, responsável pelo nosso bem-estar físico e mental, e que há muitos homens e mulheres infelizes com sua vida sexual. Mas, por algum motivo, o discurso dominante na mídia é que é esquisito ou sórdido essas pessoas realmente desejarem suprir o que falta em suas vidas; suponho que se espera delas que se resignem ao seu destino. Certamente, esses clamores puritanos são hipócritas; todavia, qualquer pessoa que ousar desafiar esse ponto de vista corre o risco de ser pintada como um diabo segurando um tridente e tudo mais.

Um excelente exemplo dessa dinâmica é uma entrevista de TV que concedi certa ocasião. Depois de longos preâmbulos, o entrevistador formulou orgulhosamente sua melhor acusação: afirmou possuir evidências de que nossos seminários incluíam técnicas especiais para conseguir "transar na mesma noite". Todos ficaram em silêncio. As câmeras se aproximaram para um close. O entrevistador sorria afetadamente. Quando confirmei, com toda a tranquilidade, que essa é de fato uma das coisas que ensinamos os homens a fazerem, foi como se eu tivesse admitido a prática de afogar cãezinhos indefesos. O entrevistador me encarou, descrente, e um silêncio longo e constrangedor se instaurou entre nós. Eu não ia me desculpar por isso, nem ele pretendia me explicar por que seria errado. Simplesmente, trata-se de uma das coisas que não podem ser ditas nos noticiários.

EQUÍVOCO NÚMERO 2: OS PROGRAMAS DE TREINAMENTO ENSINAM OS HOMENS A MENTIR E ENROLAR AS MULHERES PARA LEVÁ-LAS PARA A CAMA

Não há sequer um grão de verdade nesta afirmação. Nós não ensinamos os homens a mentir; na verdade, ensinamos a não fazê-lo, embora não seja por motivos estritamente morais. Mesmo que pessoalmente eu estime a honestidade, os clientes me procuram para adquirir habilidades práticas e não para ouvir sermões sobre ética. A questão é que, para a maioria dos homens, ser honesto simplesmente funciona muito melhor do que trapacear.*

É complicado fingir ser alguém que você não é. Basta zapear por alguns canais de TV para ver muitos atores que não convencem, ao lado de outros tantos bem-sucedidos. Tais atores costumam ser profissionais treinados, frequentemente contratados para um papel com base na capacidade que

---

* Estou usando a expressão "ser honesto" aqui no sentido de não haver mentiras ou imposturas. Não estou afirmando que um homem deveria sair de sua área de conforto e lhe contar acerca de suas qualidades menos atraentes logo no primeiro encontro. Todo mundo tenta — ou pelo menos deveria tentar — mostrar suas melhores qualidades e apresentar a melhor versão possível de si mesmo quando se encontra com potenciais parceiros românticos.

demonstram para representar a personagem em questão com verossimilhança. Eles têm a vantagem de dispor de um roteiro ao qual todos vão se ater e que foi escrito para reforçar sua caracterização. Provavelmente, também se beneficiarão de ensaios frequentes, e poderão repetir tomadas. Mas, *ainda assim*, muitos atores falham no quesito da veracidade. Se nem os profissionais podem garantir que serão convincentes, mesmo dispondo de todas essas vantagens, então, a maioria dos homens não haverá de ter muita sorte ao tentar fingir para conseguir levar você para a cama.

É óbvio que alguns homens *de fato* mentem e manipulam as mulheres para fazer sexo com elas. Mas caras assim (que normalmente são psicopatas com muita prática) não são do tipo encontrado geralmente nos programas de treinamento Love Systems. As mulheres que eles seduzem tendem a ser mais ingênuas e ter pouca experiência social. Elas podem ser pessoas maravilhosas, mas os clientes Love Systems querem ter sucesso com as mulheres que eles realmente desejam, e não apenas com as facilmente seduzíveis.

Basta comparar mentiras e manipulação com o tipo de "jogo interior" que ensinamos aos homens — ter confiança positiva (porém não arrogância), sentir-se confortável em sua própria pele e ter paixão pela vida e suas oportunidades. A maioria das mulheres acha estas qualidades mais atraentes do que as mais excitantes lorotas. Não obstante, é impossível que os homens que operam à base de emoções compartimentadas, desonestidade e impostura tenham as referidas qualidades. Diga-se de passagem que a maioria dos clientes Love Systems (falaremos a seu respeito daqui a pouco) tem, *de fato*, vidas interessantes. Eles não precisam inventar nada; tudo o que precisam fazer é se apresentar de um jeito que as mulheres achem irresistível.

Em outras palavras, Love Systems não tem nada a ver com fingir ser alguém que você não é. Tampouco tem a ver com repetir a mesma coisa inúmeras vezes, esperando obter um resultado diferente com isso, conforme sugere o conselho "seja você mesmo", bem-intencionado, porém inútil. Antes, Love Systems ensina aos homens como serem seu *melhor* "si mesmo". Os clientes aprendem e utilizam o que Tyra Banks* passou a chamar

---

* Tyra Banks é apresentadora de um programa de TV em que entrevistou Nick Savoy. (*N. da T.*)

de "regras secretas e tácitas" da atração, depois de as termos ensinado no seu programa. Alguns homens internalizam essas regras naturalmente — e as expressam instintivamente em seus hábitos e comportamentos —, ao passo que outros aprendem com amigos mais velhos e parentes. Love Systems existe para aqueles que não aprenderam, ou ainda não as aplicam.

EQUÍVOCO NÚMERO 3: LOVE SYSTEMS CONFERE UMA VANTAGEM INJUSTA AOS HOMENS

Uma vantagem, certamente. Mas, injusta? Admitamos, Love Systems é poderoso — exponencialmente mais do que qualquer outra coisa que já esteve à disposição dos homens. Seus métodos têm embasamento em anos de testes e experimentos efetuados em uma escala tremendamente ampla, incluindo mais de 100 mil abordagens, seduções ou paqueras, envolvendo homens e mulheres de todas as idades, todos os tipos de formação, aparências, gostos, estilos de vida e localização geográfica.

Não se trata de Fulano contando para Beltrano como ele se deu bem na noite anterior, no bar. Não se trata de mais um estudo imaginário sobre a ciência da atração, baseado em uma amostra limitada e não representativa, composta por 22 estudantes universitários de algum lugar. Quando um instrutor Love Systems apresenta um conceito ou uma técnica, eles são testados por todos nós. Esses caras medem entre 1,60m e 1,95m, variam entre os 20 e os 50 anos, são desde feios a razoavelmente atraentes, alguns são extrovertidos e, outros, introvertidos, e pertencem a todos os principais grupos raciais. Seus estilos de vida, gostos e preferências, no que tange às mulheres, também variam consideravelmente, e essas técnicas foram ensinadas em mais de cinquenta cidades diferentes, em todos os continentes habitados. Quando um grupo tão diversificado atua como um laboratório de teste, fica muito fácil definir se determinada técnica é aplicável universalmente ou se funciona apenas para certos tipos de homens, ou com certos tipos de mulheres, ou em determinadas situações específicas. É crucial compreender como cada técnica pode ser aplicada; considerando-se que o número de homens que leem os nossos livros ou assistem aos nossos vídeos é muito superior ao dos que podem treinar conosco ao vivo, precisamos deixar bem claro quando determinadas técnicas devem ser empregadas ou não.

Muito embora ninguém antes tenha juntado tanta experiência do mundo real da paquera, isto não quer dizer que haja alguma *injustiça* no programa. É importante lembrar que falamos de mulheres adultas em situações sociais como festas, bares e cafés. Você pode deparar com alguém treinado por Love Systems e achá-lo interessante e atraente, e se deixar envolver pela sua conversa e por seu modo de flertar, mas você jamais perderá seu livre-arbítrio. Você já se sentiu atraída por outros homens antes e sabe que depende de você querer ceder ou não a essa atração. O que fazemos é apenas ajudar os homens a aproveitar melhor os trunfos que têm; o resultado é aumentar significativamente a disponibilidade de homens desejáveis e interessantes que estão por aí, disponíveis para você.

Isto me leva ao próximo ponto: é bem provável que você goste que os homens a achem atraente e procurem se arrumar para você. Todo mundo tenta, ou deveria tentar, tirar o melhor proveito do que tem. Acho que o Dr. Phil se expressou bem quando estivemos em seu programa; quando Love Systems foi criticado por uma senhora da plateia, ele pediu que ela explicasse por que o fato de os homens estarem aprendendo técnicas de conversação ou de flerte era mais condenável que as mulheres que usam sutiãs *push-up* ou maquiagem. Ela não conseguiu responder.

Também vale a pena considerar que as mulheres costumam partilhar conselhos sobre sedução e relacionamentos com muito mais frequência que os homens. É só lembrar do que leu na última vez que folheou uma revista feminina. Pense no que você está lendo neste momento. Pense no que conversaram na última vez que saiu com suas amigas. Como veremos no Capítulo 3, parte significativa dos conselhos que você pode vir a receber de suas amigas está errada; contudo, pelo menos a maioria delas está *tentando* ajudá-la. Na melhor das hipóteses, um homem que resolvesse falar com os amigos sobre vida amorosa, seja lá em que profundidade for, estaria sujeito a piadas e gozações; de qualquer maneira, esses amigos estariam, provavelmente, tão perdidos quanto ele.

Na verdade, antes de começar com Love Systems, eu era alguém que realmente precisava de ajuda para a minha vida amorosa, mas, por mais que buscasse, acabava sempre de mãos vazias. Eu lia e experimentava tudo o que aparecia na minha frente. A gota d'água foi quando fui à maior livraria de minha cidade, procurei a seção de autoajuda e peguei o livro que estava sendo promovido, sobre conselhos de sedução para homens. O autor era apresentado como um cinquentão solteiro que vivia com um cachorro. Suas referências eram exclusivamente sobre programação de computadores. Não era bem esse o tipo de biografia que eu havia imaginado para esse autor ao me dirigir à livraria para adquirir o livro, mas a sabedoria, às vezes, nos chega de lugares improváveis, e eu estava suficientemente desesperado para dar uma chance ao Sr. Programador.

Abri o livro em uma página qualquer. O título era "Boates" e consistia em um único parágrafo, que alertava os leitores a evitar as boates de modo geral, porque são procuradas por muitos homens, o que aumenta a competição. Puxa, obrigado. Ao acaso, abri novamente o livro, no capítulo sobre restaurantes. Ali, o autor recomendou frequentar restaurantes sozinho e abordar mulheres sentadas, dizendo: "Uma mulher bonita como você precisa ter uma noite linda. Posso me sentar com você?" Se ser interrompida no meio de um jantar com amigos por um homem desconhecido querendo se sentar à sua mesa, ainda por cima com uma cantada tão cafona, *poderia* funcionar com você em algum momento, então, largue imediatamente este livro. É óbvio que nós vivemos em planetas distintos.

Considerando-se o que passava por conselhos de sedução para homens até agora, dificilmente pode-se dizer que Love Systems constitui uma vantagem injusta; no máximo, serve para reequilibrar a balança. Contudo, "vantagens" e "balança" não são um bom enfoque para considerar a sedução e os relacionamentos, porque não estamos falando de uma guerra dos sexos aqui. *Todo mundo* sairia ganhando se um número maior de homens se tornasse charmoso e interessante, em vez de importunar você com frases esquisitas quando está tentando curtir o jantar.

Ademais, a eficácia de Love Systems depende tão somente de as mulheres de fato responderem àquilo que ensinamos — caso contrário, nossa abordagem não funcionaria e receberíamos pedidos de reembolso em vez de referências. Culpar Love Systems de supostamente oferecer vantagens injustas aos homens é como culpar um restaurante por servir refeições deliciosas. Trata-se de um elogio, não de uma crítica.

EQUÍVOCO NÚMERO 4: OS HOMENS QUE PROCURAM LOVE SYSTEMS SÃO PERDEDORES COM QUEM VOCÊ JAMAIS GOSTARIA DE SE RELACIONAR

Um número reduzido de nossos clientes *poderia*, provavelmente, ser descrito como de típicos perdedores. Apresentam baixas habilidades sociais, muitos medos e crenças inibidoras, e um histórico de rejeições e fracassos. O que eles têm em comum é que são seres humanos solitários e tristes. O que os diferencia dos demais é que se recusam a desistir de si mesmos e a abrir mão da oportunidade de ter uma vida feliz. Pelo contrário, arriscaram a autoconfiança e o amor-próprio que lhes restavam para procurar a ajuda de que precisavam. Eu já fui um desses homens e, hoje, tenho orgulho de ensinar para eles.

Fico ainda mais orgulhoso quando esses homens saem de suas carapaças, superam suas mágoas e dão os primeiros passos em um mundo onde encontram felicidade, emoção, companheirismo e algo ou alguém por quem ansiar a cada dia. E fico ainda mais orgulhoso quando recebo a visita deles, meses ou anos depois, e eles ficam tão eufóricos ao me contarem sobre seus encontros, suas namoradas e esposas — mulheres com quem eles adoram estar e que, por sua vez, curtem igualmente a companhia deles. Justamente na semana em que eu estava concluindo este livro fui convidado para o casamento de meu ex-cliente Jesse. Quando o conheci, durante um programa de treinamento, ele estava com 24 anos e jamais havia conseguido um segundo encontro, muito menos uma namorada.

Dito isto, 95% dos nossos clientes não se encaixam no estereótipo do perdedor. Muitas mulheres jornalistas comentaram este fato após terem assistido aos programas de Love Systems:

> Embora eu estivesse preparada para ser tratada grosseiramente por nerds, a maioria dos frequentadores do programa de treinamento era relativamente bem-apessoada e aparentava ser socialmente ajustada.* (Emily McCombs, *Asylum*)

---

* McCOMBS, Emily. "8 Woman-Approved Tips from Pick-Up Boot Camp" [Oito conselhos de um programa de treinamento para paquerar, aprovados por mulheres], *Asylum*, 8 de julho de 2009; www.asylum.com/2009/07/08pickup-tips-from-pickup-camp.

Os caras que compareceram ao seminário de inverno, em Boston, eram assustadoramente normais, homens do tipo que você na certa conhece ou com quem trabalha. A maioria tinha uns 30 e poucos anos e desempenhava funções executivas. Não eram feios. Pareciam ser bem legais.* (Meredith Goldstein, *Boston Globe*)

Na verdade, não são apenas os homens "assustadoramente normais" que podem melhorar sua vida amorosa e seus relacionamentos com as mulheres. Médicos, advogados, atletas e até mesmo uma celebridade passaram pelo treinamento de Love Systems — existe até um episódio de TV em que a popular banda de hip-hop The Streets pratica com um instrutor Love Systems. Os membros da banda não encontravam problemas para se relacionar com as mulheres depois dos seus shows, mas, antes de passar por Love Systems, eles não estavam muito acostumados a conhecer e atrair mulheres em plena luz do dia.

Você estranha que homens desse tipo procurem o programa Love Systems? Muitas mulheres nem desconfiam de como o processo de sedução pode ser confuso e difícil para os homens. Chega até a representar um desafio para eles que, a exemplo de muitos dos nossos clientes, parecem ter tudo a seu favor: bons empregos, sólida educação, estilo de vida estável e assim por diante. Eu vou antecipar a resposta para a pergunta que você provavelmente já está pensando em formular, uma vez que esta é a pergunta que eles ouvem quase sempre quando começam a conversar com qualquer mulher: *Por que você não tem namorada?*

Bem, por que é que eles não têm? Alguns são os clássicos caras legais, que têm amigas mulheres, mas não descobriram como se apresentar às mulheres sob o viés romântico ou sexual. Talvez você já tenha conhecido alguém assim, gentil e doce, mas que você considera como nada mais do que amigo. Esse tipo de cara nos procura por ser relegado terminantemente ao segundo plano pelas mulheres. Eles não são desajustados. Simples-

---

* GOLDSTEIN, Meredith. "Learning Their Lines" [Aprendendo a conversa deles], *Boston Globe*, 15 de abril de 2009; www.boston.com/lifestyle/relationships/articles/2009/04/15/learning_their_lines. Este artigo também está disponível em www.lovesystems.com/in-the-media/learning-their-lines.

mente, são pessoas que ainda têm que aprender a mostrar que seriam ótimas como algo mais do que amigos. Eles estão frustrados, porém têm juízo suficiente para procurar ajuda.

Há carreiras que demandam grande carga horária. Phil, jovem médico e ex-cliente de um programa de treinamento realizado em Atlanta, é um perfeito exemplo disso. Não é que ele seja ruim flertando ou não atraia as mulheres; o problema é que ele não conhece muitas. Phil não quer sair com alguém do trabalho, e o tempo de que dispõe para a vida social é limitado. Portanto, ele quer saber como aproveitar a oportunidade o máximo possível, quando encontrar uma mulher que desperte seu interesse.

Outros clientes do programa de treinamento são recém-divorciados que não têm saído para paquerar faz tempo. Não raro, esses homens estranham o mundo da sedução. Nossos métodos os ajudam a retomar a paquera da forma mais eficaz e menos dolorosa possível.

E por aí vai.

Dito isto, muitos homens não têm desculpas ou motivos para procurar Love Systems; eles simplesmente querem curtir mais a vida amorosa. Poderiam conhecer pessoas instigantes, adquirir experiências e oportunidades novas se soubessem como agir. Um cliente (Peter, bancário em Londres) descreveu a situação como querer "mais e melhores opções".

Alguns desses homens já atraem a atenção feminina. Assim, a ideia de eles estarem aperfeiçoando suas habilidades em programas de treinamento de Love Systems é, por vezes, interpretada de forma errada pelas mulheres. "Ele está sempre de namorada nova e já existe um monte de mulheres interessadas nele", comentou uma amiga quando soube que nosso amigo em comum, Stephen, estava frequentando um programa de treinamento Love Systems. "Para que ele precisa procurar o programa?"

Embora não concorde com esse enfoque, posso compreendê-lo. Na faculdade, eu me apaixonei por minha amiga Cathy. Certo dia, ela ganhou um encontro com uma celebridade local em um concurso de rádio. Na semana que antecedeu ao encontro, ela malhou religiosamente, ficou sem comer, experimentou 192.284 modelitos diferentes e gastou mais tempo com o cabelo e a maquiagem do que a maioria das noivas no dia do casamento. Fiquei preocupado ao ver minha amiga agir de forma tão superficial, valorizando a fama em detrimento do conteúdo. Pelo menos, isso era o que eu pensava naquela época; na realidade, é claro, eu estava com ciúme. Ela não valorizava a fama em detrimento do conteúdo, ela valorizava o cara em relação a mim. Pior, parecia-me que Cathy fugira do meu alcance, já que eu não poderia competir com o tipo de homens que ela considerava mais atraentes. Quando me dei conta do que realmente se passava na minha cabeça, resolvi me melhorar para que ela pudesse me considerar do seu nível, em vez de eu querer rebaixá-la ao meu próprio nível.

Não podemos sufocar as ambições das pessoas. Há muito tempo é socialmente aceitável que uma mulher trabalhe o corpo para atrair o tipo de homem que ela quer.* Até recentemente, o caminho mais óbvio para os homens melhorarem sua vida amorosa era ganhar mais dinheiro e comprar brinquedos melhores. Essa estratégia, porém, é muito imperfeita e frequentemente desastrada, além de tender a ser espalhafatosa. E homens como Edward, Jesse, Phil, Peter e Stephen querem e merecem algo melhor.

EQUÍVOCO NÚMERO 5: PERMITIR QUE HOMENS "PRATIQUEM" FLERTE COM MULHERES DESCONHECIDAS É UMA EXPLORAÇÃO, E AS COISIFICA.

Ah, eu entendi. Não é o ideal que homens envolvidos em programas de treinamento Love Systems pratiquem suas habilidades de flertar conversando com mulheres por quem possam não se sentir atraídos de fato. Mas temos boas razões didáticas para estruturarmos nossos programas desse modo, e os clientes precisam praticar e assistir às demonstrações do instrutor em situações da vida real. Contudo, essas razões não modificam em nada a mágoa que algumas mulheres sentem quando se interessam por um

---

* Claro está que, sendo permitida, essa ambição não foi bem uma vitória para as mulheres, como a que normalmente se estabeleceu ou se estabelece à custa de se ver negada a capacidade de perseguir outras ambições garantidas aos homens. Não obstante, não há razão alguma para que hoje um homem que queira se apresentar da melhor maneira possível para atrair as mulheres que ele gosta seja julgado diferentemente da mulher que quer se apresentar da melhor maneira possível para atrair os homens que a interessam.

homem que nunca telefona — porque pegar o seu número era apenas um exercício ou treino.

Mesmo assim... queremos mesmo voltar para um mundo em que flertar trazia consigo uma obrigação implícita de levar as coisas mais adiante, sob pena de você ser acusada de ficar enrolando? Você retornou todas as ligações de todos os homens que já conheceu e arranjou um horário em sua agenda para encontrar com todos eles? Na minha experiência, um número maior de mulheres do que de homens flerta meramente para se divertir, se sentir valorizada, chamar atenção ou por motivos que não passam por explorar genuinamente as possibilidades sexuais e/ou românticas de alguém. Esse tipo de comportamento não seria apropriado em nenhuma situação em que seria razoável a outra pessoa presumir que as suas motivações são honestas e sinceras — tipo um programa para solteiros ou um encontro às cegas — mas, no que tange a adultos em situações sociais como boates, provavelmente, as pessoas já estão cientes de que devem deixar suas expectativas na porta da entrada.

Agora que você sabe exatamente o que acontece (e não acontece) em um programa de treinamento e como adquirimos nosso conhecimento em sedução e atração, está na hora de entramos em detalhes mais específicos. O que é que nós realmente aprendemos ao realizar esses programas de treinamento semana após semana? Começaremos o próximo capítulo, "Cinco segredos para 100 mil situações de paquera", com algumas de nossas observações mais corriqueiras.

Capítulo Dois

Cinco segredos para 100 mil situações de paquera

*L*ove Systems existe de uma forma ou outra desde 2004. De lá para cá, nossos instrutores testemunharam e/ou participaram de mais de 100 mil interações românticas entre homens e mulheres de praticamente todas as classes sociais, raças, culturas e aparências físicas, abrangendo um amplo leque de faixas etárias. Temos prestado cuidadosa atenção a cada uma dessas paqueras ou tentativas de sedução. Em consequência, acumulamos uma enorme quantidade de pesquisa relacionada ao que realmente faz as mulheres reagirem a um homem, e isto, pelo método mais confiável possível: observando e realizando testes em campo. Essa ampla amostragem possibilita chegar a algumas conclusões sólidas, que passam longe do costumeiro anedotário. Vimos compartilhando essas conclusões com nossos clientes masculinos durante anos, para ajudá-los a atrair e sair com as mulheres que quiserem. Agora, vou compartilhar algumas delas com você.

Creio que deveria avisá-la que você pode não gostar ou não querer acreditar em tudo o que lerá aqui. Não tem problema. Eu mesmo reconheço que nem todo o conteúdo deste capítulo se aplicará perfeitamente ao seu caso — qualquer paradigma que trate de 3 bilhões de mulheres como um único grupo deverá, inevitavelmente, conter exceções. Não obstante, também há boas razões, que cobriremos no próximo capítulo, para que as pessoas costumem reagir de modo muito diferente do que elas *acham* que reagem. Cem mil abordagens não podem mentir, e as observações e conclusões que vou apresentar neste capítulo representam, em seu conjunto, tendências *muito fortes* — suficientemente fortes para nos levar a utilizar essa informação para construir os métodos que ensinamos aos nossos clientes, e nossos clientes são muito bem-sucedidos quando utilizam aquilo que lhes ensinamos.

VOCÊ QUER HOMENS QUE POSSUAM ELEVADA INTELIGÊNCIA SOCIAL

Phil — o ex-cliente que é médico — era e é um cara esperto e afável. Embora fosse popular e muito respeitado no trabalho, dispunha de tempo e energia limitados para a vida social, e, em geral, preferia relaxar lendo um livro ou dando um pulo na academia. Quando nos conhecemos, ele definitivamente me pareceu altamente intelectual e inteligente, mas não do tipo que se descreveria como uma pessoa *descolada*.

No início de seu treinamento, Phil era capaz de abordar e se apresentar a mulheres, mas não conseguia levar o papo adiante. Essas mulheres respondiam educadamente às perguntas que ele fazia, porém, tendiam a voltar rápido à conversa anterior e até esqueciam de sua presença. Alguns minutos depois, sem ter conseguido despertar o menor interesse delas, Phil costumava retornar furtivamente ao nosso grupo. Ele ficou confuso; a maioria das mulheres que conhecera em sua vida fora gentil com ele. Entretanto, as mulheres que ele abordara naquela noite não fizeram nenhum esforço para conversar com ele ou conhecê-lo após Phil ter se apresentado. E isso lhe parecia simplesmente falta de educação.

Um dos instrutores puxou Phil de lado e explicou que ele mostrava carecer de inteligência social. O comportamento dele seria mais apropriado para um coquetel ou um evento social de trabalho, em que as pessoas não estão muito distantes umas das outras. Em ambientes desse tipo, elas costumam ser acolhedoras e sociáveis; provavelmente, têm amigos ou interesses em comum (que é a razão pela qual estão frequentando o mesmo evento, para início de conversa) e, no mínimo, ninguém correria o risco de ofender a pessoa que o convidou ao ser descortês com outros convidados. Porém, as mulheres que ele abordou no programa de treinamento eram completamente desconhecidas, e Phil não agregava nenhum valor aos seus olhos pelo simples fato de estar na mesma boate. Sendo assim, essas mulheres não sentiam qualquer obrigação de incluí-lo na conversa. Elas já tinham interlocutores, e o fato de Phil permanecer por perto, entrecortando desajeitadamente o silêncio com perguntas de apresentação, decerto não acrescentaria nada à sua diversão. E mais, ele estava ignorando as convenções sociais em torno da atração e sedução. Quando um homem se aproxima de uma mulher, ela normalmente espera que ele tenha alguma coisa interessante para dizer e que seja capaz de, em princípio, levar sozinho a conversa. Ao equiparar uma boate a um coquetel entre amigos, Phil demonstrava falta de inteligência social. As mulheres que ele abordou não estavam sendo grosseiras; estavam, apenas, reagindo à sua falta de jeito.

Phil compreendeu. Levantou-se de nossa mesa e aproximou-se de um grupo de três mulheres que batiam papo despretensiosamente perto da pista de dança. Ele fez um comentário engraçado sobre o DJ e, então, começou a relatar um problema de relacionamento que acabara de ajudar um amigo a resolver. Em seguida, pediu a opinião das mulheres e brincou com elas sobre alguns dos conselhos que recebeu, chegando até a provocar de leve uma delas, que atraíra particularmente sua atenção. Um camarada que bebera além da conta começou a interrompê-los e a dar em cima de uma das mulheres; Phil permaneceu cortês e amigável, mas manteve o controle sobre a conversa e, por fim, o outro saiu de fininho. Uma das mulheres ficou impressionada com sua presença e energia e o convidou a se sentar à mesa delas; depois de causar boa impressão em todas as pessoas do grupo, Phil acabou por se embrenhar em uma conversa íntima com a mulher que mais o atraía. Se não fosse pela nossa forte insistência de que os frequentadores dos programas de treinamento devem evitar passar a noite inteira com uma única mulher, Phil bem poderia ter saído da boate com ela naquela ocasião. Seja como for, ele inventou a desculpa de que tinha de voltar para os seus amigos, mas não antes de terem marcado outro encontro.

O que transformou Phil de alguém que não sabe por onde começar em um partido muito atraente? Sua habilidade em exibir inteligência social, que consiste em saber atuar em uma grande variedade de situações sem fazer marola. O homem com inteligência social jamais parece acanhado ou desconfortável, e tampouco deixa alguém se sentir assim — a não ser em uma situação que exija realmente tais medidas, que ele tomaria sem esforço algum. É o tipo de homem que sempre sabe dizer a coisa certa e nunca constrangeria alguém diante de nenhuma pessoa. Suas habilidades sociais e a compreensão das dinâmicas sociais o levam a alcançar seu objetivo, seja convencer o maître a lhe dar determinada mesa, ou... conhecer você. Com frequência, as mulheres querem ser paqueradas, mas não querem *sentir* que estão sendo seduzidas. Um homem capaz de usar inteligência social para quebrar o gelo, desfazer qualquer sensação de embaraço e deixar a mulher e suas amigas à vontade possui imensa vantagem sobre os demais. Mesmo fora do contexto de vir a conhecer você, os homens socialmente inteligentes tendem a ser considerados atraentes pelas mulheres; esses homens tendem a conhecer mais pessoas, a ter acesso a eventos mais interessantes e, simplesmente, a viver vidas mais extravagantes que os homens socialmente desajeitados.

Certos antropólogos acreditam que a atração que as mulheres sentem pelos homens com elevados níveis de inteligência social remonta aos primórdios da civilização. Na Antiguidade, as pessoas que apresentavam as melhores habilidades sociais ganhavam a confiança generalizada e conquistavam lugar de destaque na comunidade. As que tinham pouca habilidade social sofriam ostracismo e eram deixadas de fora. Ao passo que aquelas seguiam em frente e proviam abundantemente suas famílias, as últimas acabavam ficando na situação de não poder prover a ninguém. Gerações de seleção natural e reiterado reforço cultural ensinaram às mulheres que homens de grande inteligência social têm mais probabilidade de oferecer uma vida boa, segura e abundante para ela e seus filhos do que os que possuem níveis baixos. É bem possível que os simples herdem a Terra, um dia, mas, apesar disso, é bem provável que voltem para casa sozinhos, à noite.

A não ser que você constitua rara exceção, deve sentir atração por homens com fortes habilidades sociais. Em contrapartida, provavelmente, *não* sente um friozinho na barriga na primeira vez que fala com homens tímidos e desajeitados — por mais que Hollywood tente convencê-la do contrário através de uma infindável série de filmes em que o adorável perdedor acaba ficando com a garota no final. No próximo capítulo falaremos sobre por que a paquera e a atração são representadas de forma tão estranha na cultura popular; isto não se deve *unicamente* à procura da satisfação pós-adolescente de um desejo por parte dos roteiristas, que em geral se parecem mais com a figura de Steve Carell do que a de Brad Pitt.

VOCÊ QUER HOMENS DE STATUS ELEVADO

Um homem entra em uma boate (estou ciente de que isto parece o início de uma piada de mau gosto) após ter furado a fila e é saudado calorosamente pelo leão de chácara, normalmente bem carrancudo. As pessoas param para olhar para ele; o barman o chama pelo nome e serve sua bebida preferida sem ele pedir. Quando o homem enfim se afasta do bar para olhar ao redor, várias pessoas, homens e mulheres, se aproximam para falar com ele. Esse homem tem uma excelente probabilidade de conhecer e fazer sexo com alguém nessa mesma noite.

Outro homem, na mesma boate, não conhece ninguém e está tendo uma noite horrível, como acontece com frequência. Em uma outra esfera, entretanto, ele está no topo de todas as pesquisas. Na sua condição de executivo no ramo da publicidade, ele costuma se apresentar diante de multidões, em conferências de mídia, ocasiões em que fala com autoridade sobre seus numerosos sucessos. Na sequência, mulheres atraentes — que não faltam na área da publicidade — sempre vão procurá-lo e encontram desculpas para flertar ou passar algum tempo com ele.

Esses dois homens detêm considerável status em ambientes específicos. O cara da boate é mandachuva por lá, mesmo que no trabalho esteja relegado a um cubículo. Já o executivo da publicidade pode ocupar uma posição inferior na escala de aferição da boate, mas quando pisa no palco mexe profundamente com as mulheres na plateia. Se você o observasse em seu ambiente ideal, na certa ele despertaria sua curiosidade, porque todos demonstram respeito e elevada estima por ele. Quando o executivo travar contato visual com você, é provável que você sorria sem mesmo se dar conta disso. Porém, caso se tratasse de algum cara matando o tempo no bar e parecendo estar perdido, ou de algum admirador na plateia em vez de ser a figura de destaque, seria muito mais provável você dispensar as investidas, se é que as notaria, em primeiro lugar.

O status também pode ser determinado pela sociedade e a cultura em que a pessoa vive. Existem algumas variações entre culturas, porém as similaridades costumam ser maiores que as diferenças; por exemplo, a maior parte das culturas valoriza médicos, advogados, apresentadores, produtores de cinema, atletas e assim por diante. Acontecimentos e pessoas de alto status também podem conferir status a terceiros. Se eu estiver na festa de aniversário de James Cameron, passarei a ter status, independentemente de quem eu for. Se eu conviver com Jay-Z, serei descolado mesmo que nos encontremos somente no Denny's.

Embora os homens que têm status elevado costumem deter poder e riqueza, nenhum desses atributos é necessário. Até o vocalista principal de uma banda medíocre que se apresenta em uma espelunca tem determinado nível de status, porque ele é quem está no palco, enquanto todo mundo, inclusive você, assiste ao show.

Algumas mulheres hesitam em admitir que sentem atração por homens com prestígio, porque não querem ser tachadas de superficiais. Contudo, há motivos evidentes para uma mulher preferir um homem de status elevado. Homens desse tipo — e seus pares românticos — têm acesso a pessoas, eventos, lugares e situações simplesmente inacessíveis aos demais. Além disso, frequentemente, os traços de personalidade que os levaram a alcançar seu status — ambição, inteligência social, segurança etc. — já são por si só atraentes.

O status exerce um efeito imediato e poderoso sobre muitas mulheres; tão poderoso que pode reverter completamente a maneira como um homem é percebido. Meu amigo Stephen fazia muito sucesso entre as mulheres mesmo antes de se submeter ao programa de treinamento, e talvez ele tenha sido até um pouco afoito demais ao ostentar suas habilidades na primeira noite em que participou do treinamento em campo conosco. Assim que entramos na boate, ele se distanciou do grupo para "dar uma geral no ambiente e ver onde estão todas as mulheres". Quando tornou a se juntar a nós, a maioria dos instrutores já estava no meio de demos; então, ele foi para o bar e tomou alguns drinques sozinho, enquanto olhava ao redor, procurando pessoas com quem conversar. Nem sequer desconfiava de que o seu comportamento determinava a maneira como ele era percebido. Stephen estava só, e ninguém o conhecia na boate; assim, a imagem que passava era de solidão e desespero — o que não são exatamente atributos de prestígio.

Para sorte de Stephen nós havíamos escolhido aquela boate justamente porque possuía diferentes salas, com ambientes próprios, e isto lhe proporcionou uma segunda oportunidade para causar uma boa primeira impressão. Um grupo nosso se dirigiu ao salão do pavimento superior, mandando Stephen seguir para lá alguns minutos depois. Quando entrou, gritamos o nome dele, fazendo amplos gestos para convidá-lo a se sentar conosco. Passamos os dez minutos seguintes tratando-o como se fosse uma celebridade. Ele falava, nós ouvíamos. Ele contava piadas, nós ríamos. Prestávamos atenção a cada palavra sua. Alguns minutos depois, ele se apresentou a uma mulher atraente que se encontrava por perto (provavelmente, não por coincidência; veja a seção "Proximidade", no Capítulo 6). Após trocar algumas poucas palavras, Stephen a convidou, junto com a amiga, a se sentar conosco. Em uma mesa em que havia pelo menos seis caras, o interesse das duas mulheres orbitava em torno dele.

Já que o status social é tão importante para serem bem-sucedidos com as mulheres, muitos homens que você pode achar atraentes investiram muito tempo para construir seu prestígio em determinados meios. Eles procuram viajar com pessoas que pareçam ter status ou, pelo menos, procuram se cercar de um grupo de pessoas que lhes mostrem respeito. Eles acabam conhecendo pessoas que podem fazê-los parecer ter status elevado em determinados estabelecimentos, como é o caso de proprietários e gerentes, e até de barmen, porteiros, garçons e assim por diante. Tamanho esforço não é para garantir que seus drinques sejam preparados da maneira correta. É porque eles sabem que você vai reparar e ficará impressionada — ou que, pelo menos, pensará: "Quem é esse cara?" E esta indagação você nem cogitou fazer acerca do homem sentado quieto e sozinho.

VOCÊ QUER OS HOMENS POR QUEM AS OUTRAS MULHERES SE SENTEM (OU APARENTAM ESTAR) ATRAÍDAS

Lembro-me de ter conhecido Peter quando ele se tornou cliente de um dos nossos programas em Londres. Ele estava ficando careca, era baixinho e estava uns 18 quilos acima do peso. Logo no início da primeira noite de treinamento Peter abordou uma linda morena que voltava da pista de dança. Ela reagiu educadamente, porém ficou claro que não sentiu atração por ele. Peter acompanhou-a com o olhar enquanto ela retornava à mesa, onde se sentou para bater papo com seus amigos e observar as pessoas, desdenhando dos homens que continuavam a se insinuar para ela.

Peter sentia que essa mulher — vamos chamá-la de Natasha — estava completamente fora de suas possibilidades. Achei que era preciso convencê-lo do contrário, já que parte de nossa missão é ajudar clientes como Peter a erradicar suas crenças limitantes. Assim, bolamos uma estratégia que pudesse despertar o interesse de Natasha. Cada vez que passava pela mesa dela, Peter dizia educadamente "oi", para permanecer em sua tela mental, porém nada mais que isso. Nesse meio-tempo, ele se envolveu em algumas excelentes conversas com outras mulheres, tomando o cuidado de se movimentar pela boate com elas; determinado momento, até esbarraram com Natasha, a quem ele pediu para tirar uma foto dele com sua nova amiga. Resumindo, armamos a situação de tal maneira que pareciam ser várias as mulheres que disputavam a atenção de Peter. Essa armação causou uma reação em cadeia, que foi se intensificando rapidamente; quanto mais mulheres prestavam atenção em Peter, mais mulheres ficavam curiosas a seu respeito. Elas passaram a aceitar a aproximação de Peter, porque já haviam notado sua presença e estavam curiosas.

Por fim, até Natasha percebeu. Peter flertava com uma mulher quando Natasha passou, a caminho da pista de dança. Desta vez ele a inclui na conversa por alguns instantes, embora continuasse a falar com a mulher com quem estava. A dinâmica já estava completamente mudada. Lá pelo fim da noite eu reparei que Natasha passou por nossa mesa algumas vezes quando Peter estava ali, para ver se ele voltaria a puxar conversa com ela. Ele acabou fazendo isso, e ela logo se mostrou receptiva. Algumas horas antes, Natasha mal se dispusera a trocar duas palavras com ele; agora, lhe dava seu número de telefone.

Provavelmente, a melhor coisa que um homem pode fazer para aumentar suas chances com as mulheres é ser visto com outras, atraentes, que demonstrem interesse por ele.* A ideia a ser transmitida é que outras mu-

---

* Esta conclusão, que surgiu de nossa ampla pesquisa de campo, tem recebido o apoio da comunidade acadêmica bem recentemente. Veja, por exemplo, Sarah E. Hill e David M. Buss, "The Mere Presence of Opposite-Sex Others on Judgements of Sexual and Romantic Desirability: Opposite Effects for Men and Women" [A mera presença de outros do sexo oposto sobre os julgamentos acerca da condição de ser desejável sexual e romanticamente: efeitos opostos em homens e mulheres] em *Personality and Social Psychology Bulletin* [Boletim sobre personalidade e psicologia social] 34, nº 5 (maio de 2008).

lheres já investiram tempo e energia nesse homem e o acharam desejável. Chamamos este fenômeno de "pré-seleção", porque ele foi pré-selecionado para você por outras mulheres.

Neste momento, você pode estar pensando que jamais tomaria decisões relativas a um homem com base na opinião de outras mulheres. Você tem ideias próprias e faz suas próprias escolhas, baseadas em seus próprios parâmetros. Você poderá até citar vários homens que namorou a despeito da desaprovação de suas amigas. E todos esses seus pensamentos talvez sejam verdadeiros. Quando você para e realmente pensa sobre como se sente em relação a um homem, duvido que atribua qualquer peso ao fato de outras mulheres terem ou não atração por ele. É bem possível que nem seja algo sobre o que você se deteria conscientemente.

Então... estou me contradizendo? Bem, não. A pré-seleção funciona em um nível instintivo e subconsciente, e é bastante eficiente para *separar* os homens em grandes grupos com eficácia, e não para revelar os segredos de um homem específico. Geralmente, as mulheres selecionam os homens não apenas pelo seu visual; a personalidade e o estilo de vida também são muito importantes. Muito embora as especificidades desejadas nesses quesitos possam variar de uma mulher para outra — talvez você sinta atração por homens mais velhos e sofisticados, que estimam os valores do Velho Mundo e sabem fazer escolhas em uma carta de vinhos, ao passo que sua amiga adora o tipo espiritualista New Age —, o crivo que você usa para fazer a seleção inicial, provavelmente, não se distingue muito do de sua amiga. Ele é de confiança? Emocionalmente aberto? Capaz de tomar conta de si mesmo? Interessante e estimulante? Abusivo? Casado? Tem algum status social? Tem inteligência social? Boa higiene? A maioria das mulheres busca a mesma resposta para estas perguntas — e outras dúzias mais — antes de investir seriamente na tarefa de conhecer um homem.

Não obstante, não é eficiente selecionar dessa maneira todos os homens que você encontra — e, provavelmente, nem seria possível. Além disso, nem seria muito eficaz; enquanto você gastaria seu tempo e energia para lidar com uma quantidade gigantesca de homens a serem selecionados, suas rivais, na certa, lançariam mão da pré-seleção como atalho para encontrar e se concentrar nos homens que *já* foram selecionados. Até você localizar esses homens, provavelmente, eles já não estariam mais disponíveis. Considere a pré-seleção como uma espécie de TripAdvisor ou um motor de busca tipo Yelp, só que no plano biológico; em vez de pesquisar todos os hotéis da cidade que deseja visitar, você pode usar a experiência de terceiros para restringir sua busca às poucas e melhores opções.

Evidente que o interesse inicial que você possa vir a sentir por um homem popular tem outras origens, muito além de seus instintos seletivos. Muitas das qualidades que levam você a valorizar os homens que cultivam a inteligência social e gozam de status privilegiado (charme, autoconfiança e assim por diante) também podem ser encontradas naqueles que passaram pela pré-seleção. A curiosidade, ou até a rivalidade feminina, também pode desempenhar grande papel nesse quesito; conquistar um homem desejado por outras pode ser simplesmente mais divertido que pegar alguém que ninguém mais quer. Contudo, esses fatores apenas reforçam o argumento de que um homem pré-selecionado já se encontra um passo adiante na competição, antes mesmo de se aproximar para cumprimentar você.

Inversamente, se você for abordada por um cara que não tem nenhum cartaz entre as mulheres, ou, pior ainda, que acabou de levar um fora das últimas mulheres que abordou, então é muito mais provável que você fique mais reticente. Afinal, se, além de você, nenhuma outra mulher o acha atraente, você precisaria conhecer e vencer os seus instintos, e concluir que vê algo nele que ninguém mais vê. Embora essa situação seja muito mais comum em novelas românticas do que na realidade, não é necessariamente impossível — todos nós achamos o máximo encontrar pedras preciosas brutas, e você pode ser o suprassumo na arte da sedução; no entanto, quanto você está disposta a arriscar em função de sua habilidade de enxergar o que as demais não veem, se, em vez disso, você pode escolher entre homens pré-selecionados? Acredito que não muito; no que tange à escolha do parceiro, as mulheres estão muito mais condicionadas a evitar riscos do que os homens.*

Observei anteriormente que a pré-seleção e o status social são semelhantes, porque, além de serem qualidades atraentes por si sós, também costu-

---

* O propósito biológico da atração é ser bem-sucedido em passar os seus genes para a próxima geração. Um homem pode engravidar diversas mulheres sem investir muito em nenhuma delas, então, ele pode se dar o luxo de correr riscos. A mulher, por seu lado, pode estar grávida de tão somente um homem de cada vez, então, ela precisa escolher melhor.

mam ser associados a uma ampla gama de características atraentes. Possuem, ademais, outra relevante semelhança: evoluíram em um ambiente muito diferente daquele em que vivemos hoje. Os homens que sabem das coisas podem se aproveitar dos instintos de vocês para tirar vantagens. Quando um homem vai a um bar, à noite, com algumas de suas amigas mais sexy, provavelmente vai chamar bastante atenção. Sabedor que, ao agir assim, está sujeito a atrair a atenção de outras mulheres, ele pode passear com elas pelo recinto. Ele pode parar com suas amigas nas proximidades de uma mulher que o interesse e dizer alguma coisa engraçada ou intrigante, só para entrar na tela mental dela. Se ele se posicionar de tal forma a estar de costas para a parede com as mulheres à sua frente, parecerá estar em uma corte, e as mulheres parecerão estar dando em cima dele. As outras mulheres não precisam realmente estar ali, e tampouco precisam ser de verdade. A título de experimento, eu mencionava casualmente para mulheres que o amigo na companhia de quem eu estava havia namorado algumas das mulheres mais bonitas que eu já vira, normalmente fazendo alguma alusão a modelos e atrizes, ou a celebridades do momento. Na maioria das vezes, as mulheres ficavam visivelmente mais interessadas no meu amigo após ouvir de mim essas poucas palavras.

Lógico que um homem não precisa estar deliberadamente provocando os seus instintos de pré-seleção para que eles entrem em ação. Quando um homem a convida para um segundo encontro, é provável que você já saiba o suficiente sobre ele para decidir se vai aceitar ou não, sem considerar a opinião de outras mulheres. Porém, se você resolver voltar a sair com o cara, talvez sua atração por ele aumente sem que você se dê conta do motivo, caso veja outras mulheres tentando chamar a atenção dele — embora você também possa perder o interesse caso ele corresponda ao flerte, já que demonstraria falta de inteligência social *além* de ser muito grosseiro.

Os pássaros e as abelhas

Outras espécies se beneficiam com o uso da pré-seleção também. Mas, a exemplo do que ocorre com as mulheres, o instinto de pré-seleção em fêmeas de animais pode ser influenciado ou até mesmo redirecionado ao se mudar seu habitat. Por exemplo, a fêmea do galo silvestre (ave norte-americana) geralmente procura acasalar com os machos mais dominantes da área. Parte do processo de escolha do parceiro consiste em observar seu comportamento durante o acasalamento; depois de o galo silvestre ter se acasalado com a primeira fêmea, é mais provável que outras fêmeas acasalem com ele também. Um estudo de 1994 testou os limites da pré-seleção, colocando algumas fêmeas empalhadas — e obviamente sem vida — ao lado de alguns machos sem fêmea. Os galos silvestres não estão adaptados a viver em um ambiente em que sejam enganados por pesquisadores por meio da taxidermia; para eles, uma fêmea de galo silvestre é uma fêmea de galo silvestre, estando ela empalhada ou não — e, por consequência, as fêmeas vivas instintivamente (porém, não favoravelmente) acasalaram com esses machos.*

Você jamais verá um homem levando um manequim para uma boate, porém o homem que sai com algumas das amigas mais atraentes dele enquanto procura um amor está utilizando o equivalente humano ao galo silvestre empalhado. E o resultado é quase tão eficaz quanto.

Caso você esteja se perguntando, a pré-seleção não funciona para os homens. Quando um homem percebe que outros homens estão interessados, é mais provável que sua atração por você se torne *menor* do que maior. Isso acontece porque a atração instintiva inicial do homem está baseada na aparência.** Um homem é perfeitamente capaz de decidir se gosta do seu aspecto após uma breve olhada, e ele não ganha nada ao observar para quem *os outros* homens se sentem atraídos. Portanto, ao se cercar de um grupo de homens, você não está sinalizando que poderia ser uma excelente candidata para os demais; pelo contrário, você está indicando que o caminho para o seu coração (ou sua cama) é bem difícil e competitivo. Uma mulher igualmente atraente que esteja sozinha ou com outras mulheres será muito mais abordada.

---

* HÖGLUND, Jacob, *et al.*, "Mate-Choice Copying in Black Grouse" [Copiando a escolha de acasalamento em galos silvestres], em *ScienceDirect*, 28 de abril de 2004.
** Conforme veremos no próximo capítulo, a evolução e a seleção natural têm levado os homens a selecionar instintivamente as mulheres seguindo o critério de parecerem jovens, saudáveis, equipadas para dar à luz e que não estejam grávidas. Os homens podem realizar essa triagem da maneira mais eficiente possível simplesmente ao olhar para você e para as outras mulheres, para, então, investir apenas naquelas que passaram pelo filtro inicial.

VOCÊ QUER UM DESAFIO E UM HOMEM QUE ESTEJA À ALTURA DE SER UM DESAFIO

A maioria das mulheres não precisa fazer sexo ou alimentar planos muito rígidos de um novo encontro com um homem para sentir que viveu uma experiência sexy e satisfatória com ele. Flertar é algo divertido em si. Muitos homens acham este ponto de vista desconcertante, porque, para eles, flertar é um meio para se chegar a um fim. Os homens flertam para conseguir seu número de telefone, para conseguir sair com você ou quando querem sexo; a maioria não procede assim somente por diversão. Ou, pelo menos, a maioria dos homens não considera particularmente satisfatória ou estimulante uma conversa em tom de flerte que não leva a nada. Esta diferença entre homens e mulheres pode ser observada em outros contextos também, já que os homens se concentram no resultado de uma atividade, ao passo que as mulheres valorizam mais a experiência ou o processo. (Veremos mais adiante como este princípio se aplica a relacionamentos e conversas de modo geral.)

Consequentemente, a maioria das mulheres perde o interesse em flertar com alguém que pareça fácil de conquistar. O prazer de flertar deriva do clima romântico ou sexual, da ambiguidade e da oportunidade de explorar possibilidades desconhecidas, porém estimulantes. Um homem que pega no seu pé desde o início não corresponde a essas expectativas. Tampouco é muito interessante flertar com uma mulher que não represente um desafio, porém a maioria dos homens não liga para isso; eles estão interessados no resultado, não no processo.

Por que as mulheres tendem a reagir assim? Há diversas razões. Em primeiro lugar, as pessoas valorizam aquilo que dá trabalho para conquistar, e os desafios são mentalmente mais estimulantes. Porém, o mais importante é que constituir um desafio funciona como um poderoso sinalizador. O fato de um homem representar ou não um desafio para você pode revelar muito sobre se *ele* acha que merece você. Até agora, falamos sobre muitas das maneiras como as mulheres usam dicas e sinais para selecionar eficientemente os homens, já que não é prático conhecer todos os que cruzem o seu caminho. Mas o que aconteceria se todos os homens que você conhecesse carregassem a seguinte advertência: "Eu me conheço melhor que qualquer outra pessoa. Conheço minhas forças, minhas fraquezas e motivações. E acho que eu sou/não sou da sua tribo." Vamos fazer até melhor — vamos ligar esse painel de aviso diretamente aos instintos dele, e não à sua mente consciente, para que seja difícil para ele mentir ou até mesmo chegar a saber da existência desse painel sobre sua cabeça. Isto a ajudaria a se concentrar nos homens que, pelo menos, acham que merecem você, certo?

Mas, adivinhe. Esse painel existe, e você já está usando. Se você for atraente e divertida, mas ele não tiver muitas qualidades a seu favor, ele não será um desafio. Como poderia? Ele sabe que não tem chances com você, portanto, caso receba qualquer sinal de interesse da sua parte, vai trabalhar em cima disso como um cão esfomeado a quem se joga um bife. Vai lhe pagar um drinque, se você pedir. Esperará enquanto você for conversar com seus amigos. E se você lhe der seu número de telefone, ele correrá até os amigos e baterá nas mãos de todos para comemorar (você pode aproveitar essa ocasião para alterar o nome dele no seu celular para "não atender"). O resultado será que você perderá todo e qualquer interesse que tinha por ele e o excluirá de sua vida amorosa. Em contrapartida, um homem altamente valorizado não cairá pelo primeiro rostinho bonito que encontrar. Ele vai querer que você demonstre ser diferente ou especial de alguma maneira, porque homens incríveis não estão desesperados. A pré-seleção nos ensina que se ele for de fato tão maravilhoso, algumas mulheres já deverão ter se interessado por ele. Ele conhece o esquema; não é marinheiro de primeira viagem.

Não raro, não dá para perceber imediatamente se um homem representa ou não um desafio. Suponhamos que você conheça um homem que pareça maravilhoso "em teoria": ele parece ter um bom emprego, um estilo de vida interessante e amplo círculo social. Vocês conversam por 15 minutos, até que sua amiga vem lhe lembrar que está na hora de irem embora. Ele não chegou realmente a conhecê-la (ou vice-versa), mas é bonitinho e parece interessante; então, que diabos, você encontra uma desculpa para lhe entregar o seu cartão. Os olhos dele se iluminam. Ele se despede com um abraço descomunalmente demorado e, antes de você chegar em casa, ele já lhe deixou uma mensagem de voz. Se você for como a maioria das mulheres, não retornará a ligação. Mesmo sem saber determinar direito o motivo de sua reticência, você se dá conta de que alguma coisa não está certa. O que você estaria percebendo é que a maneira de agir do cara — colocando-a em um pedestal antes mesmo de você ter feito qualquer outra coisa senão aparecer — não é condizente com o elevado valor que você lhe atribuiu.

De modo geral, quando um homem lhe dá demasiada atenção, sem saber nada a seu respeito, é bem provável que seja superficial, esteja embriagado e/ou seu principal interesse se concentre em um contato físico. Ou, talvez, ele tenha poucas ambições. Não estou julgando; não há absolutamente nada errado em ficar com um bêbado ou em transar uma única noite com ele, se for o que ambos desejam. O que eu não quero é ver você decepcionada se esperava mais dele.

Uma das maneiras que um homem tem para se mostrar um desafio — e o que faz com que seja divertido flertar com ele — é tratar você de modo jocoso, ou até provocativo, a exemplo do que ele faria com uma boa amiga em cuja companhia não tem razão alguma para ficar nervoso. Ao agir assim, denota que considera estar no páreo e que não está tão deslumbrado com você a ponto de ficar sem graça em sua presença. Descobrimos que esse tipo de provocação e sinalização é particularmente eficaz para atrair mulheres muito bonitas, que costumam deparar com a dificuldade de encontrar pessoas dispostas a serem autênticas com elas. A maioria dos homens reage à presença de uma mulher extremamente atraente fugindo e se escondendo dela, babando em cima dela, se ressentindo por ela ser inatingível, tratando-a como objeto sexual desprovido de inteligência ou qualquer outra das inúmeras maneiras que não envolvam simplesmente interagir com ela como com um ser humano normal. E quando um homem se aproxima de você e é capaz de brincar, de provocá-la, sem pisar em ovos, ele se torna consideravelmente mais atraente pelo simples fato de tratá-la como uma pessoa de verdade, e não um estereótipo superficial.

É evidente que você não está procurando alguém que *aja* como um homem de alto nível; você quer alguém que *tenha* alto nível. E é aí que entra a coerência. Muitas mulheres aplicam aos homens toda uma bateria de testes e desafios. Se o cara alegar ser muito bem-sucedido, perguntam sobre o seu trabalho e suas viagens, para checar se as respostas se enquadram no perfil de uma pessoa extremamente bem-sucedida. Se ele parecer esbanjar autoconfiança, poderão provocá-lo um pouquinho, por sua vez, para ver a reação dele. Se aceitar isto com bom humor e não se deixar derrubar, é provável que sua segurança seja real. Mas se ficar alvoroçado ou passar para a defensiva, trata-se, provavelmente, apenas de uma fachada para impressionar as mulheres. No caso de ele parecer o Homem Certo, a mulher pode introduzir o assunto do sexo, para verificar se fica nervoso, atrapalhado ou intimidado, ou se ele se transforma em um adolescente transbordante de hormônios que corre atrás de sexo como se fosse o Santo Graal. Se, por acaso, ele se comportar de uma dessas formas, é provável que não tenha tido muito sucesso com as mulheres e que não seja tudo o que ostenta ser. Caso fosse, pode ter certeza de que algumas mulheres atraentes já teriam falado em sexo com ele antes.

No Capítulo 9 falaremos mais sobre como você pode utilizar testes de coerência que a ajudarão a selecionar os homens. Por enquanto, saiba que você, provavelmente, já os usa, pelo menos um pouquinho, e não apenas seguindo os parâmetros dos exemplos acima. Até mesmo protelar o sexo não deixa de ser, de certa forma, um teste de coerência. Nos primórdios de Love Systems eu costumava "entrevistar" mulheres com quem estabelecera um relacionamento sexual. Eu perguntava quando e por que elas haviam se sentido atraídas por mim; naquela época, eu acreditava poder utilizar essas informações para desenvolver o sistema — ou seja, para mim, tratava-se de me concentrar nas partes que funcionavam e mudar o restante. Recordo-me de uma mulher que me contou ter gostado de mim no momento exato em que me conheceu; então, eu quis saber por que ela resistiu às minhas investidas até termos saído juntos algumas vezes.

"Eu só queria ver se você ia estragar tudo", retrucou ela.

Claro está que sua atração por homens desafiadores e coerentes é muito mais que uma simples questão de sinalização. É mais provável que homens assim também sejam bons em estabelecer limites mais adiante. A maioria das mulheres não quer um banana, e embora você possa almejar uma ligação profunda e íntima com o seu homem, não há de querer que a vida dele gire em torno da sua.

VOCÊ REALMENTE QUER ALGUMAS DAS COISAS DE QUE VOCÊ "TEM" QUE GOSTAR: ASPECTO DECENTE, BEM-VESTIDO, SEGURO DE SI E COM CAPACIDADE DE PROVER A SI E OUTROS

Estas últimas qualidades, provavelmente, não a surpreenderão; você na certa sabe que procura algumas dessas coisas em um homem. Eu estou, simplesmente, listando-as aqui porque nossa pesquisa as colocou em grande evidência, e eu quero que você tenha uma visão completa do que descobrimos.

Uma coisa interessante a respeito das expectativas que as mulheres têm em relação aos homens no quesito do aspecto é o quanto elas diferem do que os homens esperam das mulheres. Exagerando na simplificação, os homens querem saber como as mulheres são quando tiram a roupa; as mulheres, por seu lado, se preocupam com a aparência dos homens quando estão *de roupa*. Deixando a questão estética de lado, muitas mulheres percebem que o modo de um homem se vestir emite importantes sinais sobre quem ele é. Eis um clássico exemplo: para as mulheres, o cara ganha pontos quando está com os sapatos engraxados, porque isso demonstra que ele se importa com a impressão que causa e que presta atenção aos detalhes. Entretanto, a sinalização vai muito além: muitas mulheres esnobam um cara bonito que use calça social cáqui e camisa abotoada de cima a baixo, mesmo que pareça ter acabado de sair do tintureiro, porque um homem que se veste assim sinaliza que não tem segurança, personalidade ou habilidade social para se expressar de forma a se distinguir das pessoas genéricas que apenas seguem a onda dos outros. Observamos em 100 mil abordagens que as mulheres se mostram sensíveis aos homens dispostos a alguma ousadia no modo de vestir. Alguns levam essa noção a extremos cômicos e acabam caindo no ridículo, o que demonstra falta de inteligência social e é contraproducente. Entretanto, um homem capaz de se destacar — sem parecer fantasiado de palhaço ou deselegante —, talvez com um ou dois acessórios, tende a capturar a atenção das mulheres. Jamais mulher alguma me disse que eu era atraente ao usar minhas roupas comuns do dia a dia. Porém, quando me visto para uma festa ou um grande evento, ocasionalmente colho um elogio desses. E para retornar ao tema anterior da pré-seleção, isto acontece *muito* mais frequentemente quando estou com uma mulher bonita.

Resumindo: ao se vestir bem, um homem sinaliza ter respeito por si próprio, disposição para arriscar, inteligência social, segurança, e ser atento aos detalhes. Ter o rosto e o corpo de Bradley Cooper ou Jake Gyllenhaal ajuda, mas não é realmente necessário. Com o corte de cabelo certo e uma roupa nova, a maioria dos homens pode passar por suficientemente bem-apessoado para atrair mulheres bonitas. Os clientes Love Systems costumam agendar idas ao shopping com os instrutores, que, em uma tarde e após gastar algumas centenas de dólares em compras, são capazes de alavancar a nota de seus pupilos de 2 para 7 no quesito aparência. Eu sempre mando que os nossos clientes masculinos agradeçam por ser tão fácil melhorar o seu visual (e, consequentemente, não há desculpa para não fazê-lo), já que não é nem um pouco fácil para as mulheres.

Não há nada de inerentemente sexual na linguagem corporal. Homens de boa postura e atitude confiante, que fazem forte contato visual, não estão, necessariamente, irradiando sexualidade em qualquer aspecto. Não obstante, as mulheres preferem substancialmente os homens que têm boa linguagem corporal. A exemplo de tantos atributos que atraem as mulheres aos homens, prevalece aqui um componente evolutivo. Já que os homens bem-sucedidos tendem naturalmente a se portar com mais presença, as mulheres conseguem localizar homens desse tipo de forma rápida e eficiente, observando os que apresentem uma linguagem corporal segura. Ademais, é muito mais difícil as pessoas enganarem de modo convincente por meio da comunicação não verbal do que pelo que dizem. É fácil ensinar um homem a *soar* seguro de si; realizamos sofisticados exercícios de linguagem corporal em nossos programas de treinamento porque é muito mais difícil *projetar* autoconfiança se não for isso o que de fato a pessoa está sentindo naquele momento. Na medida em que os sinais não verbais são mais fidedignos, as mulheres tendem a considerá-los mais.

E também há a questão do dinheiro. Por algum motivo, riqueza se tornou um assunto praticamente tabu no processo de sedução; não devemos falar sobre ela, e ainda se espera de nós que finjamos acreditar que as mulheres se interessam por um homem independentemente de ele ser rico ou pobre. Claro está que avaliar um homem *tão somente* pelo tamanho de sua carteira seria tão superficial quanto um homem querer avaliar você puramente pelo tamanho dos seus seios. Mas as mulheres que querem tão escancaradamente dar o golpe do baú não são tão comuns assim e são ainda mais raras do que julga a crença popular — e olhe que eu tenho vivido pelos últimos anos em Hollywood, onde mais se esperaria encontrar mulheres desse padrão.

Todavia, a riqueza importa — ou, pelo menos, a capacidade de conseguir conquistá-la. À semelhança de algumas das características atraentes que estudamos neste capítulo, a riqueza é frequentemente associada a outras qualidades que as mulheres acham atraentes: ambição, determinação, responsabilidade e assim por diante. De forma análoga ao que acontece com o status social, um homem rico tem acesso a pessoas, a oportunidades e lugares inacessíveis aos demais. E tem mais: se você estiver pensando no longo prazo, sua capacidade de provedor também pode ser importante fator. Afinal, muitas mulheres que dispõem de boa renda podem se sentir desconfortáveis com um homem que não tenha, ou, então, a diferença de renda pode fazer com que *ele* se sinta pouco à vontade. Explicaremos a interseção entre dinheiro e relacionamentos mais detalhadamente no Capítulo 4.

O QUE TUDO ISTO SIGNIFICA PARA VOCÊ

A esta altura imagino que você ainda pode estar questionando algumas dessas conclusões. Vamos analisar por que no capítulo seguinte. Contudo, lembre-se: Love Systems existe porque é extraordinariamente bem-sucedido em ajudar os homens a paquerar e atrair as mulheres por quem se interessam. As técnicas que ensinamos são baseadas em observações e conclusões do tipo que acabamos de analisar neste capítulo. Homens que sempre se deram mal com mulheres, antes de nos procurar, acabam levando para casa mulheres atraentes depois do primeiro dia de treinamento de Love Systems — ou, pelo menos, o número de telefone delas. E isto não acontece por lhes ensinarmos algum segredo para ludibriar as mulheres ou bagunçar sua cabeça; antes, é porque mostramos para eles o que você procura e demonstramos como devem se comunicar de uma maneira que você achará atraente e irresistível.

Na realidade, você pode tirar proveito da natureza contraintuitiva ou surpreendente dessas observações e conclusões. Por um lado, você será capaz de identificar os posudos que tentam lhe aplicar um golpe. Por outro, compreenderá melhor por que sente atração por determinado tipo de homem e não por outro, e estará em condições de decidir se isto é bom ou não. Talvez você queira se render aos seus instintos, ou, talvez, prefira ignorar alguns para dar maior oportunidade para tipos específicos de homens que você pode estar excluindo presentemente. Seja como for, trata-se de uma situação em que você só tem a ganhar.

E isto é apenas o começo; a Parte 2 deste livro trata de como utilizar essas informações de forma proveitosa para você conseguir os homens que quiser.

Capítulo Três

Por que o processo de sedução é tão diferente do que "deveria" ser?

Como vimos, muitas coisas em Love Systems contradizem a sabedoria popular e contrariam a maneira como a maioria das mulheres se vê. Na verdade, quanto mais descobrimos sobre como a atração funciona no mundo real, tanto mais percebemos que o que a maior parte das pessoas *acredita* saber sobre atração está redondamente errado. É doloroso ver tantas pessoas quererem tanto melhorar sua vida amorosa e se esforçando bravamente para conseguir seu objetivo — mas que fazem justamente as coisas erradas.

Bem, como raios *isto* foi acontecer? Por que existe tanta desinformação em relação a como a atração funciona?

Tenho alguns palpites, mas, antes de prosseguir, preciso alertar que não há uma resposta simples; muitos fatores (vamos analisar sete deles) colaboraram para nos levar à situação em que nos encontramos hoje. Ou, se preferir, existem pelo menos sete coisas diferentes que podem ser culpadas pelos mitos e as desinformações que envolvem os relacionamentos atuais.

A CULPA É DO SEU CÉREBRO

As pessoas acham que sabem o que querem, mas, no mais das vezes, não sabem. Participantes de grupos de pesquisa de opinião garantiram à Ford que gostariam de dirigir um Edsel e asseguraram à Coca-Cola que New Coke era o máximo.* Ambas as empresas perderam fortunas simplesmente por ter acreditado que as pessoas sabiam o que queriam. O escritor e jornalista Malcolm Gladwell explica que é uma tolice esperar que as pessoas sejam capazes de predizer suas ações:

> Pedir a alguém que explique [seu comportamento e suas intenções] não é tão somente uma impossibilidade psicológica... isto os predispõe a serem conservadores, preferindo o conhecido ao desconhecido.**

Gladwell disse isto em relação a produtos de consumo como sucos de fruta e sabão, ao discursar para uma plateia de altos executivos do setor publicitário. Se as pessoas nem sequer sabem de que tipo de bebida gostam ou como preferem lavar suas roupas, quais são as chances de se darem bem em algo tão complicado e emocional quanto os relacionamentos? Ainda mais que *pensar* sobre o que você quer no campo sexual ou romântico é um processo lógico, porém, as decisões que você toma, na hora, estão mais baseadas na emoção do que na lógica. O emocional e a lógica são controlados por duas regiões diferentes do nosso cérebro; assim, é quase como exigir que os seus pés escolham luvas para você. Você pode passar toda a tarde de quarta-feira pensando e fazendo listas à vontade daquilo que está querendo, mas não é essa parte do cérebro que vai estar no comando na noite de sábado.

Essa distância entre a lógica e a emoção existe em todo mundo, e não apenas em mulheres ingênuas ou inexperientes. Certa vez eu trabalhei com uma mulher divorciada atraente e inteligente, na faixa dos 40 anos, chamada Donna. Nunca lhe faltava a atenção dos homens, mas raramente ela estava satisfeita com sua vida amorosa. Donna me contou que parecia sempre acabar com homens sem emoções e extremamente independentes, ao passo que tudo o que ela na verdade queria era encontrar alguém que fosse

---

* New Coke: novo produto lançado pela Coca-Cola em 1985, para substituir a fórmula anterior, que amargou um grande fracasso de venda, a despeito de as pesquisas de mercado terem indicado o contrário. (*N. da T.*)
** Citado em KILEY, David. "Shoot the Focus Group" [Fuzilem o grupo de pesquisa de opinião] em *Business Week*, 13 de novembro de 2005.

doce, afetuoso e emocionalmente disponível. Mas, toda vez que era apresentada a alguém, a noite sempre terminava com ela dizendo "vamos ficar só na amizade". A última coisa que eu soube dela foi que estava prestes a se casar novamente; com um homem frio e rigidíssimo, preso em uma carapaça inacessível. O que as pessoas *pensam* que querem ou o que elas *dizem* querer, frequentemente, não é o que elas de fato querem ou, pelo menos, não é o que, de fato, as move.

É mais fácil detectar um comportamento tão contraditório nos outros do que em nós mesmos. Gostamos de acreditar que nossas ações e decisões têm sentido, portanto, nos convencemos, *a posteriori*, de que há boas razões para as escolhas que fizemos. Os psicólogos chamam isto de processo de racionalização. Você se lembra de que eu disse que, nos primórdios de Love Systems, costumava interrogar as mulheres com quem havia ficado ou namorado para descobrir exatamente o que eu fizera para atraí-las? Eu achava que essas informações poderiam me ajudar a decidir quais dos nossos métodos funcionavam e quais precisavam ser reformulados ou descartados. Contudo, esse esforço revelou ser quase sempre inútil, porque as razões que elas me apresentavam estavam em geral ligadas a coisas que souberam a meu respeito *depois* de claramente se sentirem atraídas por mim. Trocando em miúdos, essas mulheres sentiam atração, agiam de acordo com essa atração e, *depois*, procuravam os motivos que poderiam explicar por que se sentiram assim. Mais tarde, me dei conta de que esta é a maneira como a atração funciona realmente. Às vezes, eu até contava para elas sobre Love Systems. A reação era praticamente universal: "Isso nunca funcionaria comigo." Eu jamais apontei a ironia da situação.

O que aprendi com esses interrogatórios alimentou Love Systems de fato, mas não da maneira esperada. Quando uma mulher diz "Eu sempre namorei homens do tipo X e, agora, estou procurando um cara tipo Y", a maioria dos homens cai no erro de tentar enfatizar as qualidades que se encaixem naquilo que ela *diz* estar buscando. Inversamente, Love Systems lhes ensina a ressaltar os aspectos a que elas de fato se mostram sensíveis. É óbvio que este princípio não pode ser levado longe demais. Claramente, existe alguma relação entre o que as pessoas afirmam querer e o que na verdade as sensibiliza. Só que não chega nem perto da faixa dos 100% que muitas pessoas supõem — ainda mais quando se trata delas próprias.

A CULPA É DA SUA BISAVÓ

Na realidade, seria preciso remontar a muitas gerações mais, mas a resposta está nos genes que seus antepassados lhe legaram.* Você já se sentiu incomodada ao ver um homem escolher ficar com uma cabeça-oca de seios fartos e curvas avantajadas em vez de uma mulher mais sofisticada e inteligente que provavelmente seria um par melhor? Já pensou com os seus botões "Os homens são nojentos"? Esta afirmação pode ser verdadeira, porém está incompleta. Os homens são nojentos *por uma razão*.

Os nossos genes possuem apenas e unicamente um objetivo: serem passados adiante para o maior número possível de descendentes saudáveis e que possam se reproduzir. Muitas gerações atrás, os homens que por acaso preferissem mulheres jovens, com quadris avantajados e seios grandes, levavam vantagem: essas mulheres apresentavam menores riscos de doenças, tinham menos dificuldades para conceberem e os filhos que eles tivessem com elas teriam maiores probabilidades de sobreviverem ao parto e à primeira infância.** Tendo em vista que esses filhos tenderiam a herdar as mesmas preferências, a repetição desse processo, através das gerações, resultou em uma grande população de homens que amam as curvas femininas. Esse processo pode ser verificado em diferentes culturas.***

---

* Há alguma controvérsia se o fator mais importante daquilo que eu vou dizer aqui consiste na evolução ou nas tradições culturais profundamente arraigadas (ou em uma combinação das duas). Neste livro, eu optei pela evolução, mas isto não tem importância para nossos objetivos. A questão crítica é que aquilo que as pessoas acham instintivamente atraente em um parceiro sofre forte influência, em grande medida, por parte daquilo que era importante em um parceiro vários milhares de anos atrás.
** JASIENSKA, Grazyna, *et al.*, "Large Breasts and Narrow Waists Indicate High Reproductive Potential in Women" [Seios grandes e cintura fina indicam elevado potencial reprodutivo nas mulheres]. Em *Proceedings of the Royal Society B: Biological Sciences* [Anais da Sociedade Real B. de Ciências Biológicas] 271, nº 1545 (22 de junho de 2004).
*** HILL, Sarah E. e BUSS, David M. "The Mere Presence of Opposite-Sex Others on Judgements of Sexual and Romantic Desirability: Opposite Effects for Men and Women" [A mera presença de outros do sexo oposto sobre os julgamentos acerca da condição de ser desejável sexual e romanticamente: efeitos opostos em homens e mulheres] em *Personality and Social Psychology Bulletin* [Boletim sobre personalidade e psicologia social] 34, nº 5 (maio de 2008).

Além do mais, os homens não *gostam* de jovens mulheres curvilíneas do mesmo jeito que gostam de determinada música ou automóvel. Nossos cérebros são literalmente programados para reparar em mulheres desse feitio e produzem uma química de "gratificação" sempre que agimos assim.*
(Esta é uma das razões por que é inútil e fútil se irritar quando o seu homem olha para outras mulheres — falaremos mais a este respeito no Capítulo 11.) Do ponto de vista biológico, os genes de um homem querem que ele olhe para as mulheres porque a maior parte do que um homem precisa saber para avaliar se você seria uma boa parceira pode ser determinada meramente olhando para você.

Com a medicina moderna, o tamanho de quadris e de seios deixou de ser crucial para ter ou criar filhos saudáveis. Além do que, na maioria das vezes, o sexo não tem nada a ver com reprodução. Então, por que alguns homens ainda acasalam com gostosas burras? Pelo mesmo motivo que o grosso da população gosta de comida salgada, tem medo de aranhas e cobras, e nasce com apêndice. Durante grande parte da história humana essas características constituíram uma vantagem.** Contudo, as mudanças tecnológicas e sociais alteraram tanto o nosso ambiente que o que era útil na savana pré-histórica já não se aplica bem, ou, às vezes, não se aplica de modo algum, no ambiente do século XXI.

Os impulsos sexuais femininos estão igualmente defasados. Por exemplo, um homem com muita testosterona (que se revela nos músculos bem-definidos, na largura da parte inferior da face e do maxilar, na sobrancelha proeminente etc.) bem pode ter garantido a segurança de suas ancestrais femininas e de sua prole, mas, no mundo de hoje, testosterona em demasia pode prejudicar as próprias chances do homem e de sua família de ter sucesso no plano evolutivo.*** Logicamente, é notório que a maior parte do

---

* PLATEK, Steven M. e SINGH, Devendra. "Optimal Waist-to-Hip Ratios in Women Activate Neural Reward Centers in Men" [Ótimos índices de cintura e quadris em mulheres ativam os centros neurais de gratificação nos homens], *PloS ONE* 5, nº 2 (5 de fevereiro de 2010).
** OHMAN, A. e MINEKA, S. "Fears, Phobias, and Preparedness: Toward an Evolved Module of Fear and Fear Learning" [Medos, fobias e prontidão: rumo a um modelo evoluído de medo e aprendizagem do medo] em *Psychological Review* 108, nº 3 (julho de 2001).
*** WADE, Nicholas. "She Doesn't Trust You? Blame the Testosterone" [Ela não confia em você? A culpa é da testosterona], em *New York Times*, 7 de junho de 2010. Veja, também,

que faz você ser instintivamente atraída por um homem não tem a ver com sua aparência. Isto, na verdade, torna as coisas *mais* complicadas para as mulheres. Como homem, tenho um pouco de dificuldade para distinguir entre atração consciente e subconsciente. Inicialmente, posso ter forte reação à vista dos seios tamanho 48 de uma mulher deslumbrante que vejo passar, mas sei também que não se trata de amor à primeira vista, porém, de meus genes se manifestando (ou o que guardo dentro da calça). Porém, quando você chega a conhecer um homem, podem existir coisas que a atraiam em um nível consciente: aspectos de sua personalidade que a agradam, interesses que vocês partilham e assim por diante. Essas coisas vão disparar a mensagem "Estou atraída por ele" em seu cérebro. Entretanto, o mesmo acontece com características que a atraiam num nível instintivo e subconsciente, a exemplo das qualidades que analisamos no capítulo anterior. Pode ser dificílimo traçar uma diferença entre:

(A) "Eu me sinto atraída por ele num nível instintivo primário, mas vou tentar explicar a coisa como se fosse lógica mesmo assim"; e
(B) "Eu me sinto atraída por ele por motivos lógicos que posso explicar logicamente."

Suponhamos que você sinta atração por um homem que por acaso desfrute de elevado status social. Como vimos, seu interesse por esse tipo de homens baseia-se em uma preferência biológica herdada de nossos ancestrais, mas que também é relevante hoje em dia: por exemplo, um homem de elevado status pode lhe garantir o acesso a lugares, pessoas e experiências mais interessantes que os seus rivais. Mas sua atração ainda está embasada em instintos, não na lógica. Isto é comprovado pelo fato de os homens com status social serem mais atraentes para as mulheres, mesmo quando esse status não confere nenhuma significativa vantagem para elas. Por exemplo, os *barmen* ganham muito mais atenção das mulheres quando estão trabalhando do que quando estão de folga, por causa do status de que gozam no ambiente restrito de um bar à noite. Eu fui cantado por mulheres pelo simples fato de lembrarem ter visto minha cara na televisão.

"Sexual Selection: Facing the Truth" [Seleção sexual: encarando a verdade], em *Economist*, 2 de março de 2006.

A savana pré-histórica nunca precisou nos ensinar a diferença entre status social real, que confere vantagens genuínas, como a de ser altamente respeitado pela tribo, e o status social que não significa nada e/ou que somente vale em um ambiente muito restrito, como estar na TV ou trabalhar como *barman*. Este último tipo simplesmente não pode existir quando todos se conhecem de longa data e todos passam o tempo mais ou menos da mesma maneira. Mesmo que Oog, o homem das cavernas, parecesse à sua remota ancestral gozar status elevado na tribo por um breve momento em que foi o mais bem-sucedido em uma caçada, esta informação não seria *tudo* o que ela saberia a seu respeito. Por terem convivido na mesma tribo por anos a fio — tribo esta suficientemente pequena para que todos se conhecessem —, ela saberia que ele era apenas um caçador qualquer que contara com a sorte naquele dia. Contudo, no ambiente urbano moderno, uma fotografia pode ser toda a história; existem suficientes hierarquias sociais separadas e diferentes entre si para que qualquer homem possa parecer ter elevado status, quando visto no ambiente correto. Se um dos descendentes de Oog passasse todas as noites de terça-feira se familiarizando com os fregueses habituais do bar que você frequenta e, mais tarde, você entrasse lá por acaso numa terça-feira, instintivamente você o consideraria alguém de elevado status. E se, por acaso, você não o conhecesse, não saberia que ele mora no porão da casa da mãe.

Claro está que não somos escravos de nossa biologia. Diariamente, suprimimos os nossos instintos — de brigar, de abusar e assim por diante — quando não ajudam no nosso ambiente atual. Contudo, esses sentimentos nos afetam de muitas maneiras poderosas e imperceptíveis; assim, tomar consciência deles vai ajudar todos a tomar decisões melhores.

A CULPA É DE SEUS HORMÔNIOS

O fato genérico de as pessoas frequentemente não saberem o que querem de verdade afeta do mesmo modo homens e mulheres, e se aplica a todas as esferas da vida. Mas, para as mulheres, esta dinâmica pode se tornar ainda mais desafiadora quando o assunto envolve relacionamentos; os seus hormônios podem mandar sua percepção e suas tomadas de decisão para a cucuia quando o assunto é sexo e relacionamentos, coisa que simplesmente não acontece com os homens.

Em um estudo realizado em 2004 pedia-se a um grupo de mulheres que quantificassem a atração que sentiam por fotografias de diferentes homens.* Cerca de metade dessas fotos eram de homens com queixos e maxilares particularmente salientes e apresentando outros indicadores de altos níveis de testosterona, enquanto o restante exibia homens com marcada ausência dessas mesmas características. O que o estudo pareceu revelar, inicialmente, foi que — por incrível que parecesse — as mulheres não tendiam, de modo algum, a preferir os homens cheios de testosterona. Algumas, sim; mas outras elegeram os homens com mais "cara de neném"; enquanto outras, ainda, pareciam não demonstrar nenhum padrão de preferência.

Será que acabamos de contradizer um dos pontos centrais deste capítulo — a saber, que a evolução exerce forte influência sobre o que consideramos atraente hoje? De jeito nenhum. E isto porque o estudo também revelou que as mulheres expressavam *de fato* uma intensa preferência por homens com alta testosterona, mas unicamente desde que *ambas* as condições sejam preenchidas:

1. A mulher relatou que estava ovulando naquele período.
2. A mulher relatou estar numa relação de longo prazo, com compromisso.

Quais são os possíveis benefícios que esse tipo de preferência condicional poderia lhe trazer? Em primeiro lugar, uma mulher que em geral não gosta de homens de alta testosterona pode, ainda assim, se sentir atraída por eles quando existe a possibilidade de engravidar. Esses homens nem sempre são ótimos parceiros de longo prazo. Sua estratégia evolutiva é geralmente a de acasalar com o maior número de mulheres possível e não se prender a uma; ainda se pode distinguir esse comportamento em alguns homens nos dias

---

* PILLSWORTH, Elizabeth G., HASELTON, Martie G. e BUSS, David M. "Ovulatory Shifts in Female Sexual Desire" [Oscilações ovulatórias no desejo sexual feminino], em *Journal of Sex Research* 41, nº 1 (fevereiro de 2004).

de hoje. Não obstante, os homens com elevada testosterona possuem, *de fato*, genes fortes, que propiciarão à sua prole as melhores oportunidades para se desenvolver.

Espera um pouquinho. Já é bem difícil ser mãe solteira no século XXI; ficar grávida de um homem que tinha menos probabilidades de ficar para criar o filho não teria sido uma *desvantagem* evolutiva em um contexto pré-histórico?* Sim, totalmente — e é aí que entra a segunda revelação feita pelo estudo: os seus genes querem que você se arrisque a ficar com esses caras apenas quando você já possui uma vida particular estável, na qual é possível criar filhos. Se você já se sentiu desmesuradamente atraída por alguém — sobretudo se ele não faz o seu gênero e você está perfeitamente feliz com o seu namorado e não procura por mais ninguém —, você não está enlouquecendo nem é má pessoa. Você é simplesmente uma mulher com hormônios normais que fazem o que eles fazem normalmente: tentam ajudá-la a transmitir os seus genes da maneira mais eficaz possível. E, no mais das vezes, deixando você abilolada e confusa durante o processo.

Nos programas de Love Systems, encorajamos o homem que pegar o seu número de telefone a ligar ou mandar uma mensagem para você pelo menos uma vez por semana, durante pelo menos mais algumas semanas, ainda que você não tenha se mostrado particularmente interessada nele quando de sua primeira ligação. Esta estratégia tem muitas razões, entre elas a seguinte: você pode se sentir mais ou menos atraída por ele em momentos distintos do seu ciclo. De forma análoga, acontece de algum de nossos clientes se envolver em uma relação com uma mulher que tem namorado ou é casada. (Nossa tarefa não é bancar os éticos, já que estamos falando de adultos que sabem tomar decisões por conta própria.) Nessas circunstâncias, é quase sempre melhor forçar a barra para que algo aconte-

---

* Na medida em que os bebês e as crianças humanos são especialmente vulneráveis e possuem um processo de desenvolvimento muito mais longo do que a maioria dos outros animais, existem importantes motivos biológicos e evolucionários para que o pai permaneça para fornecer recursos e proteção que não se aplicam na mesma proporção às demais espécies. Para a maioria dos outros animais, e até em 95% dos outros mamíferos, o pai não tem envolvimento com a prole.

ça imediatamente, já que — entre outros motivos — é preciso malhar em ferro quente e antes que ocorra uma alteração nos hormônios dela.*

Os seus hormônios podem lhe enviar sinais ainda mais confusos se você tomar alguma medicação que os afete. Algumas pílulas anticoncepcionais apresentam como efeito colateral inverter completamente a maneira como o seu cérebro interpreta o cheiro de um homem. Normalmente, quando o odor dele é atraente para você, significa que ele deve ter um sistema imune forte e que, ademais, o perfil genético desse homem, combinado com o seu, provavelmente, geraria uma prole saudável. Porém, se você estiver tomando uma das pílulas anticoncepcionais "inversivas", vai se ver desmedidamente atraída por homens nos quais você talvez jamais tenha reparado antes (e que, verdade seja dita, provavelmente, não apresentam sistemas imunes muito bons e/ou perfis genéticos compatíveis) e rejeitando homens pelos quais você antes sentia atração, e que, biologicamente falando, teriam a probabilidade de ser excelentes parceiros. E isto tem de ser algo bem confuso, também, sobretudo se você mudar o tipo de pílula que toma.**

Mas a atração não é a única a ser influenciada pelos seus hormônios; eles também afetam o modo como diferentes homens fazem você se sentir quando está com eles, ainda mais do ponto de vista sexual. Na média, você vai ter mais orgasmos com homens com quem os seus genes "querem" que você tenha filhos, isto é, homens com bons genes. Por que orgasmos? Alguns cientistas acreditam que os orgasmos tornam uma gravidez mais provável. Também é possível que seja porque é mais provável que você volte a fazer sexo com um homem com quem teve um orgasmo

---

* A principal entre as demais razões é que tanto os homens quanto as mulheres que estão em uma relação têm mais probabilidade de se jogar em algo passional quando suas emoções estão envolvidas no momento do que de enfrentar a culpa e a ameaça de serem descobertos por se envolverem numa paquera mais extensa.

** ROBERTS, S. C. *et al.* "MHC-Correlated Odour Preferences in Humans and the Use of Oral Contraceptives" [A preferência de cheiros ligadas a MHC em humanos e o uso de contraceptivos orais], em *Proceedings of the Royal Society B: Biological Sciences* 275, nº 1652 (7 de dezembro de 2008); SAXTON, T. K. *et al.* "Evidence That Androstadienone, a Putative Human Chemosignal, Modulates Women's Attributions of Men's Attractiveness", em *Hormones and Behavior* 54, nº 5 (novembro de 2008).

na primeira vez. Talvez ambas as teorias estejam certas. Seja como for, já dispomos de mais evidências de que os seus hormônios tentam influenciar suas escolhas.*

E tampouco se trata apenas de *suas* escolhas — o seu ciclo hormonal também afeta o modo como os homens a veem. Durante a menstruação, quando você não pode engravidar, seu aspecto e seu cheiro são menos atraentes para os homens; mas quando está ovulando, sua aparência e seu cheiro são mais atraentes. Quanto mais? Na maioria das vezes, é difícil quantificar a atração ou o desejo — nenhum cara no mundo diria que você estava 23% mais atraente na semana passada do que hoje —, mas as casas de *strip-tease* nos fornecem informações interessantes: se pegarmos a mesma mulher com as mesmas coreografias e a mesma capacidade de provocar, é só observar como as gorjetas que recebe aumentam e diminuem durante o seu ciclo. Na média, as gorjetas das dançarinas *dobravam* quando estavam ovulando.** Portanto, se um cara atraente passou por você sem nem olhá-la no domingo, mas parou para bater papo, hoje, isto pode ter a ver com sua roupa ou com seu penteado, ou, então, ele pode estar reagindo a mudanças nos sinais hormonais que você está emitindo; sinais que nenhum dos dois perceberia conscientemente.

Resumindo: há muitas coisas acontecendo no nível hormonal que influenciam seu modo de sentir no que se refere a diferentes homens, bem como o modo como diferentes homens podem sentir em relação a você. Essas influências mudam diariamente, costumam ser imperceptíveis e atuam no sentido de aumentar ainda mais o abismo entre a percepção e a realidade, no que tange ao modo como a atração realmente funciona.

---

* BARASH, David P. e LIPTON, Judith Eve. *How Women Got Their Curves and Other Just-So Stories: Evolutionary Enigmas* [Como as mulheres conseguiram suas curvas e outras histórias desse tipo: enigmas evolucionários]. Nova York: Columbia University Press, 2009.
** MILLER, Geoffrey; TYBUR, Joshua M. e JORDAN, Brent D. "Ovulatory Cycle Effects on Tip Earnings by Lap Dancers: Economic Evidence for Human Estrus?" [Os efeitos do ciclo ovulatório nas gorjetas recebidas por dançarinas eróticas: evidência econômica de cio humano?], em *Evolution and Human Behavior* 28, nº 6 (novembro de 2007).

A CULPA É DA MÍDIA

Desde que você começou a se interessar por sexo, atração e relacionamentos, a mídia tem tentado lhe contar como eles funcionam. Não estou dizendo que os seus programas prediletos na TV começaram a ser interrompidos por anúncios descrevendo como conseguir um namorado, e tampouco que "a mídia" seja uma entidade capaz de possuir um ponto de vista coletivo consciente. Mas, inegavelmente, todos nós consumimos muitas mensagens de várias mídias sobre como as pessoas ficam atraídas umas pelas outras e como a paquera e os relacionamentos funcionam.

A verdade é que a maior parte dessas mensagens confunde as pessoas. Considerando-se que amor, sexo e atração são experiências humanas universais, é fácil qualquer um achar que é especialista no assunto. (Pergunte para suas amigas se elas dão bons conselhos de relacionamento: a maioria dirá que sim.) Roteiristas tampouco são exceções: a maioria nem sonharia em escrever um roteiro de época sem empreender pesquisas ou consultar um historiador, porém, poucos adotam uma abordagem tão rigorosa quando colocam os seus personagens em situações românticas. Pelo contrário, eles se fiam em seu próprio conhecimento — e nas convenções do cinema, que discutiremos adiante — sobre a paquera e a atração, o que na prática perpetua um mundo fantasioso. Eu moro em Hollywood, e treinei muitos desses camaradas pessoalmente. Nenhum deles tinha nenhuma noção especial ou habilidade antes de se submeterem ao programa de treinamento de Love Systems.

Embora informações falsas e enganosas possam ser encontradas em todas as esferas da vida, o impacto da desinformação que recebemos da mídia é especialmente forte, por duas razões. Em primeiro lugar, por causa da quantidade dela. Porque o sexo e a atração são tópicos em que praticamente todos podem se envolver e por serem emocionalmente poderosos, esses assuntos costumam ser utilizados para fazer avançar uma linha da trama, definir uma personagem, vender produtos em comerciais e assim por diante. Em segundo lugar, a desinformação não é aleatória. Existem convenções estabelecendo como romances funcionam. O público está acostumado a que os galanteios ocorram de formas específicas e previsíveis, e estas são incorporadas aos destinos das personagens. Independente de você ter crescido vendo os seriados *Sixteen Candles* e *Revenge of the Nerds*, ou *Say Anything* e *Superbad*, o principal protagonista acaba ficando com a pessoa com quem devia ficar, coisa que jamais aconteceria na vida real.

Dito de outra maneira, todos nós absorvemos muitas mensagens da mídia sobre paquera e atração, as quais apresentam um ponto de vista geralmente congruente, porém inexato. Supondo que você tivesse consumido cinco mensagens dessas por dia (estimativa baixa, esta, para qualquer pessoa até remotamente ligada em cultura popular) desde os 10 anos de idade até os 20, isto daria um acúmulo de aproximadamente 20 mil delas. O cérebro humano, simplesmente, não está equipado para ver o mesmo padrão 20 mil vezes e dispensá-lo. Na realidade, acontece o contrário: as pessoas não gostam de conservar duas ideias opostas em suas cabeças (fenômeno que os psicólogos chamam de "dissonância cognitiva"), assim, dispensam a informação que contraria o padrão dominante. Veremos como esse processo funciona de forma mais detalhada no Capítulo 6, quando falaremos de primeira impressão. Por enquanto, basta lembrar que nossos cérebros estão notavelmente apegados àquilo que achamos que sabemos, o que faz com que não gostemos que essa informação seja posta na berlinda. Na realidade, às vezes, nos programas de treinamento de Love Systems, temos de ajudar nossos clientes a *desaprender* muitas das mensagens que internalizaram, antes que possam ser bem-sucedidos com as mulheres e os relacionamentos.

Nada do que foi dito até agora significa que as pessoas ajam às cegas, copiando o que veem na TV.* Eu já devo ter visto milhares de assassinatos na tela, mas nunca matei alguém. Entretanto, as pessoas *de fato* interiorizam mensagens sobre padrões e a maneira como as coisas funcionam. Acredito que os milhares de assassinatos assistidos na tela me deram uma ideia razoável de como uma arma funciona, mesmo que eu nunca tenha disparado uma; ou como uma investigação de assassinato é conduzida, embora eu jamais tenha sido envolvido em nenhuma. Quando vemos um padrão repetido suficientes vezes, nosso instinto é aceitá-lo como sendo definitivo — sem sequer nos darmos conta de que estamos fazendo isto —, independen-

---

* Ou o que consomem através de outras mídias — usaremos a TV apenas como exemplo, porém o mesmo princípio se aplica para livros, filmes, música e assim por diante.

te de ele ser correto ou não. A mídia nos fornece uma perspectiva irreal e distorcida de como a atração e a paquera funcionam, e nos transmite essa visão numa dose tão irrefutável que é difícil permanecermos completamente livres de sua influência.

A CULPA É DA SOCIEDADE — OU DOS SEUS AMIGOS

Já que a mídia é incapaz de lhe mostrar a verdade, pelo menos você pode contar com seus amigos e sua família, certo? Infelizmente, ambos, amigos e família, na certa contribuirão ainda mais para a confusão romântica em vez de resolvê-la, porque estão sujeitos a muitos dos mesmos antolhos que você. Além disso, eles podem influenciá-la de maneira negativa, por causa de seus próprios preconceitos, expectativas e opiniões, e/ou canalizar a pressão e as críticas que todas as sociedades impõem às mulheres e às suas vidas amorosas e sexuais. Na realidade, seus amigos podem estar sabotando você — de forma consciente ou não.

Você pode achar que não se deixaria influenciar muito pela opinião dos outros no que diz respeito a decisões de sua vida amorosa, e talvez esteja certa. Entretanto, neste caso, você seria uma exceção. A conformidade se difunde surpreendentemente. Por exemplo, nos anos 1950, havia uma famosa série de experimentos em que se pedia às pessoas para estimar o comprimento de vários segmentos de reta. Esses testes não eram particularmente difíceis (veja a figura a seguir). À revelia daqueles em quem o teste era aplicado, os demais "participantes" do estudo eram, na realidade, cúmplices dos pesquisadores, instruídos a fornecer respostas corretas durante os dois primeiros experimentos e respostas incorretas em todos os seguintes. As pessoas testadas, a quem se pedia para responder em último ou penúltimo lugar em cada grupo, quase sempre determinavam a resposta correta quando os demais participantes já o haviam feito. Mas, depois que os cúmplices começaram a dar as respostas erradas (a mesma resposta errada em cada experimento), cerca de um terço dos testados também o fez. Três quartos dentre eles forneceram pelo menos uma resposta incorreta (porém, em conformidade com os demais). E as mulheres apresentaram o dobro das probabilidades de se conformar à pressão dos demais, quando comparadas com os homens.* Esses famosos estudos se tornaram conhecidos como os Experimentos de Conformidade de Asch.

EXEMPLO DOS TESTES DO EXPERIMENTO DE CONFORMIDADE DE ASCH

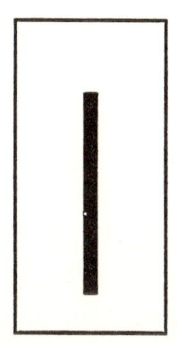

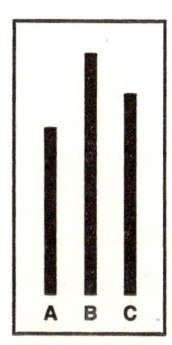

A grupos constituídos de cinco a sete participantes, contando as pessoas a serem testadas e os cúmplices, foi mostrada uma linha como a da figura da esquerda e, então, pediu-se que se identificasse qual dos segmentos da figura da direita se aproximava mais do comprimento do segmento da figura da esquerda. A propensão à conformidade das pessoas era testada ao se fazer com que a maioria dos cúmplices fornecesse a mesma resposta errada, seja A ou B neste exemplo, antes de deixar a pessoa testada responder.
FONTE: Reproduzido de um vídeo de um desses experimentos: www.ItsYourMoveBook.com/Conformity

---

O conformismo ocorre mesmo que não haja ninguém fornecendo as respostas erradas, desde que as pessoas tenham consciência de qual seja a resposta correta. Durante um longo tempo candidatos negros a cargos eletivos nos Estados Unidos tendiam a receber menos votos do que haviam sugerido as pesquisas de opinião realizadas logo antes da eleição. Uma teoria para explicar isto (o Efeito Bradley) propunha que alguns eleitores

---

* BOND, R. e SMITH, P. B. "Culture and Conformity: A Meta-Analysis of Studies Using Asch's Line Judgement Task" [Cultura e conformidade: uma meta-análise de estudos utilizando a linha de Asch em tarefas de discernimento], em *Psychological Bulletin* 119, nº 1 (1996).

brancos racistas se sentiam pressionados a se conformar à expectativa antirracista implícita — mesmo por um anônimo funcionário do instituto de pesquisa do outro lado da linha de telefone, e mesmo quando havia razões perfeitamente legítimas para apoiar algum outro candidato — e mentiam ao afirmar que pretendiam votar no candidato negro.

Nos exemplos acima, as pessoas tendiam a se conformar mesmo quando havia bem pouca pressão ou incentivo para que agissem assim. Conforme a pressão vai aumentando, a tendência à conformidade aumenta também. É compreensível que muitas mulheres cedam ao peso potencialmente imenso da reprovação social, da pressão e das expectativas que sentem até mesmo em seus amigos mais próximos e na família, bem como na sociedade de forma geral. Algumas mulheres tentam corresponder totalmente a essas expectativas. Minha amiga Donna insistiu durante meses a fio em querer o tipo de cara gentil e doce que ela supostamente devia querer e, consequentemente, Donna passou meses e mais meses indo para casa sozinha, depois de encontros insípidos e sem vida com homens assim, antes de parar de lutar contra os seus instintos. Outras mulheres se conformam pelas aparências. Tenho muitas amigas que costumam ficar com alguém uma única vez, porém que tecem comentários maldosos sobre outras mulheres que veem fazendo a mesma coisa. Elas estão canalizando as expectativas sociais e se protegendo, ao implicar que elas não agem da mesma maneira.

Love Systems utiliza esta informação. Quando eu ensino os homens sobre psicologia feminina, especialmente no aspecto que tange a sexo e paquera, mando os caras procurarem dicas com as amigas delas, já que todo grupo social possui suas próprias regras tácitas. Por exemplo, eu abordaria uma mulher de forma muito diferente se suas amigas parecessem ser do tipo "viemos juntas, partiremos juntas" do que se parecessem ser mais abertas. De modo análogo, muitas de nossas técnicas para sexualizar uma paquera logo na mesma noite não têm nada a ver com fazer você desejar o homem em questão; claro, ele precisa fazer com que você o queira, mas frequentemente o maior desafio é ajudar você a sair com ele sem incorrer nas críticas das suas próprias amigas.

Contudo, de onde vêm toda essa pressão social e essas críticas? Todas as culturas que conheço procuram exercer controle sobre a sexualidade feminina de alguma maneira. Antigamente, existiam boas razões para tanto. Nas sociedades mais primitivas, a coesão social era absolutamente necessária à sobrevivência. Uma mulher livre para explorar sua sexualidade teria sido perigosíssima. Não há nada pior para fazer os homens brigarem do que competirem pela mesma mulher, e qualquer grupo de jovens que se desentendeu por uma mulher pode lhe dizer que essas feridas não saram com facilidade. Por vezes, essas rixas crescem e envolvem amigos, familiares e outros aliados, fazendo com que a causa original da disputa acabe por se tornar irrelevante diante de vários ciclos de ataques e contra-ataques. Uma das mais antigas obras da literatura ocidental, a *Ilíada*, de Homero, trata da Guerra de Troia, que durou décadas e enredou a maior parte do mundo então conhecido numa competição para casar com Helena de Troia.* Tendo em vista que controlar as mulheres e os seus comportamentos sexuais resulta na redução de conflitos na sociedade, essas sociedades passavam a ter melhores chances de se desenvolver.

A despeito de o mundo ter mudado significativamente desde os dias de Homero, as atitudes demoram muito para se adequar. Os mitos existem em abundância; por exemplo, aquele que diz que você não deve gostar de sexo tanto quanto os homens, ou, até, que você não deve se interessar por sexo de modo algum. Ou que as mulheres são inerentemente mais monogâmicas que os homens, o que simplesmente não corresponde à verdade. Ou que as mulheres devem ser rotuladas de "boa menina" ou "menina má" (ou a oposição mais clássica virgem/prostituta) com base em suas atitudes perante o sexo e a paquera. Claro, as pessoas sensatas sabem que essas ideias são falsas e diminuem as mulheres, porém esses conceitos são muitíssimo arraigados na cultura popular. Em geral, as pessoas não costumam se referir de modo muito positivo às mulheres que se sentem à vontade e seguras com suas vidas sexuais não monogâmicas; com frequência, a mensagem não verbalizada é de que essas mulheres jamais vão encontrar um homem para uma relação duradoura. Ou pense no último livro, filme ou programa

---

* A *Ilíada* não pertence evidentemente à história, e é impossível conhecer as causas da Guerra de Troia nos dias de hoje. Mas fica claro que até os públicos daquele período primordial da civilização não ficavam de forma alguma insensíveis ao tema de uma competição por uma mulher que desencadeia uma guerra "mundial".

de TV que você assistiu ou leu, em que um dos parceiros de um casal almejava por mais sexo no relacionamento, enquanto o outro se esquivava. Qual deles estava querendo mais? Quem foi apresentado como não sendo geralmente interessado em sexo? Na realidade, não existem diferenças inerentes aos gêneros no que tange ao desejo sexual de homens e mulheres em um relacionamento estável.*

Trocando em miúdos, as suas amigas estão provavelmente acometidas dos mesmos preconceitos que você. Podem até não estar admitindo seus verdadeiros sentimentos para si mesmas; imagine se os compartilhariam com você! Isto para não mencionar que, às vezes, as mulheres deliberadamente sabotam umas às outras por inveja ou competitividade. Por favor, ouçam quando elas têm algo para dizer, mas não acabe como o Sr. Stevens em *Vestígios do dia*, arrependido de uma vida passada ao serviço dos valores de outrem. Se você vai cometer erros, que sejam pelo menos os *seus* próprios erros, cometidos ao perseguir a vida que *você* quer.

A CULPA É DO SEU EGO

Ninguém quer sentir que não está em pleno comando de si mesmo, ou que suas ações nem sempre correspondem à imagem que tem de si. Na realidade, este é um dos motivos que levam as pessoas a racionalizar o seu comportamento depois do fato ocorrido.

Eu me lembro de que, ao ler um livro sobre vendas e persuasão que me fora recomendado por uma antiga colega, reparei que ela havia usado muitas das técnicas constantes no livro para me persuadir a patrocinar uma mesa em um evento beneficente em que estava envolvida. Por razões que eu não poderia explicar ao certo, aquilo me irritou. Cheguei a me rebaixar a tecer comentários nos moldes de "isto não era realmente o que ela estava fazendo" e "não foi esta parte que funcionou em mim", até que eu tive de admitir para mim mesmo que eu não sou uma ave tão rara assim, e que as técnicas psicológicas e persuasivas que costumam funcionar em seres hu-

---

* TIEGS, Tom J. *et al.* "My place or Yours?" [Minha casa ou a sua?], em *Sex Roles* 56, nº 7-8 (abril de 2007).

manos geralmente vão funcionar comigo também. E tudo isto por causa de uma mesa em um evento beneficente! Nem posso imaginar quão mais intensos os meus sentimentos teriam sido caso houvessem me entregado um roteiro de como eu fui levado para uma decisão envolvendo paquera ou sexo. Você se lembra daquelas mulheres com quem eu estava me relacionando e que insistiam que Love Systems jamais funcionaria com elas? Embora a ironia seja *de fato* divertida, eu compreendo a reação delas.

A maioria das mulheres se sente (desnecessariamente) diminuída pela ideia de que podem ser seduzidas por alguém. E essa sensação é pior ainda se o homem estiver usando técnicas que ele leu em um livro ou aprendeu em uma aula. Em uma sociedade que insiste em vincular as decisões sexuais e românticas das mulheres tão estreitamente com a identidade delas, não causa surpresa que muitas mulheres se sintam instintivamente diminuídas e ameaçadas pela ideia de que um homem possa aprender a pegá-las em um livro.

Na realidade, a título de informação prática, chamar atenção para esse sentimento é uma das maneiras mais poderosas de *impedir* que a sedução aconteça, e isto é algo que ensinamos em nossos programas de treinamento. Suponhamos que um dos nossos clientes esteja interessado em você, porém, que haja um rival na área. Não alguém com quem você tenha alguma ligação — apenas outro cara qualquer. Normalmente, em uma situação assim, é uma questão de quem piscar primeiro. Se um dos homens parecer mais seguro de si, mais equilibrado, e tiver mais presença, normalmente o outro desaparece. Porém, às vezes, ele não se comporta assim. E, nesse caso, o nosso cliente pode destruir qualquer chance que tenha com você se fizer um comentário deste tipo:

"Oh, desculpe, eu não tinha percebido que você estava querendo pegar a garota. Vamos fazer o seguinte: eu e ela vamos dar um tempinho na nossa conversa para você ter uma chance com ela. (Pausa.) Vá em frente, homem, diga a ela como se sente; ela não vai mordê-lo."

Em uma situação dessas, a probabilidade de você acabar se sentindo atraída pelo outro cara é praticamente zero. E isto se dá, sobretudo, porque você não quer ser vista como alguém que está ali para ser pega, mesmo que você seja uma mulher solteira em um estabelecimento como uma boate, local absolutamente conveniente para você conhecer e flertar com homens. Não obstante, é praticamente impossível qualquer homem ser bem-sucedido quando a situação se configura dessa maneira.*

Agora, você bem pode estar duvidando desta conclusão, porque, provavelmente, já aconteceu algumas vezes de um homem se aproximar de você e suas amigas, e, a despeito de vocês todas saberem que ele tinha a intenção de ficar com você, a coisa funcionou. A diferença está na contestabilidade plausível — conceito importante em Love Systems. Conquanto você possa negar plausivelmente o que está acontecendo ("Oh, nós estamos só conversando; ele é mesmo divertido"), a situação permanece segura e confortável, e você pode se permitir ser atraída. Depois de você ter decidido que se sente atraída por alguém, a contestabilidade plausível passa a ser muito menos relevante. Contudo, se um homem abordá-la diante dos demais, podendo ser ouvido por eles, e lhe disser que está querendo ficar com você — bem, vamos combinar que só mesmo se ele for *extremamente* encantador ou bonito. É muitíssimo natural negar os conceitos que estou apresentando. Você pode fingir que nenhum desses métodos jamais funcionaria com você, porque você é *realmente* uma pessoa especial. Não obstante, há uma coisa que você não pode fazer: fingir que nada disso está acontecendo. Citando Omar, de *The Wire*, um dos meus personagens prediletos na TV: "O jogo está rolando. Ou você joga ou fica para trás."

A CULPA É DOS CIENTISTAS

Se considerarmos que já lancei mão de abundantes referências a vários estudos neste livro, esta questão pode parecer estranha. É que eu citei os bons. Mas para cada estudo científico que lança alguma luz sobre como a atração e a sedução funcionam, há três ou quatro que tornam esses processos obscuros.

---

* Diga-se de passagem que, se você já nos viu na TV, o parágrafo anterior explica por que sempre recusamos quando um entrevistador pede "Ok, mostre-me como você faria para que eu ficasse atraída por você" ou "Minha assistente está logo ali — vá conseguir o número de telefone dela". É uma armadilha — nós trabalhamos somente com câmeras ocultas.

Vejamos um exemplo recente — quanta pele deve uma mulher mostrar quando está saindo para conhecer homens? Esta é uma pergunta bastante interessante, certo? Eu ouvi inúmeras conversas entre mulheres em que elas se perguntam mutuamente se seus trajes são conservadores ou se estão deixando demais à mostra. No Reino Unido, as mulheres ficaram atônitas diante de uma série de artigos, publicados nos principais jornais como o *Daily Mail* e o *Daily Telegraph*, versando sobre um estudo "científico" que "prova" que elas deveriam descobrir 40% do corpo, sendo este número apontado como excelente ponto de equilíbrio entre se mostrar atraente e parecer fácil ou disponível demais.* Pelo visto, esta é uma informação útil para as mulheres. Mas se você resolver se aprofundar um pouco mais (coisa que poucos fazem) e consultar o estudo original, eis o que vai encontrar:

- O estudo inteirinho foi realizado em uma única noite, em uma boate de uma cidade. Isto é claramente ridículo — a quantidade de pele a ser exibida (se é que existe isto) vai diferir bastante se considerarmos um bar universitário num fim de semana ou uma boate descolada numa noite da semana.
- Os pesquisadores não mediram efetivamente a quantidade de pele deixada à mostra. Aplicaram apenas uma porcentagem aleatória, segundo a qual braços desnudos valiam 10%, cada, e os ombros, 5%. Dois ombros equivalem a um braço? Não faço a menor ideia, e suspeito que os pesquisadores tampouco.
- Correlação não é causalidade. Mesmo que fosse verdade que as mulheres ostentando 40% do corpo fossem abordadas mais vezes, isto não significaria, necessariamente, que elas fossem mais abordadas por estarem mostrando a quantidade certa de pele. Talvez as mulheres atraentes que são abordadas por muitos homens tendam a se

---

* MACRAE, Fiona. "How to Woo a Man... Flash 40% of Your Flesh: Science (and a Few Nights Out) Solve an Old Dilemma" [Como atrair um homem... Exiba 40% de sua pele: a ciência (e algumas saídas à noite) resolve um velho dilema], em *Daily Mail*, 17 de novembro de 2009; "Women Should Bare 40 Per Cent of Their Bodies to Attract Men" [As mulheres deveriam desnudar 40% do seu corpo para atrair os homens], em *Telegraph*, 17 de novembro de 2009.

sentir mais confortáveis usando roupas provocantes nas boates. Isto também faria sentido, talvez até mais.
- E assim por diante...

Infelizmente, esse tipo de besteirol é rotineiro. Outro estudo alardeou que ia revelar o jeito de saber se uma mulher tinha tido um orgasmo recentemente, pela sua maneira de andar.* Deixando de lado a utilidade prática desse conhecimento, ou a falta dela, o que chamou minha atenção no estudo foi que ele selecionou como objetos apenas 16 estudantes universitárias belgas. Não sou nenhum estatístico, mas não creio que seja possível fazer muitas generalizações sobre as mulheres tomando como base uma amostra de 16 pessoas — ainda mais por se tratar de 16 mulheres que presumivelmente apresentavam idades e históricos semelhantes.

Mas isto se repete a toda hora. A maioria dos estudos parece envolver estudantes universitários como objetos. Isto faz algum sentido do ponto de vista dos pesquisadores, já que, provavelmente, são professores e têm fácil acesso aos estudantes; estes últimos, por sua vez, tendem a ter tempo livre e precisar com frequência da bolsa que esses estudos fornecem. Mas o valor de alguns desses estudos será limitado caso o pesquisador não namore exclusivamente estudantes universitárias. As pessoas mudam conforme envelhecem — nossas prioridades, nossos estilos de vida e até o modo de funcionamento do nosso cérebro se alteram —, embora eu tenha certeza de que você conhece homens na casa dos 30 e 40 que não *parecem* ter mudado ou evoluído nada desde os 20 anos; mas estes, provavelmente, não são os homens com quem você está interessada em se relacionar.

A bem da justiça, a comunidade científica não é responsável por toda a desinformação produzida em seu nome. Não raro são os jornalistas que erram ao exagerar ou interpretar mal as conclusões dos pesquisadores. Mesmo assim — aceite com ponderação qualquer coisa que venha a ler em um estudo científico sobre atração e sedução.

---

* NICHOLAS, A. *et al.* "A Woman's History of Vaginal Orgasm is Discernible from Her Walk" [O histórico de orgasmo vaginal na mulher é discernível pela maneira dela andar], em *Journal of Sexual Medicine* 5, nº 9 (setembro de 2008).

Capítulo Quatro

O que os homens querem, e por quê?

*A*té agora adotamos um enfoque "de fora para dentro", analisando as estratégias masculinas de paquera e o que podemos aprender com elas. Na Parte 2, que vem logo a seguir, examinaremos como usar essas informações para conseguir os relacionamentos que você deseja. Mas antes de chegarmos a este ponto ainda temos uma última informação a lhe passar: o que os homens querem? E por quê?

Por vezes, ser instrutor profissional de relacionamentos amorosos, ou mestre na arte da paquera, é bastante parecido com ser *barman*, terapeuta ou cabeleireiro. Os clientes me contam *tudo*. Em geral, sou a primeira ou única pessoa com quem esses homens se abrem e a quem revelam o que sentem de verdade sobre questões relacionadas à paquera e aos relacionamentos. Claro, nós já alertamos que o que as pessoas *dizem* ou até *pensam* querer não é, necessariamente, o que elas realmente *querem*.*
Contudo, não sou somente uma pessoa que milhares de homens consultam no tocante às suas vidas amorosas; com frequência, também estou bem ao lado deles na hora em que estão de fato agindo com base nessas

---

* Como já explicamos, o vão existente entre "o que você diz" e "o que você faz" é geralmente menor para os homens, comparado com as mulheres, porque as mulheres costumam enfrentar mais pressão social para se conformar e mais intrometimento em suas decisões referentes a sexo e namoro. Mas, mesmo assim, ele existe.

informações e tomando decisões relativas a paqueras ou relacionamentos. Vou ao restaurante, ao bar ou à boate com eles. Observo-os pelo canto de olho nos cafés, shoppings ou parques. Realizo consultas rotineiras de acompanhamento depois que concluem o programa. Comecei Love Systems pensando que, um dia, eu poderia me tornar especialista em mulheres. Fiquei abismado quando percebi que esse processo também me levaria a me tornar especialista em homens. A seguir, vou compartilhar com você algumas dessas informações que coletei sobre o que os homens realmente querem em uma mulher — em termos de aparência e personalidade.

APARÊNCIA

Pode não ser politicamente correto, mas a realidade é que a maioria dos homens precisa estar fisicamente atraído por uma mulher antes de considerar se envolver com ela. Se você acha que isto é superficial, injusto, ou até fundamentalmente destrutivo para a felicidade de muitos homens no longo prazo, eu não posso dizer que discordo de você. Porém, o meu trabalho não é criar um mundo de fantasia; é lhe fornecer o melhor mapa possível para que você se situe no mundo que existe de fato.

Não deve lhe causar surpresa ouvir que a aparência é importante para a maioria dos homens. Mas o que pode provocar espanto é a maneira *como* os homens interpretam a atratividade da mulher. A medição não é feita de acordo com uma escala como a de um termômetro, em que cada grau importa igualmente; está mais para a situação de qualificação para um trabalho, em que existem importantes critérios mínimos, e excedê-los acaba por acarretar consequências negativas. Se um emprego requer um grau universitário que você não possui, então, os que o tiverem terão enorme vantagem sobre você. Mas se você possuir o título de doutora, poderá ter alguma vantagem sobre as pessoas que apenas têm diploma de graduação; porém, esta não chega nem perto da vantagem que essas pessoas têm sobre aquela que não tem diploma algum. Não obstante, o fato de você satisfazer ou exceder os critérios não lhe garante uma vaga de emprego. O que pode fazer, é lhe proporcionar uma entrevista.* Sua aparência pode lhe abrir as portas, mas sua personalidade é que vai selar o negócio.

> ### A guerra dos sexos: aparência versus dinheiro
>
> Pode-se traçar outra analogia entre o modo como os homens consideram a aparência de vocês e o jeito como as mulheres pensam a respeito da conta bancária deles. Tanto a aparência (para a mulher) quanto a riqueza (para o homem) são atributos que têm atraído o sexo oposto — ou até o mesmo sexo — desde antes da existência da raça humana. Há muitas similitudes em termos de seu funcionamento no jogo da sedução.
>
> ### SE ESTIVER FALTANDO...
>
> Se você for como a maioria das mulheres, não pensa em dar o golpe do baú. Mas, ao mesmo tempo, na certa, não está morrendo de vontade de se relacionar com um homem que vive de favor, dormindo no sofá da casa dos amigos, que sai de ônibus para se encontrar com você e precisa que você banque tudo. Você não deve estar a fim de ter de aturar a piedade ou o questionamento de seus próprios amigos. Você pode imaginar o que o estilo de vida desse homem hipotético revela sobre suas escolhas, ambições, estabilidade e autorrespeito, para não mencionar sua capacidade potencial de contribuir consistentemente para o sustento de uma família.
>
> Os sentimentos que este caso lhe suscitaria constituem um paralelo válido para descrever o que a maioria dos homens sente em relação a mulheres pelas quais não são atraídos fisicamente. Não se trata de um obstáculo insuperável, mas servirá de instigação para você tirar o máximo proveito de todas as outras qualidades de que dispõe. A exemplo do Sr. Surfista de Sofá, a Srta. Não Atraente deve ser charmosa, interessante e irresistível de outras maneiras.

---

* Não interprete esta analogia como sendo para todo processo de sedução; tipicamente, é o homem que faz o papel de quem procura emprego, e a mulher, que age como goleiro. De qualquer maneira, uma boa entrevista de trabalho (ou uma cantada) deveria ter a ver com *ambas* as pessoas decidirem se se encaixam.

A LINHA DIVISÓRIA

Há um nível de riqueza em que o homem pode tomar conta de si. Ele tem um emprego; tem condições financeiras para sair à noite; não precisa pedir dinheiro emprestado o tempo todo; tem condições de comprar um carro, se quiser e, caso tenha um, este não estará necessitando desesperadamente de oficina. A maioria das mulheres se daria por satisfeita com um homem que apresentasse esse nível de riqueza. Não contaria necessariamente como fator a seu favor, mas, na maioria das vezes, tampouco constituiria um empecilho. Muitas mulheres se encaixam em uma categoria análoga no que tange ao quesito aparência: é um atributo que o destaca de uma maneira nem boa, nem má.

UM PONTO POSITIVO

Mesmo sem ter a intenção de aplicar o golpe do baú, é natural que as mulheres valorizem homens que tenham ambição, inteligência e pulso para conquistar o sucesso por si mesmos. Um homem assim provavelmente vai cuidar melhor de seu corpo e de sua mente, terá acesso a experiências mais variadas e interessantes e assim por diante. Mesmo que não seja atraída pelo dinheiro em si (é difícil desejar uma cifra de um extrato bancário), é normal que a mulher se sinta mais atraída por um homem desse tipo. Contudo, para a maioria das mulheres, a riqueza em si não constituiria razão suficiente para sair com ele. Você poderia lhe dar mais oportunidades do que ao Sr. Surfista de Sofá, mas, se essa for a única carta que ele tiver na manga, tanto faz que durma no sofá de algum amigo — vai dormir sozinho mesmo.

Se tiver uma aparência acima da média, a maioria dos homens vai lhe dar uma segunda conferida; também lhe darão todas as oportunidades para você mostrar que é maravilhosa. Mas isto, por si só, não vai lhe assegurar uma relação de alta qualidade, da mesma maneira que um homem bem-sucedido não fará você se apaixonar por ele só lhe revelando a sua carteira de investimentos. O tipo de pessoa que se apaixonaria pela carteira de um homem ou pelo corpo de uma mulher, excluindo todos os demais fatores, não tende a constituir um bom parceiro de vida.

VANTAGENS DECRESCENTES

Há um momento em que um pouco mais na conta bancária de um homem ou um pouquinho mais de perfeição na aparência de uma mulher não faz muita diferença.

Trata-se de vantagens decrescentes. Sua vida não vai ser muito diferente com um homem que tiver nove carros em vez de três, ou com alguém que voa em seu próprio avião particular, comparado com outro que viaja na primeira classe de aviões comerciais para qualquer lugar que desejar. Talvez, em determinado patamar de riqueza, o estilo de vida possa até se tornar um pouco estranho e intimidador.

O mesmo acontece na cabeça dos homens em relação à aparência das mulheres. Existe um nível de atratividade em que um homem se pergunta: "Considerando apenas sua aparência, eu ficaria orgulhoso de ser visto com ela?" Qualquer coisa acima disto apresenta sérias vantagens decrescentes. E embora os homens possam dedicar muito mais tempo a uma mulher espantosamente bonita do que a uma não atraente, ter apenas beleza dificilmente é suficiente para conseguir atrair um homem para um relacionamento romântico. (Embora na certa lhe garanta um amigo com certos benefícios sempre que você desejar.)

EM SUMA

A questão de fundo, aqui, é que sua aparência é muito importante — porém, trata-se de uma chance a ser aproveitada, não de um bilhete premiado. Entretanto, é no momento exato em que você consegue essa chance que entram em jogo sua personalidade e suas habilidades de flertar.

E, aliás, não deixe ninguém acusá-la de querer dar o golpe do baú ou de ser superficial por se interessar pelo estilo de vida de um homem. A atitude de um homem em mostrar interesse pelo tamanho dos seus seios não é menos superficial do que você se interessar pelo tamanho da conta bancária dele — sobretudo no caso de se tratar de uma faceta entre muitas outras.

Homens e mulheres percebem a beleza de modo diferente. Aquilo que suas amigas aplaudiriam poderia não merecer uma segunda olhada por parte de um homem e vice-versa. Quando entrarmos nos detalhes daquilo que compõe seu figurino e seu estilo, analisaremos em que resultam algumas dessas diferenças e o que mexe realmente com os homens. Mas, para complicar as coisas ainda mais, aquilo que um homem valoriza no seu aspecto também depende do tipo de relação que ele esteja buscando. Caso queira um compromisso de longo prazo, seu rosto terá mais importância. Isto faz sentido do ponto de vista evolutivo porque o rosto fornece as melhores indicações sobre a personalidade, e porque é mais fácil interpretar as emoções e as expressões faciais num rosto atraente e familiar. Se ele almejar algo de mais curta duração e imediatamente sexual, porém, seu corpo ganhará mais relevância. Isto também faz sentido do ponto de vista biológico, já que o corpo revela melhor as condições de reprodução. Como eu tenho visto este comportamento se reproduzir inúmeras vezes entre os clientes de Love Systems, fiquei feliz de ver que um estudo científico recém-publicado confirmou minhas observações.*

Evidentemente, conforme comentamos no primeiro capítulo, a maioria dos homens não está *apenas* buscando um relacionamento de longo prazo, ou *apenas* procurando um encontro sexual. A maioria está aberta a qualquer possibilidade, dependendo do seu humor e de outras circunstâncias, bem como das qualidades da mulher com quem eles deparam. Contudo, após poucos minutos de conversa, um homem logo sabe que tipo de relação quer estabelecer com você, caso pretenda alguma. Nos programas de treinamento de Love Systems, não é incomum ouvir frases como "Eu não quero estragar tudo; ela tem estofo para uma relação de longo prazo" ou "Eu não vou ser feliz se não a levar para casa hoje à noite". (E, diga-se de passagem, estas duas afirmações não são necessariamente contraditórias. Esse negócio de que homem não namora mulher com quem dormiu logo de cara não passa de um mito. Mas este assunto vai ficar para o Capítulo 9.) A questão, aqui, é que você pode influenciar um pouco esse processo, dependendo das características que você enfatizar.

O rosto

O modo como as pessoas *falam* sobre a beleza do rosto de uma mulher não é a forma como elas *enxergam* a beleza. Você deve ter ouvido uma mulher sendo descrita como tendo olhos ou lábios bonitos e expressivos, de tama-

---

* CONFER, Jaime C., PERILLOUX, Carin e BUSS, David M. "More Than Just a Pretty Face: Men's Priority Shifts toward Bodily Attractiveness in Short-Term versus Long-Term Mating Contexts" [Mais do que apenas um rostinho bonito: as mudanças de prioridade dos homens no que diz respeito a atração corporal em contextos de acasalamento de longo prazo *versus* de curto prazo], em *Evolution and Human Behavior* 31, n° 5 (setembro de 2010).

nho e forma características; porém, na maior parte dos casos, trata-se apenas de racionalização. Quando vemos um rosto que nos agrada, buscamos, consequentemente, razões que expliquem essa sensação.

Já foi provado reiteradas vezes que as qualidades que tornam um rosto feminino atraente aos olhos dos homens são: *regularidade, simetria* e *feminilidade*. De forma geral, os homens não se dão conta de que estão procurando estas qualidades, embora reajam a elas diariamente.

Regularidade significa que as mulheres mais atraentes em fotos são uma composição (a média) de retratos de outras mulheres. Caso reuníssemos aleatoriamente um grupo de dez mulheres, é virtualmente certo que a maioria das pessoas achará que a "média" dos seus rostos é mais atraente do que o rosto de qualquer uma das mulheres individualmente. À semelhança de todas as preferências contraintuitivas, esta também provém da evolução e da biologia. Os humanos relutam em acasalar com pessoas apresentando mutações genéticas (se o rosto delas é diferente demais do seu), ao passo que um rosto de aspecto familiar é confortador, e é mais fácil interpretarmos suas expressões.

A *simetria* também desempenha importante papel. O lado esquerdo do rosto (e do corpo, também) deveria ser idêntico ao lado direito. A exemplo do que acontece com a regularidade, a simetria facial não é uma qualidade que os homens procuram conscientemente em uma mulher, muito embora sejam fortemente sensíveis a ela. Rostos simétricos costumam implicar bons genes. Os seres humanos se desenvolvem pela multiplicação celular; se este processo funcionar corretamente, as novas células devem ser cópias idênticas à original. Contudo, quando o processo não ocorre de forma correta, surge uma mutação genética que frequentemente acarreta traços assimétricos. Nem todas as mutações são ruins — mutações são o motor da evolução —, mas a maioria delas é, e, portanto, aprendemos a lidar com elas com cautela. A simetria também demonstra que sobrevivemos às dificuldades da vida de forma bastante bem-sucedida até o momento, tendo evitado muitas doenças ou ferimentos.*

---

* BROWN, W. M. *et al.* "Dance Reveals Symmetry Especially in Young Men" [A dança revela a simetria especialmente em homens jovens], em *Nature* 438, nº 7071 (22 de dezembro de 2005).

Feminilidade é ligeiramente mais simples. Os homens tendem a valorizar características faciais tipicamente femininas, como o nariz mais fino, o maxilar menor e o queixo pontudo. Estas características estão relacionadas à produção de estrogênio, importante na hora do parto.

Não há muito que você possa fazer para que o seu rosto pareça ser mais regular, feminino ou simétrico, com exceção do uso de maquiagem. Não sou especialista em maquiagem, mas vários estudos revelam que a maioria dos homens acha a maior parte das mulheres mais atraente quando elas estão usando base e maquiagem completa nos olhos. Você também deve enfatizar o contraste entre o escuro dos olhos e lábios e a clareza da pele ao redor. Batom não parece produzir um efeito universal: alguns homens gostam, outros, não.*

Se você está determinada a conseguir tirar todas as vantagens possíveis do aspecto do seu rosto, há mais uma medida que pode tomar. Se você gosta de homens de olhos azuis, use lentes de contato azuis. Os homens de olhos azuis apresentam uma ligeiríssima predisposição a preferir mulheres que também tenham olhos azuis. (Os homens de olhos castanhos não costumam — enquanto grupo — se ligar na cor dos seus olhos, embora seja evidente que, individualmente, os homens tenham suas próprias preferências.)**

Cabelos

É sério, deixe-os bem compridos.

---

* HOLDING, Cathy. "The Science of Magnetism" [A ciência do magnetismo], em *Independent*, 12 de setembro de 2008.
** A razão desta diferença é bastante interessante. Dois genitores de olhos azuis produzirão filhos de olhos azuis. Se um ou ambos os genitores tiverem olhos castanhos, os seus filhos poderão, legitimamente, ter olhos castanhos ou azuis. Assim, os homens de olhos azuis reduzem ligeiramente o risco de estarem investindo sem saber no filho de outro homem ao preferir as mulheres de olhos azuis. Veja LAENG, Bruno, MATHISEN, Ronny e JOHNSEN, Jan-Are, "Why Do Blue-Eyed Men Prefer Women with the Same Eye Color?" [Por que os homens de olhos azuis preferem as mulheres com a mesma cor dos olhos?] *Behavioral Ecology and Sociobiology* 61, nº 3 (janeiro de 2007).

Não importa o que sua melhor amiga, sua mãe ou seu cabeleireiro diga; estou cansado de discutir isso. Digamos que eu cometeria apenas um ligeiro exagero se afirmasse que ainda não encontrei homem *algum* que prefira uma mulher de cabelo curto. Algumas mulheres ficam bonitas de cabelo curto, mas, invariavelmente, elas ficam *melhor* com o cabelo mais longo. Biologicamente, cabelos longos sugerem juventude e saúde. Já do ponto de vista cultural, sugerem feminilidade. E, caso você tenha prestado atenção até aqui, já sabe que maximizar o impacto visual de juventude, saúde e feminilidade é excelente aposta para atrair os homens.

Existem duas exceções para esta regra. A primeira é se você for membro de uma subcultura ou, mais precisamente, se tiver interesse em se relacionar tão só com homens pertencentes a determinada subcultura, cujas regras imponham cabelos curtos para as mulheres. (Refiro-me aqui a "punk rock" e não às "mulheres do meu escritório que vão encurtando os cabelos conforme vão envelhecendo".) A outra é uma regra de ouro sobre a qual falaremos no próximo capítulo, ao discutirmos moda: faça tudo o que você tem de fazer para se sentir maravilhosa. Se se achar mais sexy e atraente de cabelos curtos, vá em frente e marque o corte no salão. No fim das contas, isso é que vai pesar mais.

No que tange à cor dos cabelos, muitas mulheres me perguntam se deveriam pintar as madeixas — particularmente, se elas deviam tingi-las de loiro. As loiras se divertem mais? De uma forma ou de outra, as pessoas têm tentado responder a esta pergunta desde que Charles Darwin se perguntou, em meados do século XIX, se os cabelos loiros constituíam uma característica sexualmente selecionada entre as mulheres. Ele não encontrou suficientes evidências para sustentar essa teoria, porém estava no caminho certo: existem ligeiras vantagens evolutivas em ter cabelos loiros.* Não obstante, elas são mínimas, e repercutem minimamente nas escolhas que os homens fazem em matéria de paquera. Para cada homem que prefere as loiras, há outro que privilegia as morenas. Na média, a preferência pelas mulheres

---

* Cabelos loiros na idade adulta remetem a boa forma física e saúde reprodutiva. As loiras caucasianas, normalmente, produzem mais estrogênio (e menos testosterona) que as morenas. GRAMMER, Karl *et al.*, "Darwinian Aesthetics: Sexual Selection and the Biology of Beauty" [Estética darwinista: a seleção sexual e a biologia da beleza], em *Biological Reviews* 78, nº 3 (agosto de 2003).

loiras é apenas ligeiramente maior. O que importa mais é que a cor dos seus cabelos complemente o seu visual e faça você se sentir maravilhosa.

Tipo corporal

Você já conhecia alguns dos quesitos básicos antes mesmo de abrir este livro: os homens gostam de peitos e curvas. Pesquisas científicas sugerem que a maior parte dos homens prefere que haja uma relação de 0,7 a 1,2 entre as medidas do quadril e da cintura. Isto significa que uma mulher que tenha 91cm de quadril poderia ter qualquer coisa entre 63cm e 109cm de cintura. Esta faixa bem que parece ampla e generosa demais; não conheço multidões de homens para quem tanto faça uma cintura de 109cm ou uma de 63cm. As modelos da *Playboy* e as candidatas a Miss América tendem a apresentar uma relação de 0,7 ou até menos.* Mas manter essa proporção é sacrificante demais ou impossível para a maioria das mulheres. Uma boa regra de conduta é apenas manter a medida de sua cintura menor que a dos quadris.

Existem boas razões biológicas para que os homens reajam a mulheres que se encaixam nesse perfil. Quadris largos facilitam o parto. Uma cintura mais fina, porém não tão fina ao ponto de sugerir subnutrição, serve para alardear que a mulher ainda não está grávida.** (É surpreendente verificar quanto da biologia e do comportamento sexual masculino é voltado para garantir que todos os seus filhos sejam realmente *seus*!) Claro que a preferência dos homens em matéria de tipo corporal feminino varia um pouco de acordo com a cultura e com a época. Por exemplo, a sociedade ocidental valorizava mulheres mais magras no início e no fim do século XX, ao passo que nos anos intermediários parecia preferir mulheres apre-

---

* PLATEC, Steven M. e SINGH, Devendra, "Optimal Waist-to Hip Ratios in Women Activate Neural Reward Centers in Men" [Uma excelente relação entre as medidas da cintura e do quadril nas mulheres ativa os centros de gratificação neural nos homens], em *PloS ONE* 5, nº 2 (5 de fevereiro de 2010).
** MARLOWE, Frank e WETSMAN, Adam, "Preferred Waist-to-Hip Ratio and Ecology" [A relação de preferência entre as medidas da cintura e do quadril e a ecologia], *Personality and Individual Differences* 30, nº 3 (fevereiro de 2001).

sentando mais curvas (porém, ainda patentemente não grávidas). Entretanto, a maior parte dessas variações se mantém firmemente dentro do padrão biologicamente desejável de 0,7 a 1,2.

Isto posto, uma coisa que chamou definitivamente minha atenção no trabalho de campo é que uma mulher 10 quilos acima do seu peso, porém divertida e que se sinta segura e confortável em sua própria pele, é normalmente considerada muito mais atraente pela maioria dos homens do que outra, que está na média do peso, mas que não possui esse tipo de personalidade. Os estudos científicos jamais parecem dar conta desta contradição, porque trabalham tipicamente mostrando aos homens um monte de retratos de diferentes mulheres e pedindo que eles avaliem sua atratividade.

Também é preciso lembrar que existe uma diversidade praticamente infinita por aí afora. Independente de qual for a sua aparência, você *é* o tipo ideal de algum homem.

PERSONALIDADE

Um homem sempre se importa com a personalidade da mulher, mas isso se tornará mais importante se ele estiver procurando sair ou se relacionar com a mulher do que se ele quiser apenas sexo sem compromisso. Se você quer algo principalmente físico, seja divertida e extrovertida, flerte e não tenha medo de falar sobre sexo. Já no que diz respeito a uma relação mais duradoura, há uma diversidade ainda maior no que tange ao que os homens apreciam na personalidade de uma mulher do que nas preferências relativas ao aspecto visual; contudo, *existem* alguns traços de personalidade que atraem significativamente a maioria dos homens.

Seja positiva

Os homens demonstram ser sensíveis à energia emocional da mulher. Negatividade é profundamente antiatraente, independente de se tratar de um primeiro encontro ou (especialmente) de um convite para sair, em que, pelo menos na teoria, o homem está tentando fazer você se divertir.

"Eu entendo que ela não goste de comida tailandesa", disse Edward, ex-paraquedista, depois de sua primeira e única saída com Amanda, que conhecera durante o seu programa de treinamento. "Mas ela deveria ter dito algo quando chegamos ao restaurante, sugerido que fôssemos a algum outro lugar, ou ter pelo menos procurado *alguma coisa* agradável — o chá, a decoração, os enfeites do cardápio, qualquer coisa. Eu tinha planejado levá-la depois a uma doceria, para que ela comesse algo que gostasse, mas ela se manteve tão apagada durante todo o jantar que resolvi não esquentar a cabeça com isso. Nem tudo correrá sempre às mil maravilhas em um relacionamento, e se ela não consegue relevar uma coisa assim, quando sai pela primeira vez com alguém e está supostamente tentando causar a melhor impressão possível, então, todas as probabilidades são de que ela seja ainda mais exigente depois de estar se relacionando. Não, estou fora, muito obrigado.

As emoções são contagiantes, quase literalmente.* Tente se colocar no estado emocional que você quer que ele associe com a sua presença.

Seja independente

Não me canso de repetir: não importa o quanto você goste de um homem, mantenha e desenvolva suas próprias opiniões, seus próprios amigos, seus próprios interesses e uma vida própria. Ele a valorizará mais por isso.

Creio que você não acharia muito atraente se um homem desistisse de seus objetivos, hobbies e crenças para ser parte da sua vida — ou para *ser* a sua vida — e não desgrudasse mais de seu pé. O contrário é desagradável do mesmo modo.

Vamos analisar essa dinâmica em mais detalhes no Capítulo 11, onde falaremos mais sobre relacionamentos, mas, por ora, lembre-se da seguinte regra: percepção é realidade. Se um homem *se sente* sufocado, é assim que ele

---

* A questão científica aqui é um pouco mais complexa. Pesquise "neurônios espelho" para uma descrição mais complexa desse conceito.

está de fato; e não vai adiantar você contra-argumentar. Você pode estar certa se achar que ele está sendo ridículo ou que o limiar de sufocamento dele é absurdamente baixo, porém, não há maneira de convencer alguém a sentir diferente do que sente. Perdi a conta de quantas clientes estavam chateadas porque os seus ex-parceiros achavam-nas pegajosas demais e desandavam a querer demonstrar com excruciantes detalhes por que essa visão estava equivocada. Não interessa. Nenhum juiz vai se levantar e proferir que sim, a Srta. Namorada provou estar certa e, portanto, o Sr. Namorado não poderá mais se sentir sufocado. O único modo duradouro de um homem *deixar* de se sentir sufocado é mudar a percepção que ele tem do jeito como você se comporta — e não de um modo como *você* ache que não é sufocante, porém, do jeito que *ele* realmente se sinta confortável.* (Ou, então, você pode terminar e partir para outro. Muitos homens confundem a fobia que têm de assumir um compromisso com sufocação. Seja como for, você não vai argumentar com ele para convencê-lo a mudar o que ele sente.)

Seja financeiramente independente, também. Muitos homens têm paranoia de caírem no golpe do baú — até mesmo os que jamais conheceram nenhuma mulher desse tipo em toda a vida. (E isto é culpa da mídia.) Do mesmo jeito que você, provavelmente, valoriza um homem capaz de tomar conta de si e que tem a vida sob controle, a maioria dos homens também aprecia esses atributos nas mulheres.

Faça com que ele fique bonito e se sinta bem consigo mesmo

Esta parte poderia figurar sob o subtítulo de "O frágil ego masculino". Muitas mulheres parecem compreender esta questão na teoria, mas interpretam-na como fazer "grandes" coisas, como dar uma superfesta ou cozinhar uns salgados caseiros especiais para assistir ao Super Bowl.** Todavia,

---

* Como alternativa, pense no processo pelo avesso e lembre-se da última vez em que você sentiu que um potencial interesse romântico era maçante, insensível, distante, ou qualquer outra qualidade que você julgou não ser estimulante. O fato de ele discordar de você ou contra-argumentar com você modificaria seu modo de pensar?
** Jogos do campeonato da Liga de Futebol Americano, que são o maior evento esportivo dos Estados Unidos. (*N. da T.*)

muito mais importante é o peso cumulativo do dia a dia. Se possível, não o critique na presença de terceiros; sempre espere e fale sobre assuntos espinhosos em particular. Tente ficar o mais bonita possível quando vai ser vista ao lado dele. Nunca, jamais, flerte com os amigos dele ou diante dos amigos dele. (Caso você esteja na dúvida, alegar que você "flerta naturalmente", ou que "não significou nada para você", não corrige a coisa.)

Por outro lado, muitos homens são insegurríssimos quanto à sua sexualidade. Um amigo meu definiu a coisa com sabedoria, um dia: "O homem não deixa uma mulher para ficar com outra mulher que é melhor na cama — ele deixa uma mulher para ficar com outra que *o* ache melhor na cama." Ademais, e contrastando com muitas mulheres, a maioria dos homens geralmente não deseja mulheres pelo fato de saber que tiveram relacionamentos com pessoas de prestígio. Os homens tendem a não gostar de ouvir falar sobre o ator, o alto executivo de uma empresa ou o suprassumo com quem você costumava dormir, porque isto afeta sua autoimagem de conquistador.

Seja feminina

A maioria dos homens não quer que você seja "um cara da turma". Eles apreciam que você saiba conviver com eles e os amigos deles sem parecer querer se suicidar, mas tampouco desejam que você aja como homem, e não ficam impressionados se você tiver muitos amigos homens. Na realidade, consideram que isto deve explicar por que as outras mulheres não curtem sua amizade.

Feminina não significa cheia de frescura, cor-de-rosa ou subserviente, mas sim que você aporta sua energia peculiar para a vida dele. Cada mulher expressa sua feminilidade de maneira diferente. Algumas são deusas domésticas e sabem arrumar uma casa lindamente ou aprontar refeições deliciosas. Outras conferem classe e empatia até mesmo às mais duras tarefas e trabalhos. Outras, ainda, adoram se arrumar e parecer sempre lindas e cheirosas. Porém, todos esses aspectos podem existir na mesma mulher, já que esses traços de personalidade não são mutuamente excludentes. Você não é obrigada a enfatizar especialmente as qualidades tradicionais femininas na sua personalidade — não estamos na década de 1950 —, mas não fique com receio de se expressar como mulher da maneira que corresponde de fato a quem você é.

Administre o ciúme e conheça o status do seu relacionamento

O ciúme não é uma emoção atraente, além de ser profundamente fraca. Não tem problema demonstrar um pouco de ciúme — apenas o suficiente para que o homem saiba que você se importa com ele —, porém jamais ao ponto de parecer controladora ou impotente. Por outro lado, exigir respeito não é o mesmo que ser ciumenta. Mesmo antes de vocês assumirem um compromisso, você tem todo o direito de achar que é falta de respeito ele falar sobre outras mulheres ou flertar com outras em sua presença. (Você também tem todo o direito de *não* se incomodar com isto. Algumas mulheres gostam de ver seus homens flertando, contanto que voltem para casa com elas. Fixe os limites que são certos para *você*.)

O ciúme costuma derivar de expectativas não correspondidas. Se você se encontrar em um relacionamento com um homem que assumiu clara e explicitamente um compromisso com você e ele estiver rompendo essa promessa, então, a questão precisa ser abordada. (Veremos como no Capítulo 11.) Contudo, repare nas palavras *clara* e *explicitamente*. Você não pode de modo algum, presumir que os dois têm um compromisso; isto deve ser discutido, e nunca é algo implícito. Ser apresentada aos pais dele não cria automaticamente um relacionamento monogâmico. Tampouco o fato de ter passado quatro fins de semana seguidos com ele. A única maneira de concretizar a expectativa de terem um relacionamento monogâmico com compromisso é terem tido uma conversa clara e explícita a esse respeito. (Vamos analisar esse tema em detalhes no Capítulo 10.)

Por que tantas pessoas deixam de explicitar suas expectativas com seus parceiros? Há, pelo menos, três razões. Em primeiro lugar, é natural achar que outros pensem como você. Se uma situação parece ser um relacionamento monogâmico para você, é fácil você pressupor que ele também pense assim. Em segundo lugar, a vontade de que alguma coisa aconteça pode levá-la a se equivocar. Na ausência de sinais claros e explícitos por parte do homem, pode ser tentador presumir que ele sente do jeito que você quer que ele sinta. (Ensinamos os homens a evitar esse perigo ao serem francos sobre as intenções que têm.) Por fim, conversas românticas claras e explícitas podem ser esquisitas ou constrangedoras. Muitas mulheres fogem desse tipo de conversa, sobretudo por saberem que os homens, frequentemente, se queixam sobre potenciais parceiras que sempre querem "discutir a relação" ou "falar sobre a gente". No entanto, ter uma discussão desse tipo de vez em quando, ou sempre que for necessário, não é o mesmo que proceder assim o tempo todo. Ademais, qualquer homem que não queira ter uma única conversa com você sobre os parâmetros do relacionamento de ambos não é alguém com quem você deveria fazer planos de longo prazo, de qualquer maneira.

Causa-me espanto que até mulheres socialmente despachadas caiam nessa. Alguns anos atrás provoquei, inadvertidamente, uma verdadeira tempestade on-line ao discordar da colunista de uma seção de relacionamentos que deixava suas próprias suposições levarem a melhor sobre ela. Essa mulher conheceu um homem na academia que parecia ser incrível e tudo o que ela queria. Ela saiu com ele. Ambos se divertiram muito. Alguns dias depois, ela ficou chocada e irritada ao ver o perfil dele (ativo) em um site de relacionamentos na internet. Tenho certeza de que, se alguém tivesse escrito pedindo conselho sobre essa situação, ela teria respondido que, provavelmente, a pessoa estava projetando — que estava se imaginando em um relacionamento com esse cara maravilhoso e confundindo esses sentimentos com a realidade. Contudo, é comum nós carecermos de discernimento quando se trata de julgar nossas próprias ações.

E o que não importa (mesmo que todos digam que sim)...

Uma qualidade que realmente não importa tanto quanto as pessoas pensam é ser boa de cama. Raramente vi um homem embasar na qualidade do sexo (quantidade é outra questão) qualquer decisão relativa a um relacionamento. Se o relacionamento de vocês é principalmente sexual, do tipo amizade colorida, então, é evidente que a qualidade terá maior importância. Mas eu nunca ouvi homem algum dizer: "Eu gostaria mesmo de namorar a Sandra, mas ela não é muito boa na cama."

Por experiência pessoal, posso dizer que, na verdade, a "faixa de desempenho" entre as mulheres é bastante limitada — muito mais que a que as mulheres descrevem relativamente aos homens. Muito mais coisas contam em um encontro sexual que a pura habilidade física, e, ademais, alguns podem odiar o que outros acham agradável. Se um homem sente atração por você, ele deve supor que em um relacionamento de longo prazo o sexo será ótimo, se já não for assim. Caso se pareça com a maioria dos homens, ele deve estar preocupado demais com o próprio desempenho para prestar muita atenção ao seu.

Isto posto, entusiasmo é algo bem diferente de habilidade técnica. Qualquer mulher pode e deveria ser animada, e esta qualidade *importa* muito para os homens. Outra questão: evite ser pudica ou emitir julgamentos. A maioria dos homens não se incomoda de ouvir "não, não gosto disso" ou "não sinto prazer com aquilo", porém poucos querem realmente saber *por que* você acha indecente ou repugnante algo que eles gostam. Caso você fique tão horrorizada com as preferências dele na cama a ponto de afetar o modo como você o vê como pessoa, então, termine a relação, se for preciso; do contrário, não transforme isso em um problema. Sexo já é um assunto meio delicado, para início de conversa — não o torne mais complicado do que já é.

Em suma...

Embora todos os homens sejam diferentes, a maioria não é particularmente complicada. Trata-se de um lugar-comum, mas as mulheres costumam ficar confusas com o comportamento masculino porque tentam lhe atribuir mais significado, sutilezas e nuances do que deveriam. Quando você já tiver chegado mentalmente a uma conclusão (por exemplo: "Aí tem algo que ele não está me contando"), saiba que, nessas circunstâncias, o cérebro humano está programado para procurar evidências que corroborem sua tese — mesmo que seja só bobagem. Portanto, vamos baixar a bola.

Na Parte 2 abordaremos a questão principal do que você deve e não deve fazer para conseguir o amor e os relacionamentos que deseja. Contudo, se você tiver pedido este livro emprestado a uma amiga e tiver de devolvê-lo antes de concluir a leitura, fique com este conselho: se você souber tirar o máximo partido de sua aparência e o homem (ou os homens) dos seus sonhos pensar que você gosta dele, que o acha um adulto responsável, e não um conquistador barato, além de genuinamente interessante, então, as chances estarão do seu lado.

Parte 2

Capítulo Cinco

Preparando-se
(E como acumular vantagens a seu favor)

*n*a Parte 1 falamos sobre por que o mundo dos relacionamentos funciona do jeito como funciona. Agora chegou a hora de utilizar essas informações para começar a partir para a ação. A única pessoa que pode conseguir o amor e os relacionamentos que você merece é você mesma. Porém, antes de começarmos, aí vai um aviso: não existe nenhuma arma secreta mágica que vai fazer o homem (ou os homens) dos seus sonhos cair aos seus pés. Vivemos em uma cultura que demanda satisfação imediata; portanto, minha opinião é que muitas revistas femininas prestam um desserviço através das matérias de capa que pretendem revelar "os três segredos para atrair qualquer homem" ou "o trunfo na manga para *garantir* um segundo encontro". Talvez sejam excelentes jogadas de marketing, mas são tão realistas e úteis quanto um *leprechaun* com o mapa de um tesouro.* Se a coisa parece boa demais para ser verdade é porque, normalmente, é isso mesmo.

Mulheres que foram nossas clientes e conseguiram melhorar significativamente suas vidas amorosas obtiveram isso depois de realizar um monte de pequenas mudanças, e não por terem aprendido O Grande Segredo. Inclusive, o mesmo princípio se aplica aos homens.** Os mitos variam (por

---

* Na Irlanda, o *leprechaun* é um duende que presta serviços às pessoas, à noite. (*N. da T.*)
** Quando eu escrevi um livro de conselhos de relacionamento para homens, eu o intitulei *Magic Bullets Handbook* [no Brasil, *Magic Bullets Handbook — A fórmula mágica*]; este tí-

exemplo, alguns homens estão em busca da cantada perfeita — como se algumas palavras brilhantes para iniciar uma conversa pudessem funcionar como um filtro de amor do qual até Harry Potter se orgulharia), mas o desejo por uma solução rápida é universal — e, no fim das contas, fútil.

Nos próximos capítulos, discutiremos as pequenas coisas que você pode fazer para colocar as probabilidades a seu favor. Analisaremos passo a passo todo o processo romântico, desde antes de você sair de casa, passando pelo primeiro encontro e o primeiro convite para sair e, por fim, o relacionamento. Mas vamos começar pelo começo — imagine este capítulo como um roteiro para se aprontar para sair à noite. Ainda não há homens à vista; há apenas três questões críticas: Aonde você vai? O que você vai vestir? Quem lhe fará companhia?

AONDE IR?

Não importa se conhecer homens está no topo de suas prioridades ou se trata apenas de uma possibilidade agradável — quando sair, pense um pouco no tipo de homens de que você gosta e de como eles gostam de gastar o tempo. Se seu tipo de homem aprecia ar livre e trabalhar com as mãos, será mais provável encontrá-lo em uma trilha ou em um mutirão de limpeza de uma praia do que em um clube de leitura. Se estiver procurando alguém rico e focado na carreira, talvez você possa encontrá-lo em uma atividade beneficente. E assim por diante.

Este conselho pode soar óbvio, porém poucas pessoas realmente pensam nisso. Pergunte às suas amigas que tipo de homens elas apreciam ou procuram e, então, verifique como elas passam o tempo socialmente. Estão mesmo indo a lugares onde possam ser facilmente encontradas pelos homens em questão?

Claro está que é necessário manter o equilíbrio. Não faz sentido você ir a lugares que odeia só para conhecer homens. Como dissemos, as emoções são contagiantes. Se você estiver se divertindo, é mais provável que ele se divirta estando com você. Entretanto, se você estiver ansiosa e infeliz, a

---

tulo é irônico e ridiculariza a ideia de que existe um simples remédio tipo panaceia universal para todos os problemas de relacionamento.

tendência é ele também se sentir assim, e ele associará essas emoções à sua companhia. Você pode tentar agir como se estivesse curtindo (e não há nada como a atenção e o interesse de alguém atraente do sexo oposto para transformar o "eu odeio este lugar" em "não vamos embora ainda"), mas se você tiver de fingir felicidade com demasiada frequência, é porque está simplesmente frequentando os lugares errados.

Quando eu conheci Stephen no programa de treinamento, ele me contou sobre uma relação que tivera com uma mulher chamada Kristen, que ele conhecera em um bar da faculdade quando estudante. Ele cruzou mais algumas vezes com ela por acaso nas semanas seguintes, e eles acabaram por trocar os números de telefone e começaram a sair. Assim que se tornaram oficialmente um casal, ela começou a se queixar todas as vezes que Stephen saía para beber com os amigos, embora sempre fosse convidada a acompanhá-lo. Eles terminaram pouco depois que essas discussões começaram — e, então, Kristen começou a sair de novo para encontrar homens, no mesmo bar outra vez.

A história de Stephen me lembra um velho número de *vaudeville*, em que um artista entra no palco, interrompendo o número que está sendo apresentado, para procurar alguma coisa que alega ter perdido recentemente (em geral, os óculos). Os outros artistas no palco, fingindo estar aborrecidos com a intromissão, perguntam onde os perdeu. "Nos bastidores", replica o outro. Bem, então, por que ele está atrapalhando o espetáculo aqui fora, se perdeu os óculos em outro lugar? "Porque há mais luz aqui fora." Não seja como esse cara. Não seja Kristen. Não vá aonde seja fácil conhecer homens. Vá aonde possa conhecer homens do tipo que você *goste*.

Diversifique sua vida social para estar sempre entrando em contato com novas pessoas. Uma instituição que é o máximo e para a qual sempre chamo atenção das minhas amigas e dos clientes é a happy hour. Os homens que a frequentam estão provavelmente empregados. É uma atividade social e é divertida (e também é ótimo para fazer um networking totalmente não romântico), sem ter de investir a noite inteira nem ter de lidar com bêbados, multidões ou música ensurdecedora. Tendem a apresentar uma relação homem/mulher favorável (para você) e, de qualquer jeito, onde mais você vai conseguir conhecer homens às 17h30 de um dia de semana?

Eventos temáticos podem ser ótimos — qualquer coisa desde a inauguração de uma nova galeria de arte a concertos, passando por atividades de voluntariado, aulas noturnas, noite dos anos 80 na espelunca local — porque, teoricamente, você terá certeza de ter pelo menos uma coisa em comum com os homens que encontrará no local. Também é mais fácil os homens a abordarem nesses eventos, porque podem aproveitar e falar diretamente sobre algo relacionado ao tema do evento para quebrar o gelo. É uma situação em que todos ganham.

Você também pode optar por atividades que já pratica e torná-las mais sociais. Se você costuma se exercitar em casa diante de um DVD, talvez seja hora de se matricular em uma academia. Está com vontade de ler um livro num sábado à tarde? Carregue-o para o parque. Está com algum trabalho atrasado para colocar em dia? Leve o laptop até o bar. Os homens não podem conhecê-la sentada em seu sofá dentro de casa... a não ser que você esteja se relacionando on-line (para conselhos de relacionamentos on-line, veja o quadro das páginas 114/120).

Por fim, se você é o tipo de pessoa que precisa de aquecimento antes de estar pronta para aparecer socialmente em sua melhor forma, então, dê um jeito de aquecer. Não seja dessas que fazem uma entrada tímida e se arrastam pelos cantos durante uma hora antes de se abrir, se atirar e se divertir. Ao contrário, planeje sua noite de modo a parar na casa de um amigo, em um bar ou estabelecimento qualquer no caminho, e faça seu aquecimento até se sentir feliz, comunicativa e afável. Há um bom motivo para as pessoas atribuírem tanta importância à primeira impressão.

COMO SE VESTIR (OU SEIS REGRAS DE MODA VINDAS DE UM HOMEM QUE NÃO ENTENDE NADA DE MODA)

Não sou especialista em moda. Não sei (nem quero saber) o que está *in* e o que está *out*, e não sei distinguir um Prada de uma marca barata. A maioria dos homens tampouco. O que nos traz logo para o cerne da questão:

REGRA DE MODA NÚMERO 1: Quando se arrumar para encontrar homens, tire o melhor partido possível de sua silhueta em vez de ostentar uma marca, um conjunto ou um *look*.

Quase todos os homens heterossexuais não têm base suficiente para se preocupar com o visual das mulheres. Se você se der o trabalho de mostrar que seus sapatos combinam com a bolsa e o cachecol, seremos bem-educados e diremos alguma coisa para parecer que estamos impressionados, mas na realidade isso não causa impacto algum em nós. E se alegar que Marilyn Monroe usou algo desse tipo antes, no máximo articularemos uma frase cortês sobre isso também, a não ser que você fique tão bonita quanto ela naqueles trajes. E, *neste* caso, não importa que sua musa seja Marilyn Monroe ou Marilyn Manson,* vamos gostar de qualquer jeito.

As marcas não são relevantes, tampouco. Se Dolce & Gabbana realçar melhor sua figura, ótimo. Caso contrário, não vai ser a etiqueta que fará um homem parar para admirá-la quando você passar ao lado dele toda rebolativa em uma calça jeans de segunda mão que lhe caiu maravilhosamente bem — apesar de estar fora de moda há anos. Inclusive, este princípio se aplica tanto ao médico de 55 anos de idade quanto ao estudante de 20.

Eu tive uma amiga de faculdade que realmente teria se beneficiado muito se tivesse compreendido essa questão. Quando a convidávamos para sair para algum lugar, ela, invariavelmente, chegava atrasada, estressada e emperiquitada em cada traje fabuloso que decerto qualquer diretor de arte amaria, mas em que nenhum homem heterossexual jamais repararia à noite. Na realidade, ela recebia *menos* atenção dos homens por não estar relaxada e se divertindo — na metade das vezes, o vestido ou os sapatos estavam apertados demais ou lhe causando qualquer outro tipo de desconforto. É evidente que, quase sempre, você não está se arrumando apenas para conhecer homens. Mas quando houver homens em seus planos, não exagere no modelito. Use simplesmente o que lhe cair melhor.

REGRA DE MODA NÚMERO 2: Se você for bonita, vista-se para ficar bonita. Se você estiver na média, vista-se para parecer interessante.

Os homens não gravitam sempre em torno da mulher mais atraente do lugar. Embora alguns se furtem por estarem nervosos ou se sentirem intimidados, ou por acharem que não merecem, outros fazem isso por escolha;

---

* Marilyn Manson é o nome artístico do vocalista de uma banda de rock de mesmo nome, formada em 1989. (*N. da T.*)

percebem a presença de mulheres que são mais interessantes aos seus olhos. Um chapéu engraçado ou um cinto corselete, ou sapatos brilhosos... tudo isso pode dar nova vida a uma roupa para você ir para a balada e expressam sua originalidade e estilo. Permita que sua roupa conte uma história sobre quem você é. Uma mulher vestida para malhar, em um parque, pode receber mais atenção de um homem ativo que valoriza a boa forma do que sua amiga ligeiramente mais atraente, que é bonita genericamente. Dependendo de quem você seja e de que tipo de homens quiser, você poderá cultivar qualquer tipo de visual (espalhafatoso? profissional? alternativo?) que expresse sua identidade, sinalizando para os homens que querem encontrar uma mulher como você. Componha o modelito de forma marcadamente simples. A maioria dos homens não repara em nada que seja sutil demais ou implícito.

Você também pode explorar seu visual ao máximo usando roupas carregadas de associações positivas para os homens. Embora agir assim, provavelmente, não vá fazer muita diferença por si só, às vezes qualquer pequena vantagem conta.

- **Saltos.** São associados com feminilidade e ser sexualmente atraente. Eles também conferem um ótimo aspecto às pernas e obrigam você a ficar reta, acentuando o bumbum e os seios. Porém, certifique-se de que sabe caminhar com eles; não há nada de mais aborrecido para um homem do que se deslocar a uma velocidade de tartaruga por estar carregando uma mulher que não tinha se dado conta de que não sabia andar de salto 12.

- **Vermelho.** Nossos cérebros associam vermelho à sexualidade. As fêmeas dos babuínos e dos chimpanzés ficam avermelhadas antes de ovular, seguindo uma mutação genética ocorrida cerca de 23 milhões de anos atrás.* Ambas, a ciência e as minhas observações, dizem que usar vermelho fará com que o homem médio a ache mais sexy.

---

* ELLIOT, Andrew e NIESTA, Daniela. "Romantic Red: Red Enhances Men's Attraction to Women" [Vermelho romântico: o vermelho reforça a atração dos homens pelas mulheres], em *Journal of Personality and Social Psychology* 95, nº 5 (novembro de 2008).

- **Tecidos macios.** Provavelmente, não vale a pena construir um figurino só para usar tecidos macios, mas, se puder escolher entre duas peças de roupa igualmente atraentes, opte pelo tecido mais macio. O fato de ser macio e suave ao toque pode fazer você parecer mais feminina e desejável.

REGRA DE MODA NÚMERO 3: Deixe um gancho para os homens poderem se aproximar de você.

Já mencionamos que para a maioria dos homens não é fácil abordar uma mulher que eles não conhecem, quebrar o gelo e iniciar uma conversa romântica ou flertar com ela. Eles podem ser uns caras ótimos, mas se não conseguirem envolver você rapidamente em uma conversa desde o início, não têm chance alguma de serem bem-sucedidos.

Portanto, dê uma mãozinha. Use alguma coisa que lhes sirva de pretexto para iniciar uma conversa. Não precisa ser nada de dramático: uma bolsa, chapéu ou sapato fora do comum já pode ser suficiente para que um homem lhe faça um elogio ou lhe dirija uma pergunta. Se considerarmos que nenhum homem heterossexual no mundo se interessa suficientemente por bolsas para atravessar o recinto para comentar a sua, isto significa que ele está curioso em relação a você.

Esta técnica também funciona com qualquer coisa que você possa usar ou carregar consigo e que tenha uma história. Lembra de Jesse, o estudante tímido do primeiro capítulo que, aos 24 anos, nunca tinha tido namorada ou um segundo encontro amoroso? Ele conheceu sua mulher, Linda, alguns meses depois de ter feito o programa de treinamento, num dia em que ela estava usando uma jaqueta com alguns dizeres em alemão. Isto lhe serviu de gancho para perguntar se ela havia estado recentemente na Alemanha, o que levou a conversa para viagens, o que os levou a descobrirem outros interesses em comum, o que, por fim, acabou virando um grande romance. Tente fazer o seguinte experimento: passe algumas horas sozinha em um grande café da moda. Retorne na semana seguinte, porém leve consigo um guia de viagem para a Grécia, ou um bloco de desenho, ou uma pilha de cartões-postais. Em nove casos entre dez você encontrará mais homens quando lhes fornecer uma maneira fácil de quebrar o gelo.

E não vá pensar que somente os caras tímidos aproveitarão para conhecê-la se você facilitar as coisas. No que tange a abordar mulheres, os homens mais seguros de si que eu conheço são os meus colegas instrutores de Love Systems, mas até eles tiram proveito de qualquer facilidade, sempre que for oferecida. Claro que eles abordarão a rainha do gelo lá no canto, mas se a amiga dela, igualmente atraente, ofereceu um gancho para quebrar o gelo, então, normalmente, começarão por ela.

É óbvio que quanto mais fácil for abordar você, mais aleatórios serão os homens que você conhecerá. Portanto, deixe o seu material de conversação em casa quando não quiser ser perturbada ou quando quiser elevar o nível um pouco mais.

REGRA DE MODA NÚMERO 4: Vista-se de modo a se sentir segura de si, sexy e confortável.

O modo de vestir afeta a maneira como a pessoa se sente. Do ponto de vista físico, pode ser difícil manter seu jeito naturalmente divertido, feliz e fascinante de ser caso esteja se torturando em sapatos apertados demais. Do ponto de vista psicológico, o que você veste pode ter um efeito ainda maior.

Há uma razão para que os militares insistam no uso de uniformes e imponham milhões de normas sobre o modo como devem ser usados. Eles querem que os soldados se desvencilhem de sua individualidade, sigam instruções ao pé da letra e se mostrem atentos aos detalhes, e, em consequência, insistem em um vestuário que ressalta estas qualidades. Pense na última vez em que você tirou a calça do seu moletom e vestiu um terninho. Você deve ter se sentido mais poderosa, segura de si e mais profissional — e não foi por causa da reação que causou nas pessoas, porém, pelo modo como se sentiu interiormente. Muitas mulheres afirmam se sentirem mais sexy ao usarem uma lingerie provocante, muito embora, na teoria, ninguém mais possa vê-la. Mas se você se *sentir* mais atraente, você *será* mais atraente.

Para muitas mulheres, qualquer conversa sobre se sentir atraente e sexy (ou sobre se sentir confortável nos trajes que estiver usando), inevitavelmente, passa pelo assunto da pele. Quanto do seu corpo a sua roupa deveria revelar? Quanta pele deve deixar à mostra quando sair para a balada?

A resposta é óbvia: vista-se apropriadamente para o lugar aonde vai, de acordo com quem a acompanha, com a sua idade e o seu corpo. Uma mulher com seus 40 ou 50 anos que se veste como se tivesse 20, mas sem ter condições para tanto, passa uma sensação de desespero quase palpável.

Além disso, é perfeitamente redundante a preocupação de muitas mulheres de estarem indecentes demais ou recatadas demais. Não complique ainda mais o processo de montar um figurino. Acima de tudo, não se inspire nos "cientistas" de quem zombamos no terceiro capítulo, que após algumas horas passadas em uma boate decidiram que as mulheres deveriam se vestir de modo a exibirem exatamente 40% do corpo.

Caso esteja na dúvida, use a regra de 15%. Pense no local aonde vai e em como as outras mulheres estarão vestidas. Se você estivesse em um grupo aleatório com outras cinco mulheres, sua roupa se destacaria como sendo ousada ou conservadora demais? Se nenhum dos dois, não se preocupe. O cérebro humano procura padrões e exceções, e é rapidíssimo em ajustar suas expectativas normais ou básicas. No caso de você ter respondido afirmativamente a ambos os quesitos, assegure-se de que sua roupa realce suas qualidades naturais e combine com a mensagem que quer passar sobre si mesma; falaremos sobre este assunto em seguida.

O que você pode aprender com Sun Tzu

Sun Tzu foi o general chinês que escreveu *A arte da guerra*, cerca de 2.500 anos atrás. Embora o livro trate fundamentalmente de doutrina militar, suas lições têm sido aplicadas com frequência a estratégias de negócios, esportes coletivos e teoria política. Mas o que a *A arte da guerra* pode nos ensinar sobre a arte do amor?

Na verdade, muito. Sun Tzu exortava os generais a escolher o seu terreno com sabedoria e a lutar no solo mais favorável às forças específicas de seus exércitos. Outros generais bem que podiam provocar o inimigo para a batalha na primeira oportunidade, independente de seu posicionamento; já Sun Tzu propunha-se a se instalar no terreno de sua preferência e aguardar que o inimigo fosse até ele.

Se os homens costumam achar você sexualmente atraente, então, vá em frente e demonstre sua sexualidade. Se você não é muito segura de seu visual, não dispute neste quesito com as mulheres que o são. Vista-se para ressaltar o que você tem de melhor. A primeira impressão que um homem deveria ter de você é: "Ela parece segura de si e à vontade", e não "Ela se vestiu para exibir o corpo, mas há um montão de mulheres fazendo o mesmo, só que são muito mais bonitas".

> Este princípio vai muito além das aparências e das roupas. Suponhamos que você esteja interessada em um homem de outra cultura. Embora seja educado e respeitoso aprender um pouco sobre a cultura dele, muitas mulheres extrapolam, perdendo sua própria identidade no processo. Isto equivale a competir no terreno errado; se ele quisesse uma mulher imersa em sua própria cultura, sairia com uma mulher de sua cultura.
>
> Se você tiver interesse em um homem mais novo, o seu principal atrativo não deveria ser o seu aspecto jovem, ativo e antenado na cultura popular, pois se ele valorizasse essas qualidades, acima de tudo, estaria saindo com uma mulher mais jovem. Não desconheça deliberadamente, nem faça pouco-caso do assunto — isto apenas aumentaria a distância entre vocês. Antes, mostre para ele o que a sua experiência de vida e maturidade podem acrescentar à relação de vocês, tirando com isto as mulheres mais novas do páreo.
>
> Os mesmos princípios se aplicam no caso de ele ser mais velho, ou de vocês terem estilos de vida diferentes e assim por diante.

REGRA DE MODA NÚMERO 5: Utilize a seu favor as suposições que os homens tecerão a seu respeito a partir do modo como você se veste.

Sinto muito ter de defender o ponto de vista de sua mãe nesta questão, mas ela está certa. Se você se destacar pela maneira ousada de se vestir (veja a regra dos 15%, acima), então, os homens tenderão a enxergá-la mais pelo viés do prazer e do sexo do que para um relacionamento sério. Você pode se vestir de determinado modo porque se sente segura assim. Alguns homens respeitam isto. Infelizmente, porém, a maioria não é assim. Alguns podem até achar você intimidadora demais para ser abordada. Uma mulher desfilando por aí segura de si em um top sumário e minissaia é simplesmente inabordável. O cara pode estar morrendo de vontade de conhecê-la, mas não vai puxar conversa, a não ser que esteja embriagado.

Antes que você diga que estou caindo em contradição, permita que eu explique. O meu ponto de discordância com sua mãe é que, para mim, destacar-se não é necessariamente algo negativo. Talvez você não queira ser incomodada por homens meigos e sérios tentando levar uma conversa profunda com você enquanto você dança com os seus amigos. Ou, talvez, você esteja com vontade de conhecer um macho alfa de voz macia que não tema abordá-la. Ou, talvez, você simplesmente queira fazer sexo com alguém hoje.

Bem, não leve esta (nem nenhuma outra) regra de moda ao extremo. A quantidade de pele que você deixa à mostra é tão somente um fator entre tantos outros. A maneira como você se veste funciona como um filtro — que *tipo* de homem vai se aproximar de você —, mas não influencia muito o comportamento deles depois de tomarem essa iniciativa. Retomando a analogia da entrevista de emprego que fizemos no quarto capítulo, a partir do momento em que você conseguiu a entrevista, seus diplomas e suas qualificações passam a não importar tanto, porque a própria entrevista fornece ao entrevistador informações muito mais relevantes para saber se você é a pessoa certa para o trabalho. De forma similar, a ideia que um homem tenha feito de você pela sua maneira de vestir, qualquer que seja ela, logo será substituída pelo que ele observar ao falar diretamente com você.

REGRA DE MODA NÚMERO 6: Relaxe.

É lógico que você quer ficar o máximo quando sai. Contudo, além de determinado ponto, grande parte daquilo que as mulheres fazem para se arrumar é puro desperdício para a maioria dos homens, especialmente à noite. Claro que você não está se vestindo *tão somente* para atrair os homens — mas este é o assunto aqui. Na hora de se arrumar, o segredo é gastar o tempo estritamente necessário para você se sentir bem consigo mesma e não mais que isto; é bem provável que você seja muito mais crítica no que tange à sua aparência do que a maioria dos homens que irá encontrar.

Uma hora de relaxamento costuma ser mais eficaz que uma hora suplementar de estresse envolvendo roupas, cabelos e maquiagem. É muito mais importante você se sentir descontraída, feliz e à vontade quando encontrar algum homem do que o seu penteado estar perfeito, ainda mais porque, de qualquer maneira, ele, provavelmente, vai sofrer bastante quando você alcançar o objetivo que está perseguindo. Se puder escolher entre gastar mais um tempinho para caprichar mais no visual ou colocar umas conversas em dia com os amigos pelo telefone, antes de sair, a segunda é quase sempre a melhor opção. Sua animação e personalidade social a levarão muito mais longe com os homens do que a escolha do cinto certo.

COM QUEM SAIR?

Se você for como a maioria das mulheres, já deve ter pensado que, das três categorias que eu listei no início deste capítulo, "Com quem sair?" seria a menos importante quando se trata de conhecer homens. Eu discordo; pode até ser a mais importante de todas.

Dimensão do grupo

Quando levamos os homens para a balada na primeira noite do programa de treinamento e perguntamos de quem eles querem tentar se aproximar primeiro, eles quase sempre escolhem uma mulher sozinha ou em um pequeno grupo. E quando indagados sobre quem gostariam que o instrutor azarasse, invariavelmente, escolhem uma mulher no meio de um grande grupo de pessoas.

Por instinto, os clientes sabem que é muito mais fácil puxar conversa com uma mulher sozinha ou na companhia de apenas uma ou duas amigas do que se ela estiver num grande grupo. Poucos homens possuem a habilidade e a autoconfiança necessárias para abordar um grupo de meia dúzia de mulheres e captar a atenção de todas por tempo suficiente para poder estabelecer uma ligação com você.

Se quer que os homens venham conversar com você, saia em grupos de duas ou três, ou, então, dividam o grupo em grupos menores ao chegarem ao estabelecimento. Três é o que proporciona maior flexibilidade, já que as suas amigas podem conversar juntas enquanto você estiver trocando uma ideia com alguém interessante.

Gênero

Os clientes não querem apenas observar instrutores abordando mulheres em grandes grupos. A demonstração que eles realmente querem ver é como seduzir mulheres em grandes grupos e *que estejam cercadas por um monte de outros homens*. Com frequência, eles ficam chocados ao perceber que, se o homem souber o que está fazendo, costuma ser mais fácil paquerar uma mulher em um grupo misto do que num grupo exclusivamente de mulheres.

Mais adiante analisaremos de forma mais detalhada por que isto acontece, mas uma das principais razões é que bem poucos homens abordarão você em um grupo misto. Um cara em um grupo de quatro mulheres não constitui um problema, mas qualquer número que se aproxime da paridade numérica afasta os homens. Os que se aproximam mesmo assim enfrentam menos competição e, normalmente, contam com uma reação positiva das mulheres, por terem demonstrado coragem de fazer o que afugentou os rivais. No fim dos programas de treinamento a maior parte dos clientes passa a preferir abordar grupos mistos também.

Assim, se estiver acontecendo um programa de treinamento de Love Systems no local aonde você vai (ou se encontrar ex-alunos do programa), você poderá levar todos os seus amigos homens consigo. Iremos conversar com você mesmo assim. Mas, para conhecer outros homens, facilite um pouco a aproximação deles: pegue uma amiga e dê uma volta por aí de vez em quando, se distanciando um pouco de seus amigos platônicos, parentes, colegas de trabalho e outros conhecidos.

Atratividade

Frequentemente me perguntam se uma mulher deveria sair com amigas de feições mais simples que as dela para poder sobressair, ou se deveria andar com as amigas mais sexy para pegar carona na atenção que elas despertam. A resposta depende do que você está querendo naquela noite.

Se estiver procurando diversão e agitação, saia em grupos só de mulheres, com as amigas mais atraentes que puder — isto é, atraentes para os homens. Não importa se *você* fica horrorizada com seus cabelos loiro-oxigenados ou jeito aparentemente desnecessário de exagerar no rebolado ao andar.* Quanto mais atraente for o seu grupo, mais autoconfiantes serão os

---

* Verifique os sapatos dela. Marilyn Monroe costumava cortar o salto de um dos seus sapatos, para enfatizar seu requebrado.

homens que decidirão se aproximar de você. Esses são os homens antenados que têm acesso às melhores festas e sabem fazer você se divertir. Não se preocupe com a possibilidade de elas a ofuscarem — ninguém convida a metade de um grupo de mulheres para lugar algum. Por outro lado, se você estiver procurando algo mais de longo prazo, tente evitar ficar em um grupo em que você seja a mulher menos atraente; caso contrário, quando vocês conhecerem um grupo de homens, você poderá ficar conversando com o cara casado a noite inteira, enquanto os amigos solteiros dele se ocuparão de dar em cima de suas amigas.

E se, ao contrário, *você* for a mulher mais atraente do grupo? Normalmente, isto significa que você vai conversar com o líder ou o homem mais seguro do grupo. No entanto, se os homens não se mostrarem nem um pouco atraídos pelas suas amigas, você será abordada muito menos, mesmo que você seja atraente. Os homens tendem a operar juntos; assim, se um cara estiver de papo com uma mulher, o amigo dele deverá sustentar uma conversa educada com a amiga dela, mesmo não tendo interesse nela. Todavia, a maioria dos caras não vai fazer isso a noite inteira. Em algum momento, um homem vai querer conhecer você, mas o amigo dele, ao ver sua amiga, dirá: "Não, não. As próximas mulheres que a gente vai paquerar têm de ser ambas sexy."

Personalidade

As amigas cuja companhia você procura quando quer sair para conhecer homens devem, preferencialmente, ser felizes, sociáveis e divertidas — e não cheias de preconceitos, invejosas ou fofoqueiras. Elas deveriam partilhar os mesmos objetivos que você — o que nos traz de volta à história do ex-paraquedista Edward e da primeira noite de seu primeiro programa de treinamento. Ele acabara de concluir sua primeiríssima abordagem e estava aliviado de constatar que sobrevivera, que a cabeça ainda estava firmemente presa no lugar, pois não fora arrancada a dentadas conforme temera de início. Ele estava ansioso para ver o que aconteceria em seguida e começou a andar em direção a duas mulheres atraentes bem ao lado da pista de dança. Edward estacou, pisou firme e abriu a boca, mas foi cortado pela loira, que disse: "Continue andando." Como era novato em Love Systems, ele realmente não soube como reagir. Parou por um segundo, mas, assim que abriu a boca novamente, ela repetiu: "Continue andando." E foi isto mesmo que ele fez.

Claro que aproveitaríamos esse momento como uma oportunidade de aprendizagem para os alunos do programa de treinamento. Pouco mais tarde, pedi a um instrutor de Love Systems que responde pelo nome de Future Thompson para demonstrar como lidar com casos difíceis como esse.* Thompson é um dos homens mais engraçados e charmosos que eu já conheci — tive o prazer de lhe ensinar a técnica quando foi nosso cliente, mais de sete anos atrás, e ele continuou a aperfeiçoar suas habilidades desde então. A loira tentou desarmá-lo, também, e ele brincou um pouco com ela; mas, embora ela continuasse a tentar dar um corte nele, Thompson era tão engraçado que a amiga morena dela não conseguia parar de rir. A Loira Rainha do Gelo *foi obrigada* a maneirar para não correr o risco de se tornar ridícula diante dos dois. Foi naquele momento que eu mandei Edward voltar para o grupo. Sinalizei que Thompson devia ficar e manter a loira "ocupada" (cuja linguagem corporal mudara em 180 graus àquela altura: ela prestava atenção a cada uma de suas palavras) para que Edward pudesse ter uma chance de conhecer a morena, que fora o alvo inicial do seu interesse. Ele ficou pasmo quando a morena afirmou estar muito feliz por ele ter voltado para falar com ela. Ela explicou que sua amiga sempre se metia e ficava ressentida quando homens a "incomodavam", por isto, se fazia de desinteressada. Mais tarde, eles trocaram os números de telefone e marcaram um encontro.

Bem, quando você sair, não haverá sempre um instrutor de Love Systems de prontidão para lidar com alguma amiga preconceituosa ou negativa que esteja em sua companhia. Se puder, deixe-a em casa; é muito melhor sair com amigas a quem podemos contar honestamente nossos objetivos — sejam eles apenas conversar com um cara bonito se surgir a oportunidade, ou sair à caça de um homem para a noite. Quaisquer que

---

* Alguns instrutores mais antigos de Love Systems têm alcunhas bobas (como é o caso de "Future"), que datam dos tempos em que tudo era feito por meio de fóruns na internet. O seu nome de verdade é Thompson.

sejam as suas intenções, vai ser difícil fazer *qualquer coisa* com um homem se sua amiga persistir em chegar de cinco em cinco minutos e perguntar se está tudo bem, se você quer dançar ou ir embora. E vai ser ainda mais difícil se você estiver preocupada com a fofoca que ela espalhará a seu respeito no dia seguinte. A mesma regra vale para os seus amigos homens. É muito bom ter um amigo de confiança que vez ou outra possa enquadrar um admirador hiperinsistente ou superembriagado, mas se ele próprio for seu admirador frustrado, é improvável que você vá conhecer qualquer outra pessoa. Uma coisa que eu vejo acontecer a toda hora nos programas de treinamento é o cliente abandonar a conversa com uma mulher só porque um platônico agregado dela está engrossando demais a situação.

Por vezes, a mulher nem sequer sabe que seus amigos a estão sabotando. Na segunda noite de treinamento de Peter, as coisas pareciam estar indo bem com uma mulher até que ele voltou de repente para me contar que um dos homens que a acompanhavam — de tipo físico grande e imponente — lhe dissera que era namorado dela. Eu não comprei a ideia (dá para perceber quase tudo pela linguagem corporal) e instruí Peter a voltar e comentar diretamente com ela: "Fulano de tal disse que vocês são um casal... que bom!" Ele não chegou a terminar a frase e já foi cortado pela mulher, que corrigiu "Não somos, não!", e lançou um olhar feroz ao amigo. Quem sabe quantos outros homens ele havia sabotado antes? Da mesma forma como há muitos peixes no mar, também há muitas outras mulheres por aí — inclusive muitas tão interessantes quanto você, mas que não têm amigos carentes que se autopromoveram a guardiões.

Uma última observação sobre este assunto: os homens, normalmente, não se interessam muito em saber como você e seus amigos se tratam ou qual é o grau de proximidade de vocês. As mulheres parecem se importar com isto — talvez porque a forma como um homem trata os amigos e é tratado por eles forneça indícios sobre a sua personalidade —, e gastamos um tempo enorme dos programas de treinamento para mostrar aos homens como enfatizar as qualidades uns dos outros quando estão saindo para conhecer mulheres. Contudo, você não precisa se preocupar com nada disto. Se você tiver algumas amigas "perfeitas para sair", mas de que você não goste particularmente em nenhum outro contexto, por mim, está tudo bem.

Logística

Suponhamos que você esteja em um restaurante e conheça um sujeito realmente interessante que quer que você fique mais algumas horas para curtir uma sobremesa e uma taça de vinho com ele. Você está se divertindo, ele parece respeitável, e você gostaria de explorar mais as possibilidades. Agora, vamos comparar duas situações de logística:

1. Você saiu com uma amiga que é um doce de pessoa, porém, talvez, um pouco insegura. É ela que está dirigindo hoje e lhe deu carona a caminho do restaurante. Ela não despertou a atenção de ninguém e está sentindo inveja de você. Agora que o jantar terminou, ela quer voltar para casa. Você sabe que se dispensar a carona ela concluirá que você foi para casa com o seu novo amigo e contará isto para todas as pessoas que conhece.
2. Você saiu com uma amiga que é um doce de pessoa, porém, talvez, um pouco insegura. Vocês vieram em carros separados e se encontraram no restaurante (aliás, foi assim que você conheceu esse cara: você chegou alguns minutos antes e ele se aproximou para puxar conversa enquanto você esperava por ela). Quando combinou o jantar com sua amiga, você mencionou que talvez um grupo de amigos seus da faculdade se reunisse mais tarde e que você havia prometido dar uma passada. Agora, o jantar terminou, e sua amiga quer ir embora. Ela acha que você vai se encontrar com os seus amigos da faculdade, portanto, você tem todo o tempo que quiser para conhecer este novo homem — sem ninguém para atrapalhá-los.

Óbvio que a logística é especialmente importante se você gosta de se divertir e ter aventuras com pessoas que conhece quando sai. Uma boa logística pode lhe propiciar uma noite ardente sempre que quiser, sem que os seus amigos saibam, a julguem ou até tentem evitar que isso aconteça. Porém, isso não se aplica apenas às situações em que você quiser ficar com alguém. Por vezes, você pode querer permanecer mais um tempinho com alguém interessante — e mudar o paradigma de "uma conversa aleatória de vinte minutos em um bar" para "encontro no bar, partilhar histórias e piadas tomando um sorvete no estabelecimento ao lado e fazer planos para a semana seguinte" — sem nenhuma interferência.

Para manter a questão de logística sob controle, sempre que possível, disponha do seu próprio meio de transporte independente. Se ninguém tiver programado levá-la para casa e ninguém estiver esperando sua carona, você terá muita liberdade quanto à maneira de terminar sua noite. Não precisa alardear isto para os amigos; mas quando sugerirem alternativas, diga-lhes simplesmente que já estará no local e que é melhor se encontrarem lá. Claro que se você morar num lugar aonde as pessoas costumam ir a pé, use o transporte público ou pegue um táxi; assim, esse problema logístico específico estará contornado de cara.

Ademais, você pode dividir a sua noite. Se um grupo de amigos for para uma happy hour e outro resolver sair para dançar, programe-se para encontrar com ambos. Esta tática lhe garante bastante flexibilidade no caso de, quem sabe, você conhecer um cara maravilhoso na happy hour e querer ficar mais um tempinho com ele. Ninguém precisa saber o que você fará entre a despedida dos amigos da happy hour e a sua chegada na boate — nem mesmo por que você se atrasou ou não conseguiu ir. Inclusive, o fato de subdividir sua noite praticamente implica que você deverá dispor, necessariamente, de seu próprio meio de transporte.

A logística é mais importante à noite. Se você costuma encontrar homens durante o dia ou através de amigos, então, não precisa se preocupar tanto com ela.

Capítulo Seis

Conheça mais homens. Conheça homens melhores

Você fez tudo o que pôde e colocou todos os trunfos do seu lado antes de sair de casa; agora, chegou a hora de colocar toda essa preparação para funcionar, para conhecer mais homens e homens de melhor qualidade quando você sai. Antes de começar, é bom lembrar que este capítulo parte do princípio de que você está indo para algum lugar — como um concerto, um restaurante, um café ou uma boate —, onde você não conhece muita gente e os homens que encontrará serão perfeitos desconhecidos. (O Capítulo 7 aplica essas mesmas técnicas para situações em que conhecerá homens através de amigos, familiares, colegas de trabalho, e assim por diante.)

Encontrar desconhecidos *sempre* pode desempenhar importante papel em sua vida amorosa. Provavelmente, você passa boa parte do seu tempo em público, de qualquer maneira; se houver homens interessantes para você encontrar ali, não há mal nenhum em estar em condições de tirar proveito de qualquer oportunidade. Acontecimentos sociais em que você não conheça muita gente também podem ser excelentes para praticar; por exemplo, se não se sentir segura para flertar ou quiser testar um novo visual em um lugar em que não ficará constrangida, caso não suscite a reação desejada. Praticar em circunstâncias difíceis pode facilitar sua rotina diária; se você for capaz de fazer uma entrada notável e causar excelente impressão em uma *vernissage* com duzentas pessoas, vai fazer bonito entrando no almoço improvisado de sua cunhada.

Conhecer estranhos pode ajudar a ampliar o seu networking social. Talvez as suas saídas tenham diminuído ultimamente, ou talvez você esteja procurando alguém ou alguma coisa que o seu estilo de vida atual não possa suprir. Se precisar urgentemente ir para a cama com alguém neste fim de semana, mas todas as pessoas que você conhece são profundamente conservadoras, preconceituosas e fofoqueiras, então, você vai ter de se aventurar um pouco por aí. Portanto, o que você faz quando está com pessoas desconhecidas?

Relacionamentos on-line — dez passos para o sucesso

Onde mais você vai encontrar desconhecidos? Na internet. Relacionamentos on-line não são para qualquer um, mas apresentam a vantagem de colocá-la em contato com muitos homens que você provavelmente não encontraria de outra forma. Também é uma das maneiras mais flexíveis de conhecer homens. Você pode enviar e receber mensagens a qualquer hora do dia, nem sequer precisa se vestir para sair. Se você quiser experimentar um relacionamento on-line, siga estas dez regras para aproveitar a experiência ao máximo:

1. Use múltiplos sites. Comece por delimitar um amplo campo de busca. Inscreva-se em alguns grandes sites de relacionamentos gerais (como, por exemplo, okcupid.com, plentyoffish.com, match.com, eharmony.com, chemistry.com), bem como em alguns mais centrados em alguns interesses específicos que você possa ter. Para procurar um site especializado de relacionamentos, vá para o seu mecanismo de busca e insira algo sobre o seu estilo de vida, completando a expressão "site de relacionamentos" — por exemplo: "site de relacionamentos para vegetarianos", "site de relacionamentos para cristãos conservadores", "site de relacionamentos para pais solteiros" ou "site de relacionamentos para jovens profissionais". Ou procure pelos seus interesses; existem sites de relacionamentos específicos para pessoas que gostam de tudo, desde vinho até sexo não convencional. Muitos deles devem ser pequenos e terão atividades limitadas, mas variam. Todos os sites de relacionamentos apresentam aspectos positivos e negativos, então, nem esquente com os detalhes — simplesmente, inscreva-se em um monte deles e descubra de qual você gosta.

2. *Crie um perfil e poste algumas fotos.* Não seja tímida. Estamos no século XXI, e ninguém deveria se envergonhar de usar a internet para sua vida amorosa. Os homens são principalmente visuais, portanto, é muito provável que eles nem sequer reparem em você se não houver uma foto sua. Com efeito, muitos sites de relacionamentos pela internet realizaram pesquisas que mostram que as pessoas que têm foto em seus perfis recebem muito, muito mais mensagens que as que não têm.*

Suas fotos são importantes por dois motivos — e não apenas o que você imagina. Claro, os homens querem ver como você é; a maioria tem de sentir atração para poder se interessar por você. Mas eles também usam suas fotos para descobrir algo sobre sua personalidade. Mais ou menos dez anos atrás, a revista *Marie Claire* publicou um artigo divertido, em que o mesmo perfil havia sido postado inúmeras vezes, porém com diferentes tipos de fotos: com aspecto masculino, intelectual, fortemente erótico, sofisticado e trivial. O tipo de mensagens recebidas — e os homens que as escreveram — variavam muito de uma versão a outra do perfil. A conclusão inequívoca é que os homens se pautam muito mais pelas fotos que você posta do que pelo que você realmente diz sobre si mesma.**

Poste múltiplas fotos. Agindo assim, será mais fácil lançar mão delas para contar a história de quem você é. Ademais, muitos homens partem do pressuposto de que perfis contendo apenas uma foto são falsos, sobretudo se a foto em questão for particularmente atraente ou parecer profissional.

É bem provável que você saiba quais de suas fotos a valorizam, mas se você quiser ter certeza, envie um monte delas para um site de avaliação de fotos, como hotornot.com. Você receberá ampla gama de avaliações masculinas imparciais, com os resultados quantificados de forma a facilitar a comparação. Uma cliente minha usava como foto principal de seu perfil um retrato que ela *insistia* em achar que era o mais lisonjeiro. Eu pedi para que desse a mão à palmatória e enviasse aquela e mais outras dez fotos que ela preferia para Hotornot. Pois o retrato inicial recebeu uma avaliação média de 5,9; já uma outra foto recebeu 7,2. Quando ela colocou a

---

* Quatorze vezes mais, de acordo com Margot Carmichael Lester, "Simple Tricks for Fab Photos" [Truques simples para fotos fabulosas], em Chemistry.com, www.chemistry.com/datingadvice/TricksforFabPhotos.

** QUITKIN, Megan. "What Kind Of Men Does Your Look Attract", *Marie Claire (US)*, junho de 2003.

foto mais bem votada no perfil, o número de homens que enviaram mensagens aumentou drasticamente.

Você não precisa deixar muita pele à mostra para atrair a atenção de um homem. Você pode transmitir sexualidade e sedução com a foto certa e usando o traje certo (um pouco de decote pode fazer milagres), tanto quanto em um retrato de biquíni. Se você *realmente* tem um corpo maravilhoso, que deseja exibir, mas quer evitar que os homens pensem que o seu físico é tudo o que tem a oferecer, então, que a sua foto de biquíni seja uma dentre muitas outras, em vez de sua única ou principal foto; e/ou use uma fotografia em que estiver em atividade, seja segurando uma prancha de surfe ou jogando vôlei de praia, em vez de estar simplesmente posando para a câmera. Mas se seu corpo for maravilhoso, você na certa ficará linda em qualquer foto de corpo inteiro. Todos os caras que repariam em você de lingerie também vão notá-la em um traje lisonjeador; além disto, todos os caras que poderiam tê-la menosprezado ou ter ficado intimidados com você de lingerie decerto não terão esse tipo de problema se você se mostrar num vestido bonito.

3. *Escreva um perfil de dois ou três parágrafos no máximo.* Perfis muito longos parecem sem graça e ostentatórios, ao passo que um perfil curto demais não fornece material algum para despertar o interesse dos homens. Caso você esteja usando um site que faz 1 milhão de perguntas para serem respondidas por extenso (do tipo "Descreva o primeiro encontro amoroso ideal"), responda se quiser — porém, sem exceder uma frase ou duas —, mas saiba que não há motivo algum para agir assim. Ninguém realiza uma pesquisa profunda dos perfis postados nesses sites antes de decidir se vai ou não dizer oi para você. Ademais, algumas dessas perguntas são bastante pessoais. É bem verdade que você não deveria ficar incomodada se um colega de trabalho ou um conhecido qualquer percebesse que você frequenta um site de relacionamentos, mas não precisa necessariamente querer expor suas expectativas e seus sonhos para eles. Depois de ter começado a se corresponder com alguém, já não haverá problema algum se ele ficar sabendo dessas coisas — mas, naquela altura, ele poderá lhe perguntar diretamente a respeito, em vez de procurar se informar no seu perfil. Por outro lado, um pouco de mistério feminino não há de prejudicar um romance.

Em contrapartida, se você estiver em um site que faz um monte de perguntas de múltiplas escolhas, vá com tudo. Muitas vezes, esse tipo de site costuma utilizar as suas respostas para localizar homens com respostas similares ou compatíveis pelos quais você possa se interessar — ou que poderiam estar interessados em você.

4. *Defina padrões e use um filtro.* Se você tiver seguido as etapas 2 e 3, provavelmente, está prestes a se afogar em mensagens. Muitos sites de relacionamentos possuem ferramentas eletrônicas para filtrar as mensagens; utilize-as — sobretudo no que tange à idade, localização e outros aspectos-chave. Ao agir assim, sua caixa de entrada continuará a ser gerenciável.

Você não tem nenhuma obrigação de responder a alguém em quem não esteja interessada. Simplesmente, apague essas mensagens, como faz a maioria das pessoas. Alguns homens não lidam bem com a rejeição e podem se tornar muitíssimo desagradáveis. Utilize imediatamente a tecla Bloquear ou Ignorar — pois não se trata do namorado de sua irmã, com quem você tem de dar um jeito de se dar bem. Relacionamentos pela internet podem redundar em imenso desperdício de tempo, portanto, não deixe que chatos piorem ainda mais a situação. Não permita que a deixem de mau humor logo quando você está prestes a responder para um cara com grande potencial.

5. *Seja realista em relação à primeira mensagem que receber de um homem.* Tenho certeza de que você gostaria que todo homem que lhe escrevesse tivesse considerado atentamente cada palavra do seu perfil, e fizesse uma breve introdução sobre o que vocês têm em comum. Mas o que vai receber (na maior parte dos sites) é uma razoável quantidade de introduções contendo uma única linha, bem como algumas mensagens mais longas, de tipo recorta e cola, contendo passagens ligeiramente personalizadas. Simplesmente, não é eficiente para os homens investir um montão de tempo numa introdução antes mesmo de você ter provado ser uma pessoa real, e que costuma checar sua caixa de entrada.

Considerando que os membros masculinos garantem a maior parte da renda de muitos sites de relacionamentos, estes últimos almejam maximizar o número de mulheres atraentes que pareçam ser membros.* Alguns portais não removem o perfil de mulheres, nem mostram quando foram usados pela última vez. Assim, partindo do pressuposto de que o seu perfil seja verdadeiro, um homem correrá o risco de enviar uma mensagem pela primeira vez para uma conta em que você não

---

* Por exemplo, aproximadamente 60% dos membros de match.com são homens. Veja "The Male/Female Ratio of Online Dating" [A proporção de homens e mulheres que se relacionam on-line", em *Online Dating Insider* (blog), www.edatereview.com/blog/2005/08/malefemale-ratio-of-online-dating.aspx.

entra há anos. Sites de venda de material pornográfico, sites de relacionamentos concorrentes e outros pilantras não raro forjam perfis com fotos de mulheres atraentes que geram respostas automáticas para os homens que lhes enviam mensagens, do tipo: "Venha me ver no site XYZ."

Não estou mandando que você responda a algo absolutamente genérico ou a uma mensagem de tão somente uma linha que não comunica nada — você não deveria fazer isso. Mas não parta do princípio de que um homem seja leviano ou não tenha intenções sérias só porque sua primeira mensagem não menciona cada item de seu perfil. Contudo, se sua *segunda* mensagem for igualmente genérica, então, corte o papo.

6. *Atenha-se ao nível local*. Existem muitos sites ao redor do mundo. Mesmo que você more em uma metrópole como Nova York, mais de 95% dos usuários mundiais da internet que falam inglês não vivem perto de você. Mantendo-se estas mesmas proporções, isto significa que mais de 95% dos homens por quem você possa vir a se interessar são igualmente inacessíveis. Assim, o fato de você estar conversando on-line com um cara maravilhoso que vive a 3 mil quilômetros de distância não é destino nem azar, e muito menos uma situação romântica. Significa apenas que você optou por alguém que (provavelmente) não é tudo o que você queria. Claro, relacionamentos a distância podem funcionar — qualquer coisa *pode* funcionar. Contudo, conversar com caras que estão a milhares de quilômetros é mesmo a melhor maneira de você gastar o seu tempo?

Além disso, o seu perfil é de fato *tão* único ou diferente? Por que mesmo o Sr. Distante resolveu começar a lhe mandar mensagens? Você acha que o cara há de querer seriamente conhecer alguém se a geografia for algo que não parece ter a menor importância para ele? E não caia nessa de "eu viajo para [sua cidade] o tempo todo". Se for verdade, ele poderá mandar mensagens para você mesmo quando estiver na cidade.

7. *Encoraje os homens que você quer*. Como na vida real, costuma ser o homem quem dá o primeiro passo na internet. Mas, também como na vida real, você pode encorajar os caras sobre quem você tem curiosidade a irem a uma festa. Num restaurante, pode ser um contato visual fugaz, ou estar "coincidentemente" caminhando por perto. On-line, muitos sites possuem uma função *wink* ou *smile*, através da qual o homem sabe que você leu o perfil dele e gostou. O próximo passo é dele.

Evidente que você pode lhe mandar uma mensagem primeiro, se quiser, e não há nada de errado nisso — só que é bem provável que você não vá precisar.

8. *Seja honesta.* Apresente-se da melhor maneira possível, mas não engane ninguém. No seu perfil, você não precisa responder a nenhuma pergunta que não queira, mas se escolher responder, faça-o honestamente. Algumas mulheres são bastante criativas no que tange à questão da idade e do peso corporal, ou, então, usam em seus perfis fotos antigas que já não têm mais nada a ver com elas. Essa tática pode lhe angariar o interesse de um número maior de homens, mas a estratégia cairá por água abaixo quando eventualmente vocês forem se encontrar. Acho que os meus clientes homens já me contaram essa mesma história umas mil vezes. E posso garantir que nenhuma delas terminou com "Embora ela não correspondesse realmente com a descrição e apesar de eu ter ficado chateado com a falsidade dela, decidi lhe dar uma chance e acabei descobrindo que ela é incrível e, assim, começamos a namorar". Nenhuma terminou assim.

De forma análoga, se você só tem uma foto do rosto e nenhuma informação sobre sua silhueta e o cara pede outra foto — ele quer ver um retrato de corpo inteiro porque deseja saber se vai sentir alguma atração física por você. Você tem todo o direito de se sentir ofendida ou de decidir que perdeu o interesse por ele, porém não venha com evasivas nem dê respostas ambíguas ou desonestas, já que o que ele pretende ficou bem claro e está bem claro que você não é esse tipo.

9. *Siga a sua intuição.* Os homens também mentem. Ele pode ter 15 anos e 35 quilos a mais do que diz em seu perfil, bem como ser 100% mais casado do que alega. Siga a sua intuição, sempre. Fale com ele pelo telefone antes de se encontrarem, sempre. Marque o primeiro encontro em um lugar público, sempre.

Quando você se sentir confortável e estiver pronta para conhecê-lo, ele deve poder atendê-la dentro de uma semana ou duas. Caso contrário, há nove probabilidades em dez de que alguma coisa esteja errada. Talvez ele seja casado, talvez não seja nada parecido com a descrição que deu, talvez more a 1 milhão de quilômetros de distância, talvez tenha 16 anos e esteja se masturbando no porão, ou, talvez, todas as possibilidades acima.

10. *Deixe as coisas pessoais para serem ditas pessoalmente.* Se você começar um chat on-line com alguém — seja pela parte de chat do próprio site, através

> de mensagens instantâneas ou mesmo por mensagens SMS ou por e-mail — é possível que desenvolva com surpreendente rapidez o que parece ser uma conexão profunda. Para muitas pessoas, é muito mais fácil digitar os seus pensamentos mais profundos em uma tela do que falar pessoalmente sobre eles com outro ser humano. Com frequência, o teor das conversas tende a ser sexualizado pelo mesmo motivo.
>
> Não raro, apressar as coisas demasiadamente antes de encontrar a pessoa acaba redundando em um desapontamento para ambos. Ele pode ser maravilhoso nas mensagens, porém a maior parte dos relacionamentos entre adultos acontece no mundo real. Ter privado tanto da intimidade da pessoa por chat pode conferir uma sensação esquisita ao primeiro encontro de verdade, ou pode fazer as coisas se tornarem extremamente intensas muito rápido. Conheça-o por chat se você quiser, mas deixe as coisas pessoais para serem ditas pessoalmente — pelo menos, até vocês terem se encontrado algumas vezes.

PRIMEIRA IMPRESSÃO FABULOSA

A primeira impressão desempenha um papel fundamental no modo como as pessoas enxergam o mundo. Ela é formada em meros segundos, porém é surpreendentemente durável — sobretudo porque as pessoas buscam ativamente encontrar informações que reforcem essa primeira impressão, ao passo que ignoram ou interpretam mal qualquer evidência que venha a contradizê-la. Agimos assim instintiva e automaticamente; não se trata de um processo consciente. Se eu achar que chocolate é saudável e ouvir por acaso alguém falando sobre os riscos que ele traz à saúde, minha inclinação natural será parar de prestar atenção ao que ele diz, ou desacreditar de tudo. De qualquer maneira, ele deve estar se referindo a outro tipo de chocolate. Todavia, se eu o ouvir afirmar que chocolate é *saudável*, bem, isto é interessante. Posso até conversar com ele alguns minutos e acrescentar à minha própria convicção qualquer evidência apresentada por ele a favor da tese de que chocolate é saudável.* Ficar preso à primeira impressão pode parecer auto-

---

* ANDREW, Christopher e MITROKHIN, Vasili. *The Sword and the Shield: The Mitrokhin Archive and the Secret History of the KGB* [A espada e o escudo: o arquivo Mitrokhin e a história secreta da KGB] (2011). Este fenômeno não é exclusivo das mulheres

destrutivo ou sem sentido. Talvez você ache que a seleção natural deveria ter eliminado essa característica da nossa existência. Por que isso não aconteceu?

Minha teoria é que nós evoluímos dando preferência à primeira impressão porque ela nos possibilita mobilizar com rapidez nossa intuição e experiência para resolver uma situação crítica. Embora consideremos a lógica e a razão como ferramentas superiores para a tomada de decisões, nossos cérebros não foram sempre tão evoluídos quanto são hoje. Quando deparavam com uma decisão crucial, como avaliar se uma situação é perigosa, ou se um indivíduo é digno de confiança, nossos ancestrais nem sempre tinham tempo ou capacidade intelectual para fazer uma análise ponderada. Mesmo nos dias de hoje, nem sempre somos capazes de explicar ou até de saber por que nos sentimos de determinada maneira, mas a experiência, frequentemente, alimenta a intuição de forma a nos ajudar a chegar logo à conclusão correta.

Um estudo realizado no início dos anos de 1990 testou o poder da primeira impressão ao filmar pessoas diplomadas dando aula em turmas de graduação. Esse videoclipe de trinta segundos de cada professor era entregue aos voluntários, a quem se pedia para avaliar o desempenho dos professores em 13 diferentes quesitos. Descobriu-se que as avaliações baseadas na primeira impressão eram muito similares à maneira como os estudantes haviam avaliado esses mesmos professores durante as avaliações do curso, após um semestre inteirinho de aulas. Esse resultado a surpreende? Ah, e a coisa fica ainda melhor: então, os pesquisadores conseguiram reduzir os videoclipes para apenas *seis* segundos, sem que fosse registrada nenhuma queda na exatidão das avaliações. Trocando em miúdos, a partir de um

---

ou dos relacionamentos. Na realidade, poderia muito bem ter levado à destruição da raça humana. No início dos anos 1980 alguns líderes paranoicos da União Soviética se convenceram de que os Estados Unidos e seus aliados estavam planejando um ataque surpresa. Eles enviaram espiões para verificar a existência de campanhas de doação de sangue (preparando-se para atender aos soldados feridos) ou prédios governamentais com as luzes acesas à noite (preparando um ataque às ocultas). Claro que nenhum ataque fora planejado, mas campanhas de doação de sangue aconteceram e, ocasionalmente, as luzes eram esquecidas acesas. Os líderes soviéticos interpretaram esses eventos como a confirmação de suas suspeitas e passaram a sentir genuinamente que um ataque era iminente. Essa paranoia foi responsável por engendrar um dos períodos mais perigosos da Guerra Fria.

vídeo de seis segundos, os voluntários puderam tirar conclusões tanto sobre o desempenho de um professor quanto o fariam se tivessem assistido às suas aulas durante todo o semestre.*

Pelo fato de nossas primeiras impressões serem tão frequentemente corretas, precisamos redobrar o cuidado nas situações em que elas possam nos desencaminhar caso não estejamos prestando muita atenção. Como você pode ter adivinhado, conquistas e relacionamentos constituem uma dessas áreas. Na realidade, uma das mensagens que quero passar neste livro é que a maioria das mulheres se beneficiaria se ignorasse a primeira impressão dos homens que encontram, no caso de procurarem uma relação monogâmica de longo prazo.

Quando um homem não a conhece ainda, ou não tem nenhuma razão para conhecê-la, o mero fato de abordá-la — atraí-la, então, nem se fala — pode, facilmente, causar uma sensação de artificialidade ou de estranheza. Em geral, os primeiros minutos são um pouco turbulentos, até que a conversa adquira um bom ritmo. Alguns homens causam *mesmo* uma primeira impressão excelente: normalmente, são pegadores com muita prática; mas, a não ser que o pegador estivesse pronto para abandonar o seu estilo de vida, ele não haveria de ser um bom namorado de qualquer maneira.

A maioria das mulheres quer uma relação de longo prazo com compromisso e não pretende sair com um pegador. Ao conhecer um homem, a maioria delas também decide logo nos primeiros minutos se sente atração por ele. Entretanto... que tipo de homem consegue realmente despertar sua atração como primeira impressão se ele está se aproximando de você na condição de completo desconhecido? Pegadores (e homens treinados por Love Systems). Já falamos isto antes, mas vale a pena repetir: o que a maioria das mulheres afirma querer e o que elas de fato querem é algo inerentemente autocontraditório e fadado ao fracasso.

Muito embora a primeira impressão possa nos enganar, até de forma sistemática como no exemplo acima, confiamos nela mesmo assim. E os

---

* AMBADY, Nalini e ROSENTHAL, Robert. "Half a Minute: Predicting Teacher Evaluations from Thin Slices of Nonverbal Behavior and Physical Attractiveness" [Meio minuto: prevendo as avaliações obtidas por professores a partir de pequenos trechos de comportamento não verbal e atratividade física], em *Journal of Personality and Social Psychology* 64, nº 3 (março de 1993).

homens fazem isto tanto quanto as mulheres. E já que, de qualquer maneira, você vai ser julgada pela primeira impressão que causar, é melhor caprichar. Assim, vamos entrar direto nos cinco segredos cruciais para causar uma excelente primeira impressão nos homens que você encontrar.

Irradie autoconfiança

Se você não for do tipo naturalmente seguro, aprenda a fazer sua entrada de modo a parecer segura. Não é tão difícil assim; se eu consigo treinar homens a irradiar uma autoconfiança que eles não sentem quando tentam puxar conversa com você por algumas horas, você pode ensaiar a entrada perfeita em um recinto, sem falar nada, que dure uns vinte segundos. Mantenha a cabeça erguida. Sorria. Faça movimentos lentos e controlados. Não olhe em todas as direções — isto sugere que está procurando a festa, ao passo que a impressão que você quer passar é que a festa é em qualquer lugar onde *você* estiver.

Autoconfiança é uma qualidade atraente por ter forte poder de sinalização. Você se conhece melhor do que ninguém, e se estiver irradiando autoconfiança isto sugere que sabe que tem muito a oferecer. (A propósito, nós estamos falando de segurança e não de arrogância. Entretanto, em se tratando de entradas e primeiras impressões, você não pode errar muito. Já vi muitas entradas autoconfiantes, mas não tenho certeza de como seria uma entrada arrogante.)

Fique em pé sempre que possível

Para resumir, uma parte maior de você fica visível quando você está em pé do que sentada; portanto, há mais chances de os homens repararem em você. A pior primeira impressão possível é não causar nenhuma. Ademais, a maioria das mulheres fica mais bonita em pé do que sentada, especialmente quando usa saltos. Você já viu alguma vez uma capa de revista com uma mulher sentada? Fique de pé para que ele a veja — e a veja da melhor maneira possível.

Se você ficar em pé, na certa ficará se mexendo, o que significa maior probabilidade de chamar atenção, já que o olho humano é atraído pelo movimento. Por outro lado, como explicarei em mais detalhes ao discutir o tópico "Seja aproximável", na maior parte das situações é mais fácil um homem abordá-la quando está em pé do que sentada. Não obstante, há uma exceção (veja o quadro "A exceção: a banqueta do bar", a seguir).

A exceção: a banqueta do bar

Ficar em pé em vez de sentar não é sempre a lei. Assentos elevados em áreas de grande tráfego de pessoas podem ser ótimos — mas a palavra-chave aqui é *elevados*. Se você ficar sentada em uma cadeira de altura padrão no chão enquanto as pessoas ao seu redor estão de pé, você ficará invisível ou até um pouco ridícula.

Provavelmente, o único tipo de assento que você encontrará com essa característica é a banqueta do bar. Qualquer homem que estiver pedindo um drinque no balcão irá reparar em você. Geralmente, ele permanecerá em pé ao seu lado por alguns minutos para fazer o pedido, o que facilitará enormemente as coisas para puxar uma conversa com você. E tudo o que você precisa fazer para que isso aconteça é escolher o lugar certo para se sentar.

Do ponto de vista meramente quantitativo, minha experiência indica que as mulheres são muito mais abordadas quando estão sentadas em uma banqueta de bar do que em qualquer outro lugar.

Localização, localização, localização

De acordo com uma velha piada da área imobiliária, só três fatores são importantes para valorizar uma propriedade: localização, localização e localização. Poder-se-ia dizer a mesma coisa a seu respeito quando você sai. Independente de estar almoçando com amigas ou tomando um drinque em uma boate, assegure-se de ficar sempre onde possa ser vista.

Se você estiver em um grande estabelecimento, então, o ideal é ficar próxima ao centro do ambiente. Não se preocupe em ser vista pelo seu melhor ângulo, nem com o fato de estar dando as costas para alguns homens. Se você despertar a curiosidade de um homem em determinado ângulo, ele dará a volta para ter a imagem completa. Caso você esteja em um grande estabelecimento, porém num canto, ou ao lado de uma parede, tire o melhor partido da situação e assegure-se de ficar virada para o centro do salão. Há outras situações em que você vai mesmo é querer ficar num canto. Por exemplo, um típico café urbano é tão pequeno que as pessoas do lado de dentro podem vê-la independentemente do lugar que estiver ocupando, permite um movimento de pessoas que entram e saem e, frequentemente também, há grande quantidade de transeuntes do lado de fora. Numa situação assim, escolha a janela. O homem perfeito para você pode estar passando e talvez resolva arriscar entrar para conhecê-la.

Outro modo bem fácil de aumentar sua visibilidade é dividir seu tempo em vários espaços diferentes. Quando você estiver em um grande evento, passe algum tempo em cada ambiente. Se planejar ir dançar com suas amigas na sexta à noite, jantem, primeiro, num restaurante badalado próximo. Em vez de procurar se decidir entre duas festas, dê um jeito de ir a ambas. Ao agir assim você também transmite uma imagem poderosa, já que as mulheres altamente valorizadas tendem a ser muito solicitadas e a ter agendas sociais lotadas, ou, pelo menos, sempre têm muitas propostas e convites para escolher. Se os homens tiverem essa visão de você, então qualquer um que a julgue uma mulher altamente valorizada sentirá que sua impressão foi confirmada.

Circule

Uma vez posicionada corretamente, em determinado lugar, movimente-se. Como observei, o olho humano é atraído pelo movimento. Se você estiver conversando com suas amigas num canto tranquilo de um restaurante, levante-se de vez em quando para ir ao banheiro ou pegar um drinque no bar; procure fazer isto pelo menos duas vezes. Na primeira, algum homem pode reparar em você. Na segunda, ele estará preparado e poderá abordá-la quando você se levantar. Movimentar-se não apenas faz você, literalmente, cruzar o caminho de mais homens como também permite que você exiba o seu andar sexy e sua autoconfiança. Contudo, não exagere na dose; um homem pode achar esquisito que a mesma mulher passe por ele várias vezes, na mesma noite.

Seja animada

Ria ou fale com entusiasmo, algumas vezes — isto chama atenção. Os homens vão reparar em você, e um fragmento de sua conversa ouvida de passagem pode levar um homem a puxar conversa. Ser animada também sugere que você é divertida e/ou interessante para se conversar, coisas que o encorajarão ainda mais a se arriscar. Óbvio que você não deve levar este conceito muito longe — todos nós sabemos quem são as mulheres que riem e falam alto demais: não é atraente, costuma parecer artificial e, em geral, provoca um efeito oposto ao desejado.

SEJA APROXIMÁVEL

Fazer com que os homens reparem em você é tão somente parte da tarefa; agora, trata-se de fazê-los se aproximar de você. Em geral, quanto mais facilitar as coisas para os homens, tanto mais eles aproveitarão a oportunidade. Mas se, ao contrário, sua prioridade for conhecer certos homens *específicos*, nos quais você já está de olho, pule para a seção "Faça AQUELE homem querer conhecê-la", mais adiante neste capítulo. De forma análoga, se você quiser usar a ansiedade da abordagem para filtrar a maioria dos homens e ficar apenas com os temerários ou os que acumulam muita prática (veja o quadro "Por que a ansiedade de abordagem?"), então você também deverá pular esta parte.

No entanto, se seu desejo é encontrar mais homens que, talvez, sejam diferentes dos que se aproximam de você presentemente, então vai querer facilitar as coisas o máximo possível para que eles a abordem. Se tiver seguido os meus conselhos até agora, já deve estar bem à frente da maioria das concorrentes. Você saiu com uma ou duas amigas, se posicionou de forma a ser notada pelos homens, há alguma coisa interessante em você ou em sua roupa que os homens possam comentar, e você está feliz e expansiva. Agora, vamos fazer acontecer!

Por que a ansiedade de abordagem?

Muitas mulheres se surpreendem ao saber que a maioria dos homens não se sente confortável ao abordar uma mulher que não conhecem (num contexto romântico e/ou sexual) nem têm nenhuma razão para conhecer. Esta sensação é chamada "ansiedade de abordagem".

Tendo em vista que você pode não estar familiarizada com esta emoção, vou traçar uma analogia que deveria provocar uma sensação similar. Imagine-se sendo chamada ao palco para apresentar um número cômico na frente de um grupo de desconhecidos, com os seus amigos olhando. O público não é, necessariamente, hostil, porém tampouco prima por ser gentil, e se sentir o cheiro de sangue, *vai* avançar. Você está competindo com 1 milhão de conversas paralelas, e algumas delas são sobre você. A qualquer minuto alguém pode inquirir por que está apresentando o número ("Por que você está falando com a gente?") ou por que você já não foi contratada ("Por que você não tem namorado?").

Imagine que isto tudo já tenha acontecido dezenas de vezes antes, e agora você está sendo chamada ao palco de novo. Você já está com essa sensação de nervoso na boca do estômago? Muito bem. Isto é ansiedade de abordagem. Lembre-se de que, mesmo que *você* seja de fato gentil e acolhedora, cordial e fácil de conversar, os homens não têm como saber isto antes de falar com você.

A ansiedade de abordagem parece surpreender muitas mulheres, em parte porque os homens não *parecem* ser muito tímidos. Por vezes, particularmente à noite, essa falsa impressão é devida ao álcool ("coragem líquida"), mas nem sempre; muitas mulheres são bastante paqueradas por homens sóbrios, também. No entanto, os homens que não sentem ansiedade de abordagem ou que aprenderam a dominá-la são uma minoria que exerce tremenda influência. Basta um punhado de homens dando em cima de tudo o que se mexe para passar a impressão de que a maioria dos caras é tubarão. Afinal, evidentemente, os que padecem dessa ansiedade não estão se aproximando de você.

Se estiver lendo estes capítulos na ordem, outra razão, mais profunda, poderá lhe causar surpresa. Passamos grande parte dos Capítulos 3 e 4 analisando justamente quão tirana a seleção natural pode ser. Considerando-se que a estratégia masculina de evolução é espalhar amplamente seu sêmen por aí, uma característica que dificultasse aos homens se aproximar das mulheres poderia parecer definitivamente inútil. Seria difícil explicar como uma característica assim pode existir hoje em dia — e ser tão difundida — se ela conferiu uma desvantagem evolutiva a tantas gerações. Contudo, eu não estou muito seguro de que a ansiedade de abordagem tenha *mesmo* sido uma desvantagem até muito recentemente. Quase toda a história humana se deu num mundo muito diferente daquele em que a maioria de nós vive. A ideia de entrar em um local público para se misturar com desconhecidos e procurar relações românticas e/ou sexuais seria inconcebível para a maior parte dos nossos ancestrais. E, caso fosse concebida, seria logo estritamente proibida. Portanto, seria difícil justificar por que — ou até como — a seleção natural teria favorecido os homens sem ansiedade de abordagem.

Hoje, nossa sociedade pune e ao mesmo tempo reforça a ansiedade de abordagem. Quando um homem se aproxima para falar com você, a expectativa padrão é que ele deva dar início à conversa. Afinal, é ele que a está abordando. Mas o que deve dizer? Se ele interpretar a diretiva "seja você mesmo" como obrigação de dizer oi e fazer as costumeiras perguntas de apresentação, a maioria das mulheres ficará entediada. Você não deve ter tempo nem interesse em gastar vinte minutos com um cara que chegue perguntando de onde você é, qual é a sua profissão e o que você gosta de fazer no tempo livre. Porém, se ele chegar com alguma coisa leve e circunstancial, como "Você vem muito aqui?", correrá o risco de que você interprete sua introdução como uma cantada brega. Se ele logo atacar com algo que a faça rir, você poderá acusá-lo de ser um perfeito mestre da paquera, e assim por diante.

A maioria das mulheres não costuma ajudar muito nessas horas. Para algumas, provocar e então rejeitar os homens constitui uma espécie de esporte social que serve como afirmação pessoal. Outras aprenderam por experiência própria a cortar os homens logo de cara quando não estão interessadas ou não querem ser incomodadas. Outras, ainda, estimariam a abordagem, mas, às vezes, têm um amigo ciumento ou não querem interromper a conversa. Qualquer homem que tenha abordado mulheres do nada já amargou pelo menos algumas rejeições humilhantes.

Em geral, essa falta de jeito não é deliberada, embora não a torne menos real. É difícil iniciar uma conversa do nada e passar a se entrosar plenamente com um desconhecido. É esquisito, e a maioria das pessoas não está naturalmente equipada para isso. É por esse motivo que alertamos os homens a não esperar que a mulher se engaje totalmente na conversa no início, e que terão de levar sozinhos 90% do papo durante os primeiros minutos, até que ela se envolva, aos poucos, na conversa.

Escolha áreas com alto tráfego de pessoas

É mais fácil um homem abordá-la quando há muita gente à sua volta do que se você estiver rodeada de espaço vazio. Neste último caso, ele pode se sentir mais pressionado e ter a sensação de que todo o salão está olhando enquanto ele tenta ganhá-la. Esse isolamento também restringe suas opções do que fazer para iniciar uma conversa, forçando-o a ser mais direto do que gostaria em outras circunstâncias. Com frequência vi homens desistir desse tipo de abordagem, mesmo estando atraídos pela mulher, em prol de outra mais bem-posicionada.

Teremos de fazer uma pequena digressão para explicar este comportamento. Conforme ensinamos em Love Systems, existem duas formas básicas para um homem desconhecido começar uma conversa romântica ou flertar com você: a direta e a indireta. Ser direto significa tornar suas intenções claras desde o início, por exemplo: "Oi, eu vi você em pé ali e não me perdoaria se não viesse conhecê-la e saber mais a seu respeito. Meu nome é..." Indireta é começar a conversa com um pretexto, por exemplo: "Oi, precisamos que você desempate isto. Um 'eu te amo' conta se a pessoa estava bêbada quando o disse?" Ou: "Estamos planejando uma festa surpresa para nosso amigo. Deveríamos optar pelo tema selva ou anos 80?" Este tipo de "preâmbulo Love Systems pedindo opinião" constitui uma maneira comum (embora não única) de iniciar uma conversa indiretamente. Se aplicado de maneira correta, deve-se mudar de assunto tão logo seja possível — você não vai cair na conversa de um cara se ela girar em torno de festas dos anos 80 a noite inteira —, mas já serviu para quebrar o gelo e amenizar o clima estranho do início de um diálogo.*

Na ordem geral das coisas, a diferença entre abordagens diretas e indiretas não tem muita importância. Mesmo que opte pela abordagem indireta, o homem deve dar a conhecer suas intenções em 15 ou vinte minutos,

---

* Esta explicação é uma simplificação da metodologia de Love Systems. Na realidade "direto" e "indireto" se fundem em um todo contínuo. Existem vários métodos "diretos" e "indiretos" de abordagem além dos "preâmbulos diretos" ou "indiretos" (dos quais os preâmbulos pedindo opinião são apenas um subconjunto), bem como classes de preâmbulos intermediários. Apresentar aqui a totalidade dos detalhes não modificaria nenhuma das conclusões desta seção do livro.

no máximo, momento em que a conversa estará no mesmo patamar se ele a tivesse iniciado de forma direta. Todavia, muitos homens preferem as abordagens indiretas, ou até fazem exclusivo uso delas.

Mas voltemos ao assunto — um preâmbulo Love Systems pedindo opinião deve parecer espontâneo e transmitir uma espécie de afirmação do tipo "eu perguntaria para qualquer pessoa, acontece que você é quem está aqui, agora". Este truque se torna inverossímil se ele tiver de cruzar um grande espaço vazio para chegar até você. Portanto, se você se encontra nesse tipo de posição, está forçando qualquer homem que queira conhecê-la não apenas a superar sua ansiedade de abordagem para chegar até você como a fazê-lo do jeito mais desafiador e intimidador possível.

A estratégia é ótima se a ideia é selecionar os homens. Mas se você quiser facilitar as coisas para os homens que desejam conhecê-la, fique em lugares onde as pessoas circulam. Em muitos estabelecimentos noturnos a área do bar ou um fumódromo externo podem ser ótimos. Em festas, é frequentemente a cozinha, ou o lugar onde ficam os comes e bebes.

Estas escolhas podem parecer óbvias, mas segure as pontas aí...

Escolha locais onde haja uma desculpa para se demorar

Por que será que eu mencionei a área do bar ou o fumódromo, porém não as áreas com um vaivém igualmente pesado, como a entrada/saída, a cabine do DJ ou a área adjacente aos banheiros? É fácil puxar uma conversa nos lugares do primeiro tipo porque fornecem uma desculpa para a pessoa se demorar neles; já nos do segundo grupo é normalmente mais esquisito, pelo motivo oposto.

A desculpa para se demorar não é apenas para que você e ele possam conversar ali, mas também para que ele disponha de alguns momentos entre reparar em você e se aproximar de fato. Perdi a conta de quantos homens conheci que viram uma mulher pela qual se interessaram e, num piscar de olhos, ela havia desaparecido. Esta é uma das razões pelas quais eu ensino os homens a desenvolver o que chamo de reflexo olhos-pés: quando sua visão captar alguém interessante, comece logo a mexer os pés. Todavia, para a maioria dos homens, o padrão natural não é "Ver uma mulher. Iniciar uma conversa", porém "Ver uma mulher. Pausa. Pensar. Iniciar uma conversa". Se ele não se encontrar em algum lugar onde possa se demorar — e onde você mesma está se demorando —, a oportunidade pode passar antes de ele conseguir abrir a boca.

Procure lugares não barulhentos

Quanto mais barulhento no ambiente, menos os homens vão falar com você; assim, ficará mais difícil vocês dois chegarem a se conhecer. Desse modo, caso você insista em frequentar shows ou boates onde o som seja muito alto, o bar ou a área externa podem ser uma excelente opção para encontrar homens. Esses lugares *devem* ser um pouco mais tranquilos: o primeiro, para que o pessoal possa ouvir os pedidos e se comunicar, o outro, por causa dos moradores das redondezas.

Claro que você pode utilizar este princípio para obter o efeito contrário também. Se você sair com suas amigas e realmente só quiser dançar, procure o local da pista de dança com o som mais alto. Seus ouvidos não vão gostar, mas é mais provável que você seja deixada em paz.

Sorria

Se você demonstrar estar se divertindo, mais homens irão se aproximar. Um rosto sorridente — bem como um que ri, conforme analisamos no Capítulo 5 — vai lhe conferir um aspecto mais jovial e de que será mais fácil e agradável conversar com você. Tome cuidado para sorrir com os olhos também, já que sorrir só com a boca passa a imagem de falsidade. À semelhança de todas as outras técnicas, recomendo não exagerar na aplicação desta. Se você passar a imagem de que está se divertindo como nunca se divertiu na vida, as pessoas poderão decidir não interrompê-la.

Se estiver sentada, mantenha um assento livre por perto

Você já sabe que é melhor ficar em pé sempre que possível, mas não é realista tentar fazer isto o tempo todo. Quando precisar sentar, procure se assegurar de que haja outro lugar vago próximo ao seu. Será realmente difícil um homem tentar se aproximar de você se ele estiver em pé e você, sentada. Considerando que esse tipo de situação vai ficando cada vez mais esquisita conforme a conversa se estende, a maioria das pessoas sérias nem sequer vai tentar se aproximar nessas circunstâncias.

Se você rejeitar alguém, seja gentil

A não ser que ele a esteja ofendendo, claro. Mas formular sua rejeição educadamente estabelece um bom karma. Você não poderá se queixar de um cara que lhe dê um fora ou que não retorne suas ligações depois de você ter contribuído para estragar a noite de outra meia dúzia de homens. Pelo menos, não no meu entender.

Creio que o mais importante seja que, se outros homens viram você ou suas amigas dispensarem alguém brutalmente, será menos provável que se aproximem de você; e isto não deixará de fora apenas os homens que não sabem lidar com situações difíceis. Eu já vi homens de alto valor mudarem de ideia e deixarem de se aproximar de uma mulher após vê-la ser grosseira ou menosprezar outros homens. Esta hesitação não se deve à lealdade para com uma pessoa do mesmo gênero; é porque as mulheres que agem assim — podem ser encontradas em todos os bares e boates do mundo — tendem a ser superficiais, inseguras e narcisistas. *Você* pode não ser assim, mas se agir como as mulheres que são, muitos homens jamais vão querer pagar para ver.

Obviamente, você precisa rejeitar os homens por quem não se interessa. Se você tentou ser gentil na primeira vez, ninguém irá condená-la se for um tantinho mais direta depois.

FAÇA *AQUELE* HOMEM QUERER CONHECÊ-LA

O que fazer se você está recebendo atenção e é muito abordada, porém não pelos homens que realmente quer? Como fazer para atrair especificamente aqueles caras para você? Existem quatro técnicas que podem ajudá-la nesse quesito, que eu listei numa ordem que vai da menos à mais agressiva. Contudo, todas passam a bola para ele. Mesmo que seja você quem o escolheu ou está dando em cima, ele deveria ter a sensação de que é ele quem está escolhendo ou dando em cima de você.

Este princípio pode parecer limitante, sobretudo se você se julga uma mulher poderosa e autoconfiante, e eu não tiro sua razão; imagino que eu também acharia aborrecido ter de provocar alguém para que ele tomasse a iniciativa, em vez de proceder diretamente. Mas o mundo é assim. Mulheres atraentes e emocionalmente estáveis não costumam ser vistas dando em cima dos homens de forma agressiva; pelo contrário, tendem a ser sutis. As mulheres que dão em cima dos homens de um jeito espalhafatoso tendem a ser menos atraentes ou passam por desequilibradas ou assediadoras; você não quer ser associada a esse tipo de mulher pelo potencial homem de seus sonhos.

Ademais, as pessoas valorizam aquilo que elas têm que conquistar. Se um homem está acostumado a ter de trabalhar bastante para obter certo calibre de mulher, ele, na certa, não vai valorizar tanto uma que lhe pareceu tão fácil. Não é algo muito problemático se você estiver procurando algo principalmente físico, porém pode se tornar um obstáculo maior caso estiver querendo um relacionamento com compromisso.

Proximidade

A primeira vez que percebi quanto a proximidade pode ser eficaz foi na segunda noite do programa de treinamento em que conheci Phil, o médico. Naquela ocasião, Phil estava com a corda toda. Ele se mostrou especialmente bem-sucedido por causa do seu relativo status social (veja Capítulo 2), e parecia conhecer todos na boate. As mulheres o encaravam, pensando: "Quem é esse cara?", e querendo conhecê-lo.

Aquela boate possuía dois níveis. Eu fiquei na varanda superior, de onde se observava a maior parte do bar e que me permitia acompanhar a movimentação de todos os clientes e dos instrutores, que permaneciam embaixo. Minha posição também me deixava ver o que teria sido impossível estando lá embaixo — a localização peculiar adotada numa multidão por mulheres que querem que um homem se aproxime delas.

Vi vários grupos de mulheres, todas localizadas num raio de 2 metros de Phil. Nenhuma estava posicionada de maneira a vê-lo de frente; a maioria olhava para o lado oposto, ou para os lados. Toda vez que Phil se movimentava, um padrão similar se formava ao redor de sua nova localização, envolvendo muitas dessas mesmas mulheres. Sempre que Phil deixava o instrutor para fazer uma abordagem, era natural que ele se aproximasse de uma das mulheres que "por acaso" estavam por perto. Praticamente, todas as mulheres que Phil conheceu naquela noite faziam parte de um desses grupos de proximidade.

Depois do encerramento do programa de treinamento, eu testei essa tese por conta própria algumas noites. Após ter flertado com algumas mulheres e estabelecido minha condição de pré-selecionado, comecei a me aproximar apenas das que estivessem no máximo a alguns metros de distância de mim, e observei algo muito interessante. Quando nos aproximamos de uma mulher por trás ou pelo lado, é provável que aconteça uma reação inicial de surpresa; ela deixará passar um ou dois segundos antes de dizer oi e tomar parte na conversa, o que é tão natural que não esperamos ser interrompidos ou que ela fale conosco naquele momento. Porém, naquelas noites, ao abordar mulheres que estavam perto de mim, quase nenhuma hesitou quando comecei a falar com elas. Elas já tinham tomado conhecimento de minha presença e antecipavam minha chegada.

Você também pode usar essa técnica. Se houver um homem específico que você gostaria de conhecer, tente permanecer numa distância máxima de 2 metros, mas não olhe diretamente para ele. Nada garante que ele irá abordá-la, mas todos os pequenos detalhes podem aumentar suas chances.

Contato visual

Você deve conhecer esta, ou pelo menos deveria, porque a maioria das mulheres já conta com essa arma em seu repertório. Procure-o com o olhar. Faça contato visual por um segundo. Desvie o olhar para o outro lado, ou espere que ele o faça. Se quiser, acrescente um sorriso.

Você pode repetir este processo duas ou três vezes, caso suspeite que ele não entendeu o recado da primeira vez. Que fique claro: eu estou querendo dizer duas ou três vezes todo o tempo que vocês dois estiverem no estabelecimento. Se você vir um cara bonito na fila da mercearia, pode acontecer de acabar olhando para ele algumas vezes em apenas poucos minutos. Se for numa festa, no entanto, o seu contato visual deveria se limitar a duas ou três vezes durante toda a noite.

Às vezes, o cara entende o sinal transmitido pelo contato visual e pode até estar interessado em conhecê-la, mas, por uma razão qualquer, não pode se aproximar imediatamente. Talvez ele já esteja no meio de uma conversa, ou, antes de abordá-la, prefira pensar em algo conveniente para dizer. Seja como for, depois de ter feito contato visual com ele algumas vezes, você já deu o seu recado; o resto é com ele.

Se ele não se aproximou após alguns olhares, esqueça. Eu me lembro de estar muito orgulhoso do progresso que Edward fizera, certa noite, durante o programa de treinamento, quando chamei a atenção dele para uma mulher atraente, perto de nossa mesa, que ficava toda hora olhando para ele. Apesar de Edward ter se descrito como alguém que jamais tivera sorte com as mulheres antes, ele reagiu assim: "Eu sei. Ela está fazendo isto há algum tempo. Está ficando esquisito." Eles não se conheceram naquela noite.

Esbarre nele "acidentalmente"

Eu gosto dessa técnica, porque, além de fazer com que ele a conheça, também facilita a tarefa de iniciar a conversa. Tudo o que você tem de fazer é esbarrar nele — literalmente. Pode ser quando ele estiver andando, quando você estiver andando ou quando vocês estão juntos na fila. Você precisa de um esbarrão que seja suficiente para dizer "Me desculpe". Se você quer dar uma deixa suplementar, o que eu recomendo, pode acrescentar uma explicação gentil, como "sapato novo" ou "e olhe que nem estou bebendo". Se você quiser levar a coisa um passo adiante, apoie ligeiramente a mão no braço dele, sorria e mantenha contato visual enquanto pede desculpas.

Bem, aqui é onde a maioria das mulheres parece errar: *O esbarrão, o pedido de desculpas e (opcional) o comentário é TUDO o que você vai lhe dar.*

Se o homem tiver interesse, você já terá dado mais do que o suficiente para o cara ir à luta. Mesmo que ele não possa conversar naquele momento específico ou se for um tipo extremamente nervoso, a tendência é que, havendo interesse, irá procurá-la mais tarde. Se você continuar tentando puxar conversa naquele momento, estará fazendo o papel de quem o está perseguindo, com todas as desvantagens e associações negativas que já analisamos.

Se o homem parecer particularmente seguro de si, socialmente experimentado ou requisitado, recomendo a técnica Especial de Mensagens Mistas. Esbarre nele. Chegue o seu rosto perto do dele e use sua fala mais lenta e sedutora ao se desculpar. Então, volte a se juntar às suas amigas (não olhe para trás!). Isto vai enlouquecer certo tipo de homem, e ele vai precisar voltar a encontrá-la para checar o que foi *aquilo*.

Oh, e não derrame o drinque dele. Isto é apenas irritante.

Puxe conversa

À semelhança do que acontece quando esbarra nele, puxar conversa com ele deveria se limitar a lhe fornecer um pretexto para ir à luta caso queira conhecê-la melhor. E nada mais que isto. Quase todos os exemplos que apresentamos a seguir são de natureza "espontânea", portanto, são os que você usaria se estivesse "por simples acaso" ao lado dele em uma fila ou em outra área, de muito vaivém. E se você estiver prestando atenção ao que leu até agora, ali é onde você deveria estar, de qualquer maneira.

Preâmbulos funcionais e circunstanciais

Mais acima introduzimos alguns conceitos de Love Systems como os preâmbulos indiretos, sendo o mais comum o preâmbulo pedindo opinião (ao qual retornaremos daqui a pouco). Existem dois outros tipos de preâmbulo indireto, o funcional (por exemplo: "Você tem horas?") e o circunstancial (por exemplo: "Como o som está alto aqui!"). Não recomendamos estes dois à maioria dos nossos clientes masculinos porque eles não são muito eficazes para alimentar uma conversa. Contudo, para mulheres são perfeitos — levar o papo adiante não é a função de vocês. Você só está tentando ajudá-lo, facilitando-lhe a tarefa de começar a falar com você. Apresento mais alguns preâmbulos funcionais e circunstanciais a seguir; não são mágicos nem únicos em seu gênero, e quando se sentir confortável com eles, você poderá criar vários num piscar de olhos.

- *"Por favor, você poderia segurar isto por um segundo?"*

Entregue sua bolsa ou outro acessório para ele segurar. Então, passe um ou dois segundos fazendo alguma coisa com as mãos: pegue o seu celular, cheque o programa (se você estiver numa galeria, museu, teatro, sala de concertos etc.), ou ajeite algum detalhe de sua roupa. Esta última opção também pode ser utilizada para chamar a atenção dele para uma parte específica do seu corpo; a maioria dos homens não sabe para que servem todas aquelas fivelas e tiras, de qualquer maneira, então, vá em frente e finja fazer os seus ajustes sem medo — ele jamais vai perceber.

- *"O que você está bebendo?"*

Obviamente, você só pode usar este preâmbulo se estiver em algum lugar em que sirvam drinques, e apenas se o drinque dele tiver uma cor ou uma forma inusitada. É mais eficaz quando parece totalmente espontâneo — em geral, enquanto você está esperando para pegar um drinque também. Se ele se interessar por você, provavelmente, vai responder perguntando o que você está tomando ou pedindo, e puxar conversa a partir daí.

- *"Ei, você não estudou em [nome do seu colégio ou faculdade]?"* Ou: *"Ei, você não trabalhava no [nome do seu trabalho ou do ex-emprego]?"*

Este preâmbulo será particularmente bom se você conseguir fazer com que soe mais realista, ao jogar um ou dois detalhes, do tipo: "Eu acho que você fez Introdução à Sociologia comigo" ou "Você não trabalhou com um cara chamado Cameron Taylor?"

Eu gosto destas duas, porque também fornecem algum dado sobre você com que ele possa trabalhar. O cara não deve ter trabalhado ou estudado no mesmo lugar que você, mas talvez conheça alguém de lá. Ou ele pode encontrar algo interessante para dizer sobre alguns detalhes que você forneceu. Não fique ofendida se ele gozar de algo que você disse; o mais provável é que isto signifique que ele está interessado em você. Assim como aquele garoto que costumava pegar no seu pé no playground na segunda série...

Preâmbulos de Love Systems pedindo opinião

Outra maneira de dar um primeiro passo é usar um preâmbulo pedindo opinião. No uso que os homens fazem dele, um pedido de opinião deve, normalmente, girar em torno de um assunto sobre o qual todos tenham facilmente uma opinião e de que as pessoas possam discordar. Pense em uma situação em que você ou qualquer um de seus amigos se envolveu, em que vocês poderiam perfeitamente querer uma opinião independente ou uma perspectiva especificamente masculina.

Por exemplo:

- *"Oi, precisamos de sua opinião. Você acha que minha amiga Michelle, aqui, deveria pintar o cabelo de loiro?"*

Usar o nome de sua amiga Michelle equivale quase a uma apresentação, ainda mais se ela estiver logo ali ao seu lado, e pode incentivar os homens a se apresentarem. Se eles agirem assim, estão aceitando entabular uma conversação, e você poderá deixar que eles tomem a iniciativa a partir daí.

- *"Ei, rapazes, precisamos de uma perspectiva masculina aqui. Vocês prefeririam que suas namoradas cozinhassem uma refeição maravilhosa de aniversário ou que elas os levassem para seu restaurante predileto?"*

Esta pergunta deveria ser feita se você estivesse aconselhando uma amiga com um problema de relacionamento e quisesses uma opinião masculina aleatória — e *não* se você estiver fazendo uma pesquisa. Quando bem-ensaiado, este preâmbulo apresenta a vantagem adicional de encorajar os homens com quem está falando a revelar se têm namorada ou não. (Não que eles digam necessariamente a verdade, é claro; como você já deve saber, muitas pessoas parecem se esquecer de que têm uma pessoa significativa em suas vidas sempre que aparece uma desconhecida atraente pela frente.) Se não têm namorada, bem, agora a brincadeira pode começar.

Todas estas táticas e truques são bastante diretos. Mas o que fazer se o homem que você quer conhecer já estiver falando com outras pessoas?

Quando um homem quer conhecer *você*, mas você está cercada por amigas, a melhor opção para ele costuma ser se aproximar do grupo todo e, se possível, começar a conversar com todo mundo. Se você estiver num grupo misto, nós o aconselharíamos a falar com os homens primeiro, mas, num grupo só de mulheres, recomendaríamos começar a conversar com aquela que lhe parecer mais abordável e, então, tentar se infiltrar a partir daí.

A técnica anterior também funciona bem quando invertida; se você encontrar outra mulher que não está namorando nem está interessada no homem que você quer, ela pode apresentá-lo para você. Já a segunda não é reversível. O ego masculino não o permite. Se você começar a falar com um homem solteiro que está atraído por você e cinco minutos depois deslocar sua atenção para outro homem do mesmo grupo, é muito provável que o primeiro tente sabotá-la. Sim, eu bem sei que os homens agem assim o tempo todo com as mulheres e, por algum motivo, parece que as mulheres simplesmente aceitam isto, mas a maioria dos homens não funciona assim.

Capítulo Sete

Agora, vamos facilitar as coisas ainda mais...

𝓐cabamos de falar sobre como conhecer mais homens, e de melhor qualidade, na situação mais difícil possível de controlar: quando você está em um local público ou acontecimento social em que a maioria das pessoas é desconhecida. Agora, vamos aplicar essas técnicas a outras situações comuns — e mais fáceis —, onde se pode conhecer homens: por intermédio de amigos, no trabalho ou na escola, no lazer e outras atividades. Nosso foco, aqui, ainda está em *conhecer* homens, portanto, coisas como transformar a amizade de um cara em algo mais terão de esperar até o capítulo seguinte, em que falaremos sobre flerte e atração.

CONHECENDO HOMENS NO TRABALHO

Algumas mulheres descartam de cara a ideia de sair com alguém do trabalho. O machismo e a crítica dão mostras de estarem muito bem, já que suas decisões relativas a paqueras e relacionamentos podem afetar seu emprego ou sua carreira. Se você sair com um superior hierárquico, mesmo se for alguém de outro departamento, ou alguém que não era seu superior quando vocês começaram a se relacionar, podem surgir boatos de que você é carreirista. Se você tiver um histórico de diversas histórias de paqueras ou relacionamentos, as pessoas podem começar a questionar sua estabilidade.

(A mesma coisa pode acontecer aos homens, embora o limite seja geralmente muito maior.) Até simples sentimentos de inveja — quer venham de homens, quer de mulheres — podem piorar sua reputação. Algumas empresas têm normas que proíbem relacionamentos amorosos entre funcionários. Ademais, o próprio local de trabalho está se tornando fisicamente um lugar que induz menos ao romance; você tanto pode trabalhar em casa como freelancer, com limitado contato humano, como pode estar ocupando um escritório em meio a um mar de humanidade, no 17º andar de uma grande firma.

Mesmo que todos ou alguns dos fatores acima se apliquem ao seu caso, *ainda assim* você pode usar sua vida profissional para alavancar sua vida social. Você pode estabelecer relações com pessoas, homens e mulheres, capazes de lhe apresentar o tipo de homens que você quer conhecer. E pode até fazer provisões para o futuro: um homem que tinha um compromisso pode se tornar solteiro, ou mudanças no estilo de vida de algum outro homem podem fazer com que você o veja sob uma nova luz. É só nos programas de TV que as pessoas permanecem no mesmo trabalho durante anos a fio; mesmo que alguém esteja na zona proibida por um motivo qualquer, pode ser que, daqui a seis meses, vocês não estejam mais trabalhando juntos.

E não se preocupe — todas as técnicas que estamos prestes a analisar receberam 100% de aprovação por parte de altos executivos. Antes de Love Systems eu trabalhei em cargos administrativos de níveis intermediário e sênior em diferentes empresas, e o meu círculo social engloba muitos outros executivos com responsabilidades análogas. Na verdade, eu diria mais — a maior parte daquilo que você está prestes a ler pode realmente ser *valiosíssimo* para a sua carreira.

Primeiras impressões

Você já sabe o quanto as primeiras impressões contam e como é difícil mudá-las; esta regra se aplica tanto ao seu primeiro dia no trabalho como aos primeiros minutos que passa numa festa. Seja extrovertida e sociável desde o primeiro dia. Você vai conhecer as pessoas, e o seu chefe irá (ou pelo menos deveria) reconhecer o valor do capital social de relações que você está construindo. Porém, trate de fazer um networking bem amplo; se você tiver feito amizade com todo mundo, não vai parecer estranho se por acaso a virem brincar com o cara bonito do fundo do corredor. As mulheres que só parecem se ligar na presença de homens atraentes são facilmente identificadas, e isto não lhes faz nenhum bem, nem do ponto de vista profissional *nem* social.

Dependendo de sua situação, você não precisa limitar o seu networking a seu círculo mais próximo no trabalho. Se você trabalhar em casa e a empresa de seu patrão ou cliente fica perto, sugira passar no escritório dele para conhecê-lo ou para conversar sobre algumas ideias referentes a um projeto em que você está trabalhando. Tanto a iniciativa quanto o tempo passado cara a cara deverão ajudá-la profissionalmente, e nunca se sabe quem você poderá conhecer ou na companhia de quem poderá acabar tomando um cafezinho.

Se você *trabalha* em um escritório, apresente-se aos vizinhos. A correspondência de uma firma do outro lado do bloco de escritórios foi parar na caixa de correio de vocês por engano? Ofereça-se para levá-la pessoalmente. Caso você esteja num grande prédio de escritórios e sua firma venha promovendo uma campanha de caridade, por que não verificar a possibilidade de unir forças com o pessoal que ocupa os demais escritórios do seu andar? Se houver uma lanchonete no escritório, ou uma área de alimentação no prédio, ou nas proximidades, vá comer lá de vez em quando, e vá sozinha. Independentemente de estar trabalhando dentro ou fora de casa, alguns cargos propiciam esse tipo de networking com fornecedores, parceiros e/ou clientes. Todos esses exemplos constituem situações análogas, no mundo do trabalho, à de circular por áreas de intenso vaivém quando estiver em um grande evento social anônimo: você só está tentando ser vista pelo maior número possível de pessoas.

Estabelecendo conexões

Contrariamente ao que acontece na vida social, no seu trabalho (pelo menos é o que espero) não há normas e regras que ditem que o homem deva tomar a iniciativa da conversa e à mulher só caiba responder, quando acionada. Você pode e deve tomar a iniciativa de construir relações pessoais com seus conhecidos. Até mesmo na mais rígida política empresarial sempre há espaço para você perguntar a alguém como passou o fim de semana, nos primeiros trinta segundos da reunião de segunda-feira de manhã.

Evite mandar e-mails sempre que houver oportunidade de construir uma relação. Talvez o pessoal de RH precise de um formulário preenchido por você; claro, você poderia encaminhá-lo por e-mail, mas, se tiver um tempinho, por que não imprimir o formulário e levá-lo pessoalmente? É uma grande oportunidade para conhecer funcionários daquele departamento. Ademais, nunca se sabe quem mais poderia reparar em você no caminho.

Uma maneira sistemática de fazer networking e construir relações pessoais é se autoeleger madrinha dos novatos. Mesmo que sua firma possua um programa de orientação formal, alguém precisa mostrar a casa para o recém-contratado e informar qual elevador começa a tremer com excesso de passageiros, ou que Mary, a recepcionista, costuma trazer uns cupcakes maravilhosos às quintas-feiras. E mais, cada vez que apresentar alguém novo por aí, você terá nova oportunidade de conversar com todas as outras pessoas de seu escritório. Sêneca, o famoso filósofo romano, teria dito: "Sorte é o que acontece quando o preparo e a oportunidade se encontram." Pode ser que na manhã em que você foi apresentar pessoas ao novo assistente de administração, Sheila, da contabilidade, estivesse justamente pensando em quando o irmão bonitão dela vai encontrar uma garota legal. É assim que os "lances de sorte" ocorrem, como um convite para uma festa ou um piquenique onde você vai encontrar um cara amável, a quem já foram contadas coisas maravilhosas a seu respeito. Ou, se os relacionamentos íntimos no trabalho não forem tabu, talvez nessa mesma manhã Steve, recém-solteiro, estivesse pensando em quem convidar para aquele show na sexta-feira. E, claro, ao mesmo tempo, o fato de você ajudar um novo funcionário a se situar e se sentir à vontade impressionará o seu chefe.

Outra maneira de fazer networking é se engajar nas atividades da firma. Ajudar a planejar a festa de Natal ou organizar uma atividade beneficente pode representar excelente oportunidade para conhecer pessoas ou aprofundar relações. Além disso, propiciam um novo contexto, em que você pode projetar competência, não apenas ganhando um ponto com o seu chefe como também com homens cansados de se relacionar com mulheres carentes que não conseguem fazer nada por si mesmas.

Por fim, frequente toda conferência e evento relevante para sua firma ou para o cargo que ocupa. Isto vai fazer com que você tenha, automaticamente, alguma coisa em comum com todas as pessoas presentes, e ficará muito mais fácil conhecer homens específicos que a interessem, sem parecer esquisito. Se você é uma profissional que assiste a uma conferência profissional para se encontrar com outros profissionais, não há razão alguma para que não possa se dirigir a qualquer pessoa, se apresentar e apresentar sua empresa.

O *próximo passo*

Se você quiser levar as coisas um passo adiante com alguém do trabalho, planeje uma happy hour ou qualquer outro evento social em que seria natural que ele também fosse convidado. Eventos desse tipo são ótimos porque são descontraídos — você e ele podem conversar e se conhecer sem a sensação de "agora ou nunca" que pode tornar as coisas esquisitas quando dois desconhecidos estão flertando. Você não precisa se preocupar se ele vai pedir o seu número de telefone ou se você tornará a vê-lo. Esse cenário permite que você aproveite ao máximo duas das armas mais poderosas do arsenal de qualquer mulher — a capacidade de cair fora e a de se passar por difícil. Discutiremos todas as técnicas de flertar e atrair os homens no próximo capítulo.

Conselho final

Use o seu discernimento. Não vou desperdiçar demasiadamente o seu tempo com avisos óbvios — tome cuidado para não adquirir má reputação no trabalho, não saia com alguém nem se insinue para alguém sob sua supervisão, não saia com uma pessoa nem se insinue para uma com quem você tenha relação profissional que implique comprar ou vender coisas e assim por diante. Quanto mais elevada a sua posição, menos você poderá agir dentro de sua firma; você vai preferir se ater às situações como conferências e eventos de networking. Contudo, quanto mais sênior, mais oportunidades desse tipo aparecerão para você.

CONHECENDO HOMENS POR INTERMÉDIO DE AMIGOS

Qualquer amigo pode apresentá-la ao homem ou aos homens dos seus sonhos, porém somente certos amigos serão capazes de fazer isso. Embora não restem dúvidas de que você estima os amigos próximos por muito mais do que a capacidade deles de ajudá-la a conhecer homens desejáveis, pode valer a pena pensar quais dos seus amigos atuais ou potenciais; contatos e conhecidos podem ter condições de ajudá-la a alcançar seus objetivos de paquera ou relacionamento. De modo geral, essas pessoas apresentarão uma ou várias das qualidades a seguir:

- **Conhecem muita gente e promovem ou participam de muitos eventos sociais.** Relacionamentos são, de certa forma, uma loteria. No fim das contas, quanto mais homens você põe em seu caminho, mais probabilidades terá de encontrar os homens ou os relacionamentos que quer, a não ser que esteja procurando no lugar totalmente errado. E isto nos traz a outra importante qualidade:
- **Eles têm conexões com o tipo de homens de que você gosta.** Simplesmente conhecer cada vez mais pessoas não é útil se você não tende a se sentir atraída pelo tipo de pessoas com quem eles se relacionam. Procure fazer amizade com pessoas que mais provavelmente conhecem o tipo de homem que você quer: se você gosta de músicos, um amigo músico, um *promoter* ou um administrador de sala de espetáculos deverão ter mais condições de lhe apresentar homens do seu tipo que o bancário mais sociável do mundo. As pessoas também tendem a conviver com aqueles com quem partilham traços de personalidade ou interesses.

Cultive amizade com pessoas que possuam as mesmas qualidades que você procura num parceiro. De forma análoga, se você está gamada por um homem ou homens específicos, não faz mal conhecer as pessoas que eles conhecem. Ele pode não ter se dado conta sozinho de quão maravilhosa você é, mas ver os amigos dele puxando conversa com você e convidá-la para sair é bem capaz de fazer a ficha cair.

- **Eles concordam com os seus objetivos.** Algumas pessoas não vão querer ajudar. Um homem gamado em você ou uma mulher que se interessa pelo mesmo tipo de homem que você podem ser excelentes amigos em outros setores da vida, porém é improvável que lhe apresentem o homem dos seus sonhos. (Pelo menos, não até que resolvam a própria vida amorosa; ajude-os e, talvez, eles retribuam o favor.)

Não esqueça que pessoas assim são muito solicitadas socialmente; você não é a única que tenta fazer amizade com elas ou que quer ter acesso a algo que elas têm. Esforce-se para que *você* também seja uma pessoa que acrescenta. Dê sempre algum motivo para que fiquem felizes de convidá-la para algum lugar ou apresentá-la a alguém.

Quando eu comecei a entender de paquera e atração e passei a aperfeiçoar minha habilidade para ser bem-sucedido com as mulheres, muitos dos meus amigos mostraram repentino interesse em desempenhar um papel maior em minha vida social. Geralmente, eu ficava feliz em apresentá-los a mulheres conhecidas ou a levá-los comigo a festas ou outros eventos. Mas alguns caras realmente não se comportaram bem: ficaram com inveja, ressentiram-se do meu sucesso e até tentaram me prejudicar. É sabido que uma mulher costuma observar a roda de amigos de um homem e o modo como ele interage com eles para conseguir indícios sobre que tipo de pessoa o cara é. Os tais amigos que me colocaram para baixo foram convidados cada vez menos; aqueles que reforçaram minhas impressões positivas foram convidados a sair com mais frequência. Amizades não têm a ver com manter uma contabilidade de quem faz o quê, porém dependem de reciprocidade: se determinada pessoa acrescenta muito valor à sua vida, certifique-se de fazer o mesmo por ela.

Por outro lado, se você *for* um bom amigo e acrescentar valor à vida de alguém, então, não vejo problema em pedir para quebrar um galho. Se o seu amigo conhece alguém por quem você se interessa, você pode lhe pedir para fazer a ponte. Eu fugiria de encontros às cegas ou outras manobras óbvias; elas parecem artificiais, e o clima pode ficar esquisito. É melhor que o seu amigo convide simplesmente os dois para uma festa ou outro evento, onde ambos possam se conhecer sem que fique parecendo uma armação explícita.

ENCONTRANDO HOMENS POR MEIO DE ATIVIDADES, FACULDADE ETC.

Nós já analisamos a importância de você se envolver em atividades em que possa cruzar o caminho do tipo de homens que lhe interessam. Depois de ter construído esse envolvimento, é só aparecer, participar e ficar bonita. Os homens vão reparar em você.

Isto posto, existe uma técnica para você usar na primeira vez em que tomar parte de um grupo que se encontre regularmente — desde uma turma de faculdade até o comitê de planejamento de um evento de caridade. Sente-se ao lado do homem por quem se sentir mais atraída. Mesmo que haja assentos muito mais perto de você. Mesmo que se sinta um pouco esquisita. Esta sensação vai esvaecer, mas sua posição, provavelmente, estará conquistada. Nos grupos que se encontram regularmente, as pessoas tendem a estabelecer um padrão na escolha de lugar; se você e suas amigas costumam se encontrar no mesmo restaurante, você pode verificar que vocês se acomodam mais ou menos nas mesmas posições a cada vez. Em faculdades ou em cursos de aperfeiçoamento contínuo, por vezes é até obrigatório ocupar o mesmo assento durante todo o semestre.

Capítulo Oito
Ele está falando com você. E agora?

Ele pode ter começado o dia como um perfeito desconhecido para você ou pode ter estado o tempo todo em seu networking extensivo, mas, seja como for, agora, ele está falando com você. Se for alguém por quem você se interessa ou, pelo menos, que despertou sua curiosidade, o que você deve fazer? As duas primeiras atitudes são: consolidar a atração que ele sente por você e fazê-lo se esforçar para atraí-la para ele (mas não ao ponto de ele achar que você não está interessada ou é inatingível).

ATRAÇÃO

A regra mais importante para atrair um homem é não deixar transparecer que você está querendo fazer exatamente isto. Você deveria ter um plano, mas ele não deveria saber disso; o interesse dele deve parecer resultar tão só de quão maravilhosa e simpática você é, ou da química que ele percebe entre vocês dois. Ele é quem deve correr atrás de você.* O seu papel é brin-

---

* Em Love Systems, ensinamos os homens a inverter os papéis e fazer com que seja você a correr atrás deles. Discutiremos essa perspectiva sucintamente mais adiante neste capítulo, mas, por ora, saiba que a esmagadora maioria dos homens não sabe como inverter os papéis; assim, nós nos concentraremos aqui no cenário mais tradicional, que é o homem indo no seu encalço.

car de guarda de trânsito. Deixe que ele dirija, mas, por meio de seu influxo, ele deve se mover na velocidade e no sentido que você quer.

Os homens se sentem lisonjeados com o interesse das mulheres, mas demonstrar demasiado interesse cedo demais pode desencorajá-los. Eles ficam com a mesma sensação que você tem em situação análoga. Na realidade, é até pior. Tendo em vista que até os homens atraentes e de elevado status podem, vez ou outra, passar a impressão de serem insistentes — ainda mais porque frequentemente são seguros de si e arrojados —, o fato de um cara ser atrevido não significa necessariamente que não tenha valor. Em contrapartida, mulheres de elevado valor raramente são insistentes.

Pense de forma atraente

Se você não o conhece bem, ou não o conhece nem um pouco, poderá supor que o tempo que ele investiu em se aproximar significa que, no mínimo, está um pouco interessado em você. Esta suposição se justifica quase certamente se ele for um desconhecido que se aproximou de você do nada, mas também deve ser esse o caso quando um homem que você conhece (mas que não é amigo íntimo) parece estar passando muito tempo sozinho com você, sem nenhum motivo aparente. A essa altura a atração pode não ser muito forte — afinal, ele praticamente não a conhece —, mas isso já deve lhe dar o ensejo para aplicar algumas das técnicas aqui discutidas.

Parta do pressuposto de que um homem se sente atraído por você, mesmo que ele não pareça estar conversando de forma particularmente galanteadora, romântica ou sexual. Muitos homens gostam de proceder com cautela ao se aproximar de uma mulher; por exemplo, iniciam a conversação com algum tipo de pretexto, como pedindo informações ou até utilizando um preâmbulo Love Systems pedindo opinião. Se ele se esforçar para continuar a conversa, passando do pretexto para algum assunto não relacionado, então, pelo menos em nove de cada dez casos, ele sente atração por você. E se excluirmos as situações em que você seja a única pessoa ou a pessoa mais óbvia a quem dirigir a palavra — por exemplo, se não estiverem sentados um ao lado do outro em um avião ou esperando em uma fila —, eu diria que este número se aproxima mais de dez entre dez. Minha amiga Shawna e eu tivemos uma discussão sobre isso uma noite, quando estávamos sentados com alguns amigos em um bar/restaurante. Um homem começara a conversar com ela, mas fora embora abruptamente poucos minutos depois. Eu havia estado meio à escuta e atribuí a retirada ao fato de ela ter se referido intempestivamente ao namorado. Ela discordou e insistiu que o homem não dera em cima dela. Assim, eu a desafiei a contar com quantas pessoas aquele homem havia puxado conversa e verificar quantas delas eram mulheres atraentes. Quando fomos embora, ele tinha falado com pelo menos outras cinco mulheres atraentes, e com ninguém mais — isto é, nada de conversas iniciadas aleatoriamente com algum homem desconhecido ou com mulheres obviamente não atraentes. Os homens solteiros se comportam assim quando vão a lugares em que há muitas mulheres solteiras e atraentes; aliás, conhecer mulheres é a principal razão para frequentarem esses lugares.

Deixando de lado as probabilidades e porcentagens, supor que ele se sente atraído por você é excelente atitude de sua parte, independente de ser ou não verdade. Isto não significa que você esteja se colocando em um pedestal; você não deveria *dizer* que acha que ele sente atração por você. Simplesmente, pressuponha que seja assim. Qual é a importância das atitudes íntimas ou crenças que você adota, se elas não devem influenciar seu discurso? A resposta pode ser encontrada na maneira como a comunicação se processa de fato. As palavras que você fala constituem apenas uma pequena parcela daquilo que você comunica. Basta considerar que, de acordo com uma estatística frequentemente citada, 93% da comunicação interpessoal é não verbal, fazendo com que as palavras sejam responsáveis apenas por 7%.* Esses 93% são, em grande parte, subconscien-

---

* BORG, James. *Body Language: 7 Easy Lessons to Master the Silent Language* [Linguagem corporal: sete maneiras fáceis de dominar a linguagem silenciosa]. Upper Saddle River, N.J.: FT Press, 2010. O índice de 93% está sendo questionado; outros pesquisadores afirmam que Borg interpretou mal os dados e que o número real gira em torno de 60% a 70%. (MEHRABIAN, Albert. "'Silent Messages' — A Wealth of Information About Nonverbal Communication (Body Language)" ["Mensagens silenciosas" — A riqueza de informações sobre a comunicação não verbal (linguagem corporal)], em *Personality & Emotion Tests & Software: Psychological Books & Articles of Popular Interest*. Los Angeles: edição própria, 2009. Seja como for, a importância da comunicação não verbal é crítica e possui um peso maior que as palavras que você realmente articula.

tes e governados por suas atitudes, crenças e sentimentos; todos eles muito mais difíceis de controlar do que as palavras. É por esse motivo que as pessoas que quiserem conhecer os verdadeiros sentimentos de alguém sobre alguma coisa — o que engloba desde investigadores policiais a homens formados por Love Systems — prestarão muito mais atenção à comunicação não verbal do que ao que a pessoa de fato diz. Mais adiante, neste capítulo, falaremos também em como interpretar a comunicação não verbal alheia.

Contudo, voltemos ao homem interessante que está conversando com você. Se você partir do pressuposto de que ele está sentindo atração por você, esse sentimento influenciará 93% de tudo o que você comunicar para ele. Mulheres de prestígio tendem a ser muito paqueradas e desenvolvem a suposição padrão (embora não verbalizada) de que os homens que se aproximam delas sentem atração. Se você agir como uma dessas mulheres, ele vai pensar que você *é* uma dessas mulheres. Já que os homens de elevado status tendem a correr atrás das mulheres de status igualmente elevado, ele interpretará sua atitude como uma validação de seu interesse inicial em você.* Conforme discutimos no Capítulo 2, é claro que os homens não tendem a se sentir mais atraídos por uma mulher só por saberem que outros homens têm interesse nela. Não obstante, um homem que acha você atraente passará a considerá-la com mais cuidado e hesitação caso você aja como se normalmente os homens não lhe dessem bola. O cérebro dele funciona do mesmo modo: ele recebe e processa tantas informações todos os dias que ficaria assoberbado, como você, se não as sistematizasse por inferências.

---

* BUSS, David M. e SHACKELFORD, Todd K. "Attractive Women Want It All: Good Genes, Economic Investment, Parenting Proclivities, and Emotional Commitment" [As mulheres atraentes exigem tudo: bons genes, investimentos econômicos, inclinação a ser pai e compromisso emocional], em *Evolutionary Psychology* 6, nº 1 (2008).

A comunicação não verbal — Uma analogia musical

Para ter uma noção intuitiva de como a comunicação verbal e não verbal trabalham juntas, basta pensarmos na música. As palavras que você usa são comparáveis às notas ou aos acordes de uma música: são a sua estrutura. Uma peça musical pode ser tocada por diferentes instrumentos, em andamentos diferentes e assim por diante, mas deve haver uma série de notas e/ou acordes subjacentes para que seja reconhecida. Podem-se atribuir múltiplos significados diferentes à expressão "eu posso fazer isto" simplesmente ao deslocar a ênfase de uma palavra para outra, ou variando o tom e a cadência — experimente fazê-lo. Todavia, mesmo assim, as palavras propriamente ditas devem fazer sentido; caso contrário, sua habilidade de comunicar emoções e significados específicos ficaria significativamente prejudicada.

Tomemos como exemplo "Let it Be", dos Beatles. Em dó maior, os primeiros quatro acordes da música são dó/sol/lá menor/fá. Este arranjo não é arbitrário. Esses acordes juntos formam um sentido musical e foram escolhidos por uma razão. Digamos que se se alterasse o acorde em sol para ré menor, a música ainda seria apresentável (embora deixando uma sensação marcadamente diferente). Mas não daria para alterar o acorde em sol, ou qualquer outro da música, para algo tão aleatório como si menor ou mi. Qualquer um destes dois soaria tão dissonante quanto se você substituísse uma palavra desta frase com outra tirada do dicionário de forma completamente aleatória.

Entretanto, Paul McCartney não se limitou a rabiscar dó/sol/lá menor/fá em um pedaço de papel, em um dia, e alcançou enorme sucesso imediatamente. Existem, literalmente, milhões de músicas que apresentam exatamente a mesma sequência de acordes. O que confere a esta sequência particular o seu significado é a escolha dos instrumentos, do ritmo, do andamento e da dinâmica. Acrescente estes ingredientes e você transforma uma sequência mecânica de acordes em uma música que comunica profundo significado e emoção. Pois esses elementos correspondem à sua comunicação não verbal.

Portanto, a escolha de suas palavras é importante, e não deve ser ignorada, mas pense nelas tão somente como uma partitura para a sua atividade de conversação. A maior parte do significado que você vai transmitir provém de fatores não verbais. Inclusive, esta analogia deverá ajudá-la a tentar encontrar formas mais apropriadas e melhores de usar a comunicação por SMS, e-mail e até por telefone, já que você está consciente da extrema limitação dessas ferramentas e do potencial risco de se comunicar errado.

Outro motivo para presumir que os homens que se aproximam de você se sentem atraídos é que essa aproximação claramente aciona em você o modo de seleção. Se você começar a fazer perguntas a um homem para verificar se está interessada nele e ele as responder, ele estará se colocando na posição de quem quer passar no seu teste.* Lembre-se do princípio psicológico da dissonância cognitiva: nosso cérebro tenta impedir que tenhamos crenças contraditórias. Se um cara começar a investir em você e se mostrar à altura dos seus desafios, ele vai querer acreditar que você vale a pena.

É possível observar este mesmo princípio operando em outras esferas da vida. Algumas empresas tornam o seu processo seletivo mais longo e exaustivo do que seria necessário, objetivando aumentar as chances de os aprovados aceitarem as propostas feitas pela companhia. Os candidatos teriam de ter se convencido primeiro de que de fato queriam o emprego; caso contrário, por que se submeteriam a todo esse processo? Já se sugeriu que rituais fatigantes têm por efeito aumentar o apego ao grupo por parte daqueles que a eles são submetidos — o que se deve em parte também à dissonância cognitiva.** Muito embora algumas perguntas gentis como "O que você faz no seu tempo livre?" ou "Qual foi a sua relação mais duradoura?" dificilmente possam ser qualificadas de fatigantes, fazer o homem passar por algumas dificuldades fará com que ele valorize mais você.

É claro que selecionar é um processo valioso em si, não apenas pelo que o processo de triar os homens revela sobre você. Porque será preciso fazer com que um homem que você não conhece direito passe pelo seu crivo para verificar se ele vale a pena ou não. Analisaremos este aspecto quando abordarmos mais detalhadamente a questão da seleção, no próximo capítulo.

---

* Responder a essas perguntas seria um erro da parte dele — que nenhum ex-aluno de Love Systems jamais cometeria. Nós ensinamos os homens a não se apertarem para responder, nem fazerem nenhuma coisa explícita para tentar atrair você até que *você* tenha dado algum sinal de que está interessada nele. Porém, não se preocupe demasiadamente com isso; a maioria dos homens que você vai encontrar nunca ouviu falar de Love Systems, e até um ex-aluno de Love Systems avaliará que você têm expectativas elevadas e sabe o que está querendo.

** ARONSON, Elliot e MILLS, Judson. "The Effect of Severity of Initiation on Liking for a Group" [O efeito da severidade da iniciação no sentimento de apego a um grupo], em *Journal of Abnormal and Social Psychology* 59, nº 2 (setembro de 1959). Ver também ALESSANDRI, J., DARCHEVILLE, J.-C. e ZENTALL, T. R. "Cognitive Dissonance in Children: Justification of Effort or Contrast?" [Dissonância cognitiva em crianças: justificação do esforço ou do contraste?] *Psychonomic Bulletin & Review* 15, nº 3 (junho de 2008).

Eis uma observação final sobre sua atitude: independente do que acontecer, mantenha uma postura firme como rocha. Evite parecer agitada, nervosa ou insegura. "Aja sempre como se tudo estivesse correndo conforme planejado" é algo que também ensinamos aos homens.

Seja atraente

Agora que já vimos o que você deveria *pensar*, vamos dar uma olhada no que você pode *fazer*. Começaremos apresentando cinco técnicas básicas de atração, que devem fazer os homens se sentirem mais atraídos por você e que listamos na ordem de mais a menos sutil.

Sorria

Você é mais simpática quando sorri. Mas não coloque apenas um sorriso nos lábios. Como qualquer recompensa, — e o seu sorriso *é* uma recompensa quando um homem está falando com você —, ele tem mais valor quando é conquistado. Se quiser, sorria uma ou duas vezes para convidá-lo a se aproximar e recompense-o com um sorriso quando ele o fizer, mesmo se achar que não está interessada nele — lembre-se de que outras pessoas estão olhando também. Contudo, serão os únicos sorrisos que ele receberá de graça; a partir daí, elimine o sorriso por comportamentos que não a agradam e gratifique-o sorrindo quando ele acertar.

Ria

O riso é uma ferramenta de comunicação muito primitiva. Os seres humanos começaram a rir antes mesmo de terem piadas para contar uns aos outros; inclusive, o riso antecedeu a linguagem.* Outras espécies sociais

---

* PARTINGTON, Alan. *The Linguistics of Laughter: A Corpus-Assisten Study of Laughter-Talk* [A linguística do riso: um estudo do riso e da fala embasado em um *corpus*]. Nova York: Routledge, 2006.

como cães, ratos e macacos também usam uma forma de riso. Trata-se de um poderoso fator de coesão social. Rir com alguém é estabelecer um vínculo com essa pessoa. Portanto, ria com ele.

Quando um homem pelo menos se esforça para mostrar senso de humor, o riso se torna uma ferramenta muito fácil para a mulher.* *Você não precisa ser comediante consumada nem sequer dizer nada engraçado. Se tiver senso de humor e conseguir fazê-lo rir, será ótimo, mas será um bônus, e não é disto que estamos falando. Humor é um pouco como sexo. O homem não procura necessariamente uma mulher que seja engraçada, porém muito mais uma mulher que *o* considere engraçado. Ao passo que essa situação não é muito positiva no que tange à força do ego masculino, ela facilita sua vida na hora de atraí-lo. Ria com ele quando puder, mas não ao ponto de seu riso parecer falso, desproporcional ou imerecido.

Isto posto, há de se esperar que você encontre alguém que genuinamente a faça rir. Eu estaria pronto a apostar que a quantidade de conflitos em uma relação é inversamente proporcional à quantidade de riso.

Toque

Tocar — de forma apropriada — faz as pessoas se lembrarem melhor de você, e de forma mais positiva. Também é uma recompensa para os homens com quem você flerta, portanto, lance mão desse recurso tão somente quando ele o tiver merecido por ter feito algo que a agradou. As costas da mão, o braço e o ombro são bons lugares para começar.

Quando as pessoas flertam, costumam tocar uma na outra. Eu reparei nisso durante um dos primeiros programas de treinamento de Love Systems, quando nem sempre era possível ouvir cada palavra proferida pelo cliente durante uma abordagem. Ao observar alternativamente a "conver-

---

* Se ele não tiver o menor senso de humor, nem sequer se esforçar nesse sentido, essa técnica de atração não funcionará muito bem. Mas, nesse caso, ele, provavelmente, vai precisar de muito mais ajuda para atraí-la do que o contrário. Se você insistir em flertar com o Sr. Sem-graça, utilize qualquer uma das outras quatro técnicas de atração apresentadas nesta seção.

sação corporal", me dei conta de que, quando alguém se sente atraído por alguém e é tocado por essa pessoa, reage rapidamente tocando-a de volta. Se você estiver interessada em mim e eu tocar seu cotovelo ao explicar alguma coisa ou contar uma piada, é mais provável que você me retribua o toque logo em seguida. Como comentamos antes, na maior parte do tempo a comunicação não verbal, inclusive o toque, possui um significado muito maior do que o diálogo propriamente dito, já que é mais difícil de ser controlada.

Se ele a tocar, fique atenta a esse jogo e seu funcionamento, e tome sua própria decisão quanto ao melhor momento de tocá-lo de volta. Independente do quanto você se sinta atraída por ele, não faça isto o tempo todo, e tampouco evite terminantemente fazê-lo, a não ser que não sinta nenhuma atração por ele.

Faça charme

Muitos homens acham atraente ver a mulher brincar com os cabelos, lamber os lábios ou retocar o batom. Qualquer um destes gestos pode ser sutilmente sexy e aumentar o interesse que ele sente por você. No entanto, não exagere — algumas vezes durante toda a noite ou durante uma conversa são o suficiente, a não ser que você esteja planejando levar as coisas para o lado físico logo de cara.

Se um homem já decidiu que gosta de você e você quiser sexualizar a situação, descanse a mão na coxa dele e pronto. Mas se ele ainda *não* estiver seguro a seu respeito, é bem mais provável que consiga atraí-lo com insinuações de sexualidade sutis e "acidentais" como os exemplos acima do que conseguir despertar o interesse dele de repente com uma investida mais ostensiva. Já comentamos que a maioria dos homens gosta da ideia de estar no comando, mesmo que *você* saiba que, na verdade, quem está ditando as regras é você.

Se você for segura de si e de sua sexualidade e quiser ser um pouco mais arrojada do que apenas jogar o cabelo, porém, sem ser gritante, pode lançar a ele um Olhar Fixo de Sedução por Contato Visual Silencioso (veja o quadro a seguir).

> ### Olhar Fixo de Sedução por Contato Visual Silencioso
>
> Se você não gosta de fazer charme, tente isto: quando for sua vez de falar, mantenha contato visual e faça outra coisa — lentamente. Este procedimento é mais eficaz como resposta a uma pergunta ou a um elogio. Por exemplo:
>
> ELE: "Você é realmente interessante" ou "De onde você é?".
> VOCÊ: [Trave e mantenha contato visual acompanhado de uma expressão facial neutra ou de um sorriso muito leve; faça uma pausa de dois segundos.]
> VOCÊ: [Pegue o seu drinque. Use movimentos controlados, porém, não demasiadamente lentos. Não quebre o contato visual.]
> VOCÊ: [Leve o copo à boca com os mesmos movimentos controlados e contato visual constante. Mantenha o contato visual, porém, não há necessidade de nenhum outro floreio aqui, tipo tornar seu gole extrassensual ou provocante. Se você tiver seguido as instruções corretamente até aqui, já criou suficiente tensão sexual.]
>
> *Este procedimento completo deveria durar pelo menos cinco segundos.*
>
> VOCÊ: "Obrigada" ou "Boston" ou qualquer outra frase muito curta para responder àquilo que ele tiver dito. Deixe que ele continue a conversa normalmente.
>
> Você pode precisar treinar este procedimento algumas vezes antes de conseguir executá-lo com perfeição. Mas, uma vez dominada, é uma ferramenta que você deve usar com qualquer homem por quem se interessar (no máximo duas vezes com a mesma pessoa, embora uma única vez devesse bastar). É um golpe certeiro para deixá-lo excitado e intrigado.

Elogie

A esta altura da vida, você já deve ter se dado conta de que existe algo em cada homem que influencia muito as suas ações e até o coloca em confusões de vez em quando. Pode ser grande ou pequeno; não acredite no que ele disser até que tenha tido a oportunidade de verificar por si mesma. Independente do tamanho, os homens gostam que esse algo seja alisado. Mas seja delicada — essa é uma região que costuma ser surpreendentemente sensível.

É lógico que eu estou falando do ego masculino.

Elogiar um homem por quem você sinta atração é pura arte. Caso você não o conheça bem ou não o conheça, simplesmente, então sua presença, atenção e interesse na conversa funcionam como elogios; as técnicas já apresentadas nesta seção também o são. Você não precisa fazer sequer um único elogio verbal para encorajá-lo ou demonstrar o seu interesse. Em compensação, para alguém que você *já* conhece, o elogio certo pode ser útil para fazê-lo enxergá-la de outra maneira, ou para fazê-lo repensar a relação com você. Uma fórmula fácil é personalizar os seus elogios e sentimentos. Por exemplo, em vez de dizer "Eu me diverti", diga "Eu me diverti *com você*" ou "*Você é* divertido". Você pode substituir "Isto é engraçado" por "*Você é* engraçado".

Todo e qualquer elogio deve ser *merecido*, *específico*, e pode, se você quiser, também ser usado para *guiá-lo* em determinada direção. (Estes princípios se aplicam a paqueras e relacionamentos — na verdade, às relações interpessoais de forma geral —, e não apenas às situações iniciais de atração.) Os melhores elogios contemplam todas as três dimensões.

- **Merecido:** Elogie-o por algo que você realmente notou nele. Como mulher, você deve saber que nada parece mais insincero e faz você questionar alguém do que um elogio descabido. Não estou falando de coisas como "Você é bonita" num dia em que você não se sente bem consigo mesma; refiro-me a elogios que não podem absolutamente ser sinceros, como quando um homem diz que você tem uma personalidade incrível depois de falar com você por apenas um minuto. Como é que ele poderia realmente saber?
- **Específico:** Fazer elogios específicos os torna mais significativos, e também vai fazer com que eles sejam sempre merecidos. Se você gostar de um homem, não diga apenas "Você é ótimo"; pense no que é ótimo nele e diga-lhe isso. Se você o achar ótimo, mas não conse-

guir se lembrar de nada especificamente além do seu charme, isto é forte indício de que precisa conhecer melhor esse homem antes de deixar as emoções tomarem conta de você.

- **Diretriz:** Também é possível elogiar para encorajar determinados comportamentos ou traços de personalidade. Se você gosta de atitudes formais e apreciou o jeito como ele se pôs de pé quando você se levantou para ir ao banheiro, diga: "Você é um cavalheiro; eu gosto disto." Você vai reforçar esse comportamento no futuro. No que tange a elogios para guiá-lo, você pode até quebrar a regra que manda que os elogios sejam sempre plenamente merecidos. Por exemplo, suponhamos que você saiu com um homem que lhe interessa, mas está preocupada que ele queira ficar só por uma noite, e não é isso o que você quer. Elogie-o por ir devagar, talvez com uma colocação do tipo: "Eu gosto de falar com você. Você não é daqueles que só querem levar a garota para a cama já na primeira noite; sinto que você quer que a gente chegue a se conhecer. Eu gosto disso." Conclua com algum tipo de recompensa/toque, como colocar a mão sobre a dele, ou até lhe dar um beijo na face. Isto lhe comunicará que você gosta dele, porém, que não está interessada em fazer sexo no primeiro encontro. Fazer isto através de um elogio é melhor que dizer apenas "Eu gosto de você, mas não quero fazer sexo hoje à noite". Você não ficará constrangida se por acaso tiver interpretado mal as intenções dele, nem o constrangerá caso ele tenha interpretado mal as suas.

O *que mata a atração*

Ao observar mais de 100 mil abordagens, notei claramente que algumas coisas acabam de uma vez por todas com o interesse da maioria dos homens. Até Jesse — o cliente que anunciou estar "desesperado" no início do programa de treinamento — abandonou uma conversa com uma mulher muito atraente, na segunda noite de treinamento, porque ele "simplesmente sabia que ela seria um pesadelo". Na maior parte do tempo, as mulheres não têm a menor ideia do que fizeram para matar a atração.

Uma das formas mais fáceis para azedar as coisas é deixar a conversa tocar em assuntos errados ou se demorar neles, ou, melhor, errados para uma conversa inicial com alguém:*

- **Os problemas dele.** É mau sinal se ele mencionar os problemas dele ao conhecê-la e conversar com você. Independente de como o assunto veio à tona, não o perpetue agindo como terapeuta ou solucionadora de problemas, pois isto esgotaria toda a energia romântica e acabaria com o flerte.

- **Os seus problemas.** Pelo mesmo motivo acima exposto, porém invertido. Se você *o* colocar no papel de terapeuta e solucionador de problemas, as probabilidades são de que você perca a atração que sentia por ele.** Você também corre o risco de passar por negativa, deprimida e/ou autocentrada, o que não a ajudará em nada.

- **Namorados antigos.** Mesmo que ele fale sobre a ex-namorada e mesmo que pergunte sobre os seus ex. Não faz mal responder a algumas perguntas tranquilas e apropriadas, se quiser: há quanto tempo você está solteira, se vocês ainda são amigos ou mantêm contato etc. Mas se não quiser responder nem a estas, nem a nenhuma outra pergunta sobre ex-namorados, diga apenas que não gosta de falar sobre seus relacionamentos passados e que, mesmo que não estejam mais juntos, você respeita a privacidade dele exatamente como gostaria que ele respeitasse a sua. Esta resposta tem a dupla função de assegurar que você não é fofoqueira e que se relacionar com você não implica ter mil interferências em cada aspecto do relacionamento.

---

* Assim, a maior parte desses assuntos é tão ruim para um primeiro encontro quanto para uma primeira conversa com alguém.
** Esta é uma das razões pelas quais ensinamos os homens a mudar de assunto se você começa a falar dos problemas de sua vida logo no início da conversa: não por querer que os homens mostrem falta de empatia, porém porque esse tipo de assunto parece matar o clima romântico — especialmente do ponto de vista da pessoa cujos problemas estão sendo discutidos ou resolvidos ali.

- **Automóveis.** A não ser que vocês tenham se encontrado em uma feira de automóveis ou que tenha ficado estabelecido de qualquer outra maneira que você é fã de carros, tocar nesse assunto pode fazê-lo achar que você está acenando para a pergunta: "Que tipo de carro você tem?" Muitos homens têm um medo irracional de que as mulheres queiram dar o golpe do baú que se alimenta de qualquer coisa que aponte para o assunto carro. Ademais, automóveis não podem ser tão importantes a ponto de estarem em pauta quando você conversar com um homem que acaba de conhecer.

- **Demasiadas perguntas sobre o trabalho dele.** Se ele for apaixonado pelo trabalho, não há problema em deixá-lo falar a respeito, caso você esteja interessada. Porém, se ele disser que trabalha como executivo de marketing na empresa XYZ e as suas perguntas parecerem que você está tentando descobrir o status dele na empresa ou quanto ele ganha, os alarmes antigolpe do baú vão disparar. Mesmo que você esteja genuinamente interessada no trabalho do cara e não ligue para o dinheiro dele, não o force. Se vocês têm uma conexão, ainda haverá muito tempo para saber a respeito da carreira dele mais tarde.

- **Planos de vida de longo prazo.** Esta é uma questão delicada. É perfeitamente razoável que você queira saber quais são as intenções de um homem e o que ele quer; entretanto, se você está procurando, especificamente, uma relação de longo prazo com compromisso de casamento, seja delicada quando discutir os seus objetivos desde o início. Um homem pode compreendê-la por estar procurando alguém com quem estabelecer uma relação tão boa que o casamento seja a consequência natural. Contudo, se você passar a sensação de estar mais interessada em casar do que no homem que será o seu marido (traduzindo para o dialeto masculino: se você sai para arranjar marido do mesmo jeito que sai para comprar um móvel), ele, provavelmente, perderá o interesse — mesmo que também queira encontrar alguém por quem se apaixonar e com quem se casar.

- **Ter filhos.** Veja o item acima — substituindo "casar" por "ter filhos". É a mesma dinâmica. Porém, filhos já existentes são outra questão — mencione-os tanto quanto quiser. É possível que ele perca o interesse, mas é melhor que isto aconteça antes de você investir mais nele. E não, não seria uma falha moral da parte dele se não quisesse namorar alguém que já tem filhos; ele tem todo o direito de tomar essa decisão.

- **Falar demais sobre si.** As pessoas que falam muito sobre si mesmas passam por egoístas, autocentradas e sem habilidade social. Se você fica nervosa na presença de homens em quem está interessada, preste atenção redobrada aos assuntos que escolhe — é natural sair dando informações aos borbotões sobre si. Mas, em geral, não ofereça espontaneamente demasiadas informações; é melhor deixar que ele pergunte, e não faz absolutamente mal algum a mulher ser um pouco misteriosa ou deixá-lo querendo saber mais a seu respeito.

- **Desavença prolongada (e não engraçada).** Uma desavença não precisa girar em torno de nada sério ou significativo para acabar com o clima romântico; ela simplesmente precisa ser tratada com seriedade, e não com humor. A não ser que o motivo da discordância seja mesmo um divisor de águas para você, deixe a conversa séria para depois — mesmo que saiba que ele está errado e que você possa provar isto em dois minutos de pesquisa pela internet do seu celular.

SER UM DESAFIO

As pessoas valorizam o que conquistam pelo próprio esforço, mas não a ponto de continuar correndo atrás de você se isto parecer uma missão impossível. É importante que você se valorize representando exatamente a quantidade certa de desafio — o quanto depende do homem em questão. Se ele parecer um pouco tímido, sério, ou até mesmo um tanto atrapalhado, então, provavelmente, o simples fato de ter chegado a conversar com você deve ter sido bastante difícil. Permita que ele lhe mostre suas qualidades em vez de procurar dificultar as coisas ainda mais para ele. Porém, se estiver lidando com um cara bonitão, charmoso e autoconfiante, que desperta muita atenção, você pode colocar obstáculos em seu caminho todas as vezes que ele parecer se sentir à vontade. Se ele apresentar todas essas qualidades *e* estiver usando um tom de flerte, jocoso ou sexual, então, você deveria colocar obstáculos todas as vezes que ele até *pensar* em se sentir à vontade.*

Fazer-se de difícil deveria ser uma técnica presente no arsenal de toda mulher solteira por uma razão muito simples: funciona. Todavia, algumas mulheres consideram-na artificial ou manipuladora, e acho que existe alguma verdade literal nessa opinião. Eu tenho tido conversas similares com homens que me perguntam por que são eles que devem fazer a abordagem; no caso de uma mulher se interessar por um homem, por que ela não pode simplesmente abordá-lo? Além das razões biológicas que levam os homens a abordar e as mulheres a selecionar, também estamos lidando com convenções sociais.

Nosso mundo está repleto de convenções, muitas delas muito mais arbitrárias do que esta, e desempenham importante papel de sinalização. Se eu me candidatasse a um emprego e não me tivessem dito nada no sentido contrário, eu trajaria terno e gravata — não por ter predileção pela sensação de ter um pedaço de seda amarrado no pescoço, porém, porque é isto que se espera de mim. Eu não quero que meus potenciais patrões se distraiam tentando interpretar minhas escolhas de vestuário em vez de se concentrarem em quão maravilhoso eu sou; tampouco quero que se preocupem com quais outras convenções eu possa vir a desconhecer ou desprezar. Eu poderia não usar terno caso tivesse forte aversão ao seu uso, exatamente como você não precisa se fazer de difícil se detesta mesmo fazer isso. Contudo, caso optássemos por enveredar por esse caminho, o faríamos sabedores de que eu teria menos propostas de trabalho e você, menos escolha de homens.

---

* Óbvio que representar um desafio não é meramente uma técnica para ampliar o interesse dele por você; também é um subproduto natural do filtro a que você deveria estar submetendo-o. Você deve se certificar de que ele seja mesmo aquilo que você procura bem como descobrir o que *ele* quer; analisaremos este aspecto da filtragem no próximo capítulo.

Quando realizado de maneira correta, fazer-se de difícil é um ato de equilíbrio. Você quer encorajar o homem o suficiente para que ele continue buscando, mas não ao ponto de ele achar que está desesperada ou que ele se equivocou com você. Isto é verdade seja quando você procura pegar um homem só por uma noite, seja numa relação de longo prazo, ou qualquer coisa intermediária. Existem muitas maneiras de representar um desafio, que podem ser agrupadas em duas categorias bem amplas: passiva e ativa.

Passiva

Quase sempre você vai querer se fazer de difícil, pelo menos passivamente. Não deixe que ele perceba o quanto está interessada nele: tampouco se trata de fazer algo específico; antes, trata-se de *não* fazer coisas que você faria em outras circunstâncias. Por exemplo, espere que ele lhe peça o seu número de telefone, em vez de disponibilizá-lo logo. Eu bem sei que tenho advogado a favor de você dar uma chance para os caras que podem parecer um pouco atrapalhados na abordagem inicial, mas existem limites. Ele vai ter de lhe telefonar eventualmente, então, ele vai ter de achar um jeito de lhe pedir o seu número. Ademais, eu não estava querendo dizer que você devia sair com homens desajeitados, porém, que mesmo homens muitíssimo interessantes podem parecer um pouco sem jeito nos primeiros minutos. Após vocês terem estabelecido uma conversa normal, já não há mais desculpas para ele. Se continuar sem graça por uns vinte minutos, é bem provável que ele seja assim mesmo.

Aí vai outro exemplo: suponhamos que sua conversa com um cara seja interrompida por uma razão qualquer, como sua amiga arrastando você com ela ao banheiro por alguns minutos. Não reinicie a conversa com ele. Você pode sorrir, ficar por perto, pode até passar por ele, mas deixe que ele tome a iniciativa. O cara já se aproximou de você uma vez; ele pode repetir a dose.

Para sermos claros, fazer-se de difícil *não* significa que você nunca deva demonstrar interesse — faça qualquer uma das coisas que discutimos na seção anterior para atraí-lo e recompensá-lo, quando for o caso, ou todas.

A questão aqui é que você não deveria ter de levantar um dedo para fazer as coisas andarem. Isto é com ele.

Eu poderia aceitar uma única exceção a esta regra, caso sua logística seja particularmente complicada. Se você não tem certeza de voltar a vê-lo tão cedo, terá de equilibrar o jogo duro com alguma estratégia para ele pegar o número de seu telefone ou outro meio de contá-la. Na verdade, esse problema só ocorre quando se trata de um perfeito desconhecido, pois mesmo o amigo de um amigo de um amigo pode ser facilmente localizado. Entretanto, o homem em questão deparará com esse problema: se estiver interessado em você, precisará pegar o seu telefone antes que um de vocês vá embora. Pense que isso é problema dele tanto quanto possível, mas se você, inadvertidamente, tiver feito jogo duro *demais* e um dos dois estiver prestes a partir, então, seria perdoável você ir procurá-lo para se despedir e dizer que gostou muito de conhecê-lo. Se *isto* não for entendido como uma deixa para ele pedir o seu número de telefone, ele não deve querer mesmo.

Ativa

Fazer-se de difícil ativamente significa passar mensagens ambíguas para ele e colocar de propósito obstáculos no seu caminho quando ele sai no seu encalço. Com a maioria dos homens, você não precisa chegar a esse ponto. Contudo, para um determinado tipo de cara — particularmente os que estão acostumados a atrair a atenção das mulheres — você pode precisar enviar de forma ativa o tipo de mensagens ambíguas que o deixem absolutamente louco. Louco por você, claro. A exemplo da hipotética entrevista de trabalho que citei como exemplo, na qual eu gostaria que o entrevistador me associasse mentalmente a pessoas que compreendem as convenções sociais e conseguem funcionar em conformidade com elas, você quer que esse homem a compare com as mulheres atraentes por quem ele teve de batalhar, e não com as facilmente disponíveis (e, do mesmo modo, facilmente dispensáveis).

Nós já lhe apresentamos uma técnica de mensagem mista (Técnica Especial de Mensagens Mistas, na página 136, no Capítulo 6), e acrescentaremos mais algumas, mais adiante, quando falarmos sobre telefonemas e encontros. Por enquanto, vamos analisar de que outras maneiras você pode aplicar essa estratégia durante aquele encontro ou conversa inicial:

- Pelo menos no início, responda "ainda não" às tentativas que ele fizer para apressar o andamento das coisas com você. Se ele quiser dançar: ainda não, você está curtindo o seu drinque. Se ele quiser sair com você para um lugar mais tranquilo: você não quer deixar as suas amigas tão cedo. Se ele quiser o número do seu telefone: você não costuma distribuir essa informação logo de cara; por que vocês dois não passam a se conhecer um pouco melhor antes? E assim por diante. Um *ainda não* é muito diferente de um *não*, e é perfeito para encorajá-lo a seguir em frente, ao passo que o adverte de que terá que conquistar sua afeição.

- Fale com outras pessoas. Não permita que ele passe muito tempo sozinho com você, de forma fácil ou além do necessário. Faça-o competir pelo seu tempo e por sua atenção. Continue com as mensagens mistas; quando planeja cortar o *tête-à-tête* logo, você pode ser mais carinhosa ou atenciosa com ele durante a conversa. Sempre termine num ponto alto, o que o fará querer mais.

- Saia e volte. Em determinado momento, quando estiver quase certa de que ele está interessado em você, vá ao banheiro — mais uma vez, o ideal é deixar um clima. Ao retornar, "distraia-se" com uma amiga, outro homem ou qualquer atividade que estiver acontecendo perto do lugar em que o deixou. Faça com que ele retome a conversa com você. A diferença entre os modos de execução ativa e passiva é que na técnica ativa você, deliberadamente, dá um corte na conversação e pode até deixar que ele a veja conversando com outros homens depois. Porém, apenas falando; lembre-se, se ele a vir tocar em outro homem, provavelmente, perderá a atração por você.

Quero alertá-la neste minuto — você vai perder alguns homens ao se fazer de difícil ativamente. Talvez o seu Par Perfeito conheça a Rival e se encante por ela depois de você o deixar para ir ao banheiro ou para procurar suas amigas; ou talvez aconteça algum imprevisto e ele tenha de sair antes de pegar o seu número de telefone, cuja entrega você postergou. Com a prática, você desenvolverá uma intuição de exatamente quando, como e quanto deve se fazer de difícil. Embora seja inevitável que perca alguns no caminho, você permitirá que um número muito maior de homens de prestígio aprofunde e torne mais consistente a atração que sentem por você.

Lembre-se de que os homens também podem usar técnicas análogas com você; muitos homens de prestígio fazem isso naturalmente, e parte do treinamento de Love Systems consiste em inverter os papéis e fazer com que sejam vocês a persegui-los. Não raro, nessas situações eles flertam com outras mulheres, para provocar um pouco de ciúme e aumentar sua atração por eles. Uma cena desse tipo costuma causar grande impacto nas mulheres. Mas uma pessoa avisada vale por duas — você pode anular todo o poder dessa técnica simplesmente ignorando-a. Caso ele tenha o número do seu telefone, entrará em contato mais tarde, se estiver interessado. Caso ele não tenha o número, dê-lhe uma última oportunidade de pedi-lo no momento em que um de vocês estiver indo embora.

FIM DO JOGO

A conversa inicial só pode terminar de três maneiras. Vocês podem ir embora juntos, o que compreende qualquer coisa desde sair para jantar com um homem que começou a falar com você na fila de um café (o que em Love Systems chamaríamos de "encontro instantâneo") até ir para casa com alguém em busca de algo mais físico. Ou, então, você pode terminar a conversa sem sentir mais interesse algum por ele. Ambas as possibilidades são bastante simples, portanto, vamos focalizar uma intermediária, mais sutil, em que você *está* interessada nele e quer voltar a vê-lo, mas não vai embora com ele.

Como observamos, você tem muito mais flexibilidade no modo como flerta com um homem caso ele pertença ao seu círculo social ampliado, como um colega de trabalho, um colega de classe ou outra pessoa que você pode contar rever sem ter de se esforçar particularmente.* Você pode flertar, ser encantadora e se fazer de difícil na medida certa para o seu tipo de homem sem ter a preocupação de se vai ou não tornar a vê-lo. Você sabe que vai. Você pode concluir uma conversação com um homem assim num ponto alto de sua escolha — deixando-o querendo mais — sem ter de diluir o poder dessa técnica para lhe dar outra oportunidade de pegar o número do seu telefone antes que um de vocês vá embora.

Em contrapartida, se se tratar de um desconhecido ou de alguém que você não pode contar voltar a ver por acaso, então, o primeiro encontro pode ser tudo ou nada. Garantir que vocês dois possam se ver de novo é problema dele: ele tem de despertar o seu interesse o suficiente para conseguir o seu número ou planejar algo com você. Mas é um ato de equilíbrio da sua parte, porque, se você criar obstáculos demais, ele poderá achar que não está interessada. E, ao contrário dos homens que pertencem ao seu círculo social ampliado, vocês dois podem não se encontrar nunca mais. Quando encontrar um homem que realmente desperte sua curiosidade, se quiser se precaver contra esse risco, você pode tentar se ligar ao círculo social dele. Faça amizade com alguém que estiver com ele (por ordem de preferência: outra mulher, um homem gay, um amigo íntimo heterossexual). Não procure arregimentá-los para ajudá-la — eles vão contar ao amigo imediatamente e você vai ficar se sentindo como uma colegial. Em vez disso, faça amizade com todo o grupo, embora dando maior atenção ao "amigo do peito". Por meio dessa pessoa você poderá obter convites para eventos em que o seu xodó estará, ou convidar essa pessoa *e os amigos dela* para algum evento que você estiver organizando com os seus amigos. Se não for possível alavancar os amigos dele desse jeito, então, você ainda poderá tentar cruzar o caminho dele de novo, se prestar atenção quando ele contar sobre seu estilo de vida. Ele costuma frequentar a exposição de arte no centro da cidade toda primeira sexta-feira? Ele tem entradas para toda a temporada sinfônica, operística ou para assistir ao time de basquete local?

---

* "Flexibilidade" se refere aqui à logística que envolve uma troca de contatos e o voltar a se ver. Não estou dizendo que você possui mais flexibilidade *social* quando está flertando com pessoas que conhece do trabalho ou por meio de amigos etc., especialmente se essas pessoas são fofoqueiras e/ou preconceituosas.

Ou o lugar onde você acabou de conhecê-lo — ele costuma ir ali com frequência? Quando? Faça com que esse tipo de pergunta soe como parte normal de sua conversação, e não um protocolo a ser seguido rigidamente.

Aí vai uma última observação sobre números de telefone: não importa a situação, se você lhe der o seu número, pegue o dele também. Não é difícil. Depois de lhe fornecer o seu, peça: "E o seu?" Se ele hesitar ou se recusar, então, é quase certo que se trata de um homem comprometido; nenhum solteiro que estivesse interessado em você faria outra coisa senão lhe dar automaticamente o número, caso solicitado.* E você não está pegando o número dele para que possa ligar ou lhe enviar uma mensagem de texto primeiro, porém para que você saiba que é ele que está ligando. Assim, você pode decidir se quer atender suas ligações e quando (ver Capítulo 10 para mais detalhes a este respeito), e evite aquele início dolorosamente esquisito do primeiro telefonema, em que ele tenta fazê-la lembrar de onde você o conhece. Nesse contexto, se você tende a conhecer muitos homens, salve o contato de um jeito que lembrará de quem se trata, tipo "Jerry advogado" ou "Mike, da Adega Tal".

---

* Não, você não pode usar isto como um teste. Um homem comprometido pode lhe dar o número dele mesmo assim.

Capítulo Nove
Selecionando

Até agora estivemos falando sobre homens em que você está ou não interessada, sem de fato estabelecer o que é que você está procurando ou como saber se eles atendem aos seus critérios. Para complicar as coisas, vimos que as pessoas, frequentemente, não sabem o que querem de verdade, nem o que as sensibiliza. Isto posto, tenho certeza de que você sabe melhor que *eu* os detalhes e as particularidades que aprecia em um homem; portanto, tomaremos os seus critérios como ponto de partida e veremos como analisar um homem e verificar se ele passa pelo seu crivo.

Nós já comentamos sobre a necessidade de selecionar um pouco, porém com o objetivo de se passar por difícil e ser vista por ele como um desafio. Essas técnicas de triagem são necessariamente óbvias e explícitas, mas não são as únicas disponíveis; você também pode ser sutil e selecionar com base na observação. Você deveria lançar mão de ambos os modos para descobrir o máximo que puder sobre o homem pelo qual se interessa.

Selecionar é mais importante se você procurar alguém para sair ou para se relacionar a longo prazo, mas isto não significa que deva dispensar esse processo caso encontre alguém com quem só tenha interesse em ficar uma noite. Por exemplo, se ele pertencer ao seu círculo social mais amplo, pergunte se já ficou com alguém que você conhece. Se ele começar a enumerar nomes, você saberá que não pode contar que ele fique de bico fechado.

Você pode até nem ligar para discrição, mas, se for importante, que seja um critério de seleção.

Elabore uma lista contendo de cinco a dez itens que você queira saber sobre um homem que se interessar por você. Desde que você se abstenha dos matadores de atração de que falamos antes, qualquer coisa servirá. Você só está aberta para alguém que queira um relacionamento sério? Se for, acrescente à lista. Você só se relacionaria com alguém de sua própria religião? A lista é sua; você não precisa mostrar, explicar ou justificar para ninguém. O seu ex-namorado a enlouqueceu assistindo a partidas de futebol o dia inteiro ao ponto de você querer que o próximo cara com quem sair, mesmo sem compromisso, não goste de esportes? Ponha essa característica na lista também. Ou, talvez, algumas coisas a levam a excluir de vez qualquer possível relacionamento. A primeira vez que Edward e sua esposa se encontraram, ela perguntou se ele gostava de animais. Ele respondeu: "Não, com exceção de cachorros." Isto bastou para ela, pois tinha dois labradores que não trocaria por homem algum. Mais tarde ela contou para ele que começara a perguntar isso logo de cara, depois de ter passado inúmeras vezes pela experiência de constatar a incompatibilidade apenas na segunda ou terceira vez que saía com alguém.

A lista só tem valor se for utilizada. Se você estabeleceu cinco itens que quer num potencial interesse amoroso, assegure-se de verificar se o homem passa por esse seu crivo. Se você enfrentar dificuldades para usar a lista ou se lembrar do que há nela na hora do vamos ver, salve-a no seu celular como e-mail ou mensagem de texto, ou até mesmo numa nota. Quando percebe que está ficando interessada por alguém, verifique o seu celular para recordar os itens que precisa checar.

Quando formular perguntas com a intenção de selecionar, tome o cuidado de fazê-lo de tal maneira a não revelar a resposta que desejaria ouvir. Se você quer um homem com estilo de vida ativo, pergunte o que ele fez no último fim de semana ou o que faz para se divertir, em vez de indagar se ele prefere sair ou ficar em casa. Se você estiver cansada de filhinhos da mamãe, pergunte abertamente sobre a família dele. Não é que os homens queiram enganá-la (alguns sim, claro), mas quando se conversa socialmente, é natural que se vibre e se procure coisas em comum, e que se minimize o conflito. Em outras palavras, quando você aplica um teste, é natural que a pessoa testada queira passar.

SELECIONANDO EM BUSCA DE QUALIDADES PESSOAIS

No que diz respeito a selecionar homens, você deve se ater aos seus critérios para ser bem-sucedida. Não há praticamente qualidade alguma que não possa ser determinada ao fazer as perguntas certas. Eu fico louco quando vejo pessoas, especialmente mulheres, que repetem os mesmos padrões autodestrutivos no que diz respeito à escolha de parceiros, ao passo que isto poderia ser inteiramente evitado. Não permita que os seus desejos obscureçam seu raciocínio crítico. Acima de tudo, não descuide ou mude os seus critérios para ajudar um homem por quem se sinta atraída a passar pelos seus testes. Você não tem como saber se ele vai ser mesmo um namorado perfeito, porém, deve se certificar de não estar desconsiderando nenhum indício que aponte claramente que ele não será. Muitas mulheres cultivam a impressão de que podem mudar ou "consertar" os homens com quem se relacionam. Falaremos mais sobre relacionamentos no Capítulo 11, mas, até lá, saiba que se você entrar em um relacionamento com essa intenção, estará semeando tempestade. Não raro, os homens mudam *de fato* quando têm um relacionamento, mas a iniciativa tem de vir deles. Não há homem que queira ser considerado por sua parceira como algo a ser consertado. Quando Samantha de *Sex and the City* descreveu seu novo interesse amoroso exatamente nesses termos, Carrie chamou sua atenção: "Querida, ele é um homem, não um bloco de arenito."

O teste instantâneo para detectar mentiras

E os homens que são completamente falsos? Dizem uma coisa, porém fazem outra, deixando você magoada, confusa ou apenas aborrecida. Não seria ótimo se, ao sair para conhecer homens, você pudesse levar um detector de mentiras? Um equipamento gigantesco e mais um técnico para operá-lo seriam fora de questão; portanto, você precisaria de algo invisível, que pudesse usar sozinha, sem que a pessoa percebesse. Quanto pagaria por um dispositivo assim? Esta não é uma pergunta retórica. Escreva o valor num cheque com fundos e mande-o para mim, aos cuidados do editor. E isso porque estou prestes a lhe fornecer exatamente essa ferramenta, agora. Você precisa apenas dos seus olhos. Os investigadores da polícia usam essa técnica o tempo inteiro.* Aqui está:

PASSO 1: Pergunte algo que requeira que a pessoa pense e use a memória, como o que ele comeu no almoço ontem. Tem de ser uma pergunta que exija uma resposta detalhada, e não uma que possa ser respondida por sim ou não. Observe os olhos dele com atenção. Eles deveriam se mover para o lado direito (à sua esquerda).** Se não conseguir reparar no movimento dos olhos dele, pergunte algo que requeira a memória visual, como a cor da primeira casa em que se lembre ter morado. Os olhos dele deveriam se mover mais visivelmente para cima e para a direita, facilitando sua observação.

PASSO 2: Faça uma pergunta que o obrigue a pensar e usar a imaginação, como visualizar um polvo dirigindo um carro, e descrever a cena para você. Certifique-se de formular uma pergunta puramente imaginária; se você lhe pedir para visualizar a casa dos sonhos, ele pode acessar a memória para responder à pergunta, lembrando elementos de casas que viu e de que gostou. A exemplo do passo anterior, evite perguntas com respostas sim ou não.*** Os olhos dele deveriam se mover para o lado esquerdo (o seu direito).

Estes dois passos estabelecem um padrão para o movimento normal dos olhos dele. Os olhos de algumas pessoas não obedecem ao padrão acima e, em alguns canhotos, ocorre a inversão do sentido do movimento ocular. Estes primeiros dois testes são realizados para verificar se os olhos se comportam de forma normal.

---

* SIMON, David. *Homicide: A Year on the Killing Streets* [Homicídio: um ano nas ruas mortíferas]. Nova York: Houghton Mifflin, 1991.
** Este "para o lado direito" inclui para baixo e para a direita; para cima e para a direita ou reto para a direita. A posição ou o movimento vertical dos olhos dele é irrelevante no que tange ao teste (simplificado) para detectar mentiras.
*** Com perguntas que exigem resposta de tipo sim ou não, você verá frequentemente (porém não sempre) um mentiroso fechar os olhos brevemente, por talvez meio segundo, antes de responder.

Passo 3: Faça a pergunta que você realmente quer que ele responda. Mais uma vez, certifique-se de que ela obtenha uma resposta extensa, e não uma que possa ser respondida por sim ou não. "O que você fez ontem à noite?" é muito melhor que "Você me traiu?" ou "Você está mentindo?". Agora, você poderá interpretar a resposta com base no movimento dos olhos dele, comparando-o com o padrão normal de movimentos oculares que você estabeleceu antes. Uma resposta honesta requer a memória dele e, portanto, os olhos deveriam se mover para o lado direito. Uma resposta que utilize a imaginação — normalmente, uma mentira — deveria levar os olhos a virarem para a esquerda.

Além disso, fique atenta a indicadores de desonestidade que podem estar associados a padrões insólitos ou mudanças na fala dele. Todos os exemplos listados abaixo ilustram possíveis respostas à pergunta: "Você é casado?"

- Ele repete a pergunta: "Se eu sou casado? Não."
- De repente, ele evita elipses: "Não, eu não sou."
- Ele acrescenta detalhes desnecessários: "Eu namorei uma mulher por seis anos e terminamos agora, na primavera... Eu tinha pensado em pedi-la em casamento, mas, no fim, simplesmente não deu certo."
- Em vez de responder diretamente, ele formula a resposta de forma implícita: "Eu já não teria dito alguma coisa se fosse casado?"
- De repente, ele começa a falar mais rápido.

Use de discernimento. Até um polígrafo profissional com a mais avançada tecnologia acerta menos de 95% das vezes; tanto que ele não gera provas admissíveis pela justiça. Já que você utiliza técnicas muito mais simples e não passou por nenhum treinamento, acertará menos ainda. Lembre-se de que se trata de indícios, não de provas.

SELECIONANDO EM BUSCA DE QUALIDADES PARA RELACIONAMENTOS

Além de verificar suas qualidades pessoais, você deve querer saber se ambos estão procurando ou estão abertos para o mesmo tipo de relacionamento. A disparidade de expectativas ou objetivos costuma ocorrer por duas razões.

A primeira possibilidade é que você agiu de forma passiva demais ou não realizou a seleção de maneira correta. Se você desejar um relacionamento de longo prazo, porém passar todos os fins de semana matutando sobre por que o cara com quem ficou na noite anterior não telefonou, então a culpada é você mesma. O mesmo acontece se todos os homens com quem sair agirem como pombinhos enamorados e a fizerem se sentir sufocada, quando você não tem tempo para relacionamentos e tudo o que quer é sair por aí, conhecer pessoas e se divertir. Em ambas as situações, uma seleção eficaz em busca de qualidades para relacionamentos pode lhe poupar tempo e desapontamento.

Isto posto, é normal e legal estar aberta a diversas possibilidades, dependendo da pessoa e da química entre vocês. Às vezes, as melhores experiências e ligações advêm da espontaneidade e receptividade. Assegure-se, porém, de se mostrar afável por estar se sentindo assim, e não porque um homem excessivamente charmoso a fez se sentir assim, ou porque você não quis magoar os sentimentos de um cara doce demais.

A segunda possibilidade é que você não queira de fato o que acha que quer. Neste caso, suas ações e especialmente sua comunicação não verbal falam por você, em geral contrariando o que você está dizendo ou pensando. Isto acontece com frequência quando você permite que outras pessoas influenciem os seus objetivos. Por exemplo, minha amiga Donna costumava se culpar e se sentir mal consigo mesma a cada dois ou três meses, quando voltava para casa e transava com um cara que ela acabara de conhecer. Ela julgava que estava solapando suas próprias chances de estabelecer e curtir um relacionamento de longo prazo. Na realidade, porém, ela interiorizara tantos preconceitos e culpas de sua família, relativamente ao sexo, que relutava em admitir para si mesma que gostava da espontaneidade e da diversão de uma transa ocasional. Assim que se deu conta de que estava aberta a uma série de possibilidades, passou a conseguir lidar com os homens do jeito *dela*. A solução encontrada por Donna foi selecionar para algo físico os homens que a agradavam fisicamente, mas que poderiam não ser adequados para um relacionamento, ao passo que aqueles que demonstravam ser mais profundos eram selecionados de acordo com suas qualidades para relacionamento.

Agora, vamos ver como fazer isso.

Se você almejar um relacionamento de longo prazo

Se você está selecionando homens para um relacionamento de longo prazo, provavelmente, terá de ignorar alguns dos seus instintos. Muitos homens que procuram um relacionamento duradouro não têm experiência em abordar e atrair uma pessoa completamente desconhecida. Lembre-se de que a maioria das mulheres atribui aos homens um "não" ou um "talvez" nos primeiros trinta a noventa segundos após a apresentação. Que tipo de homem é excelente em romper barreiras sociais, chegar até você (e qualquer outra pessoa com quem você esteja) e causar uma excelente impressão num intervalo de trinta a noventa segundos? Alguém que já fez isto antes — e muitas vezes. A maioria dos homens com esse perfil *não* está procurando uma relação monogâmica com compromisso; portanto, se esse for o seu objetivo, conceda pelo menos alguns minutos aos homens que você conhecer antes de decidir se quer ou não conhecê-los melhor.

Se quiser testar a disponibilidade de um homem para um relacionamento de longo prazo, espere ter consolidado a atração que ele sente por você e, então, surpreenda-o com algumas perguntas sobre sua vida amorosa:*

- "Você tem namorada?"/"Você está saindo com alguém?"
- "Quando foi que você namorou pela última vez?"
- "Quanto tempo durou?"
- "Por que terminou?"
- "Você saía com outras pessoas?"

Se tiver interesse por você e estiver pelo menos aberto a uma relação de compromisso, ele responderá a estas perguntas. Pelo menos, o fato de ele ter tido ou ter buscado estabelecer relacionamentos sérios nos últimos tempos lhe fornecerá um ponto de partida para perceber quais são as intenções dele. Se esse não for o caso e ele nunca tiver desejado nenhum compromis-

---

* A título de esclarecimento, perguntar sobre os seus relacionamentos não conta entre os matadores de atração mencionados no capítulo anterior. *Você* falar sobre os *seus próprios* ex-namorados é que mata toda a atração; perguntar para ele algumas coisas simples sobre o seu histórico amoroso é tão somente um bom processo seletivo.

so, porém estiver presentemente procurando uma relação romântica e duradoura, ele identificará o conteúdo de suas perguntas e reconhecerá por si mesmo que as prioridades mudaram. Em um primeiro momento, alguns homens poderão dar respostas engraçadas ou ridículas para essas perguntas. Isso não é, necessariamente, mau sinal, mas se você pediu determinada informação diversas vezes, de várias maneiras diferentes, e ainda não conseguiu entender seu histórico recente de relacionamentos, bem, então, essa evasão já lhe diz tudo o que precisa saber.

Não crie desculpas para ele a essa altura. Com demasiada frequência as mulheres ficam tão atraídas por alguns aspectos da personalidade de um homem e/ou pelo seu físico, e querem tanto que suas demais características ou objetivos de relacionamento se encaixem em seus critérios, que ignoram ou distorcem as evidências que lhes mostram o contrário. Novamente, apele para seu discernimento crítico, e não para o mundo dos seus desejos.

Por outro lado, não exclua homens desnecessariamente. Só porque um cara ficou com várias mulheres diferentes há pouco tempo, algumas mulheres concluem que ele não está interessado nem aberto a um compromisso, o que não é necessariamente verdade. Os objetivos dele podem ter mudado ou, talvez, aquelas outras mulheres não fossem do tipo com que ele se relaciona, ou vice-versa. A maioria dos homens fixa padrões mais elevados para uma namorada potencial do que para uma transa potencial. Assim, um histórico desse tipo pode causar ceticismo, porém, não deveria ser motivo de repúdio.

De maneira análoga, só porque um homem tenta ter alguma coisa física com você não quer dizer que ele não esteja interessado do ponto de vista romântico. Tipicamente, um homem que considerar você uma potencial candidata a namorada se mostrará muito interessado em pegar os seus contatos e/ou marcar um encontro. Mas se ele estiver tão interessado em você, seria natural — pelo menos, para alguns homens — que também quisesse transar uma vez, ou mais. (Você gostaria que seu futuro namorado sentisse atração física por você, certo?) Talvez ele seja menos preconceituoso e machista que a maioria e não exclua você como potencial namorada só porque você ficou logo com ele. Homens assim não constituem exatamente a norma, mas, às vezes, relacionamentos podem *de fato* começar com uma explosão precoce de paixão física. Assim, mesmo que você tenha ido para a cama com ele logo no início, não é necessariamente uma causa perdida. Isto posto, se ele estiver realmente interessado em você, respeitará os seus limites.

Se você estiver somente querendo sair sem compromisso

Talvez você não esteja procurando um namorado neste momento, mas goste de sair mesmo assim e passar algum tempo com homens que considera interessantes. Selecionar homens assim é um pouco diferente de selecionar potenciais namorados. É possível que a sua cara-metade ideal no longo prazo seja um amante do ar livre, para que não se aborreça todos os anos quando você gosta de acampar no verão, mas isso pode não ser um fator importante quando você está selecionando um cara divertido para sair. Você pode considerar que um pouco de falta de jeito talvez seja engraçadinho ou até charmoso em um namorado potencial, mas que essa qualidade o tornaria inibido demais para alguém com quem você só quer sair sem compromisso.

Se você quer sair sem compromisso, também pode infringir a regra geral que manda não deixar que ele a veja flertando com outros homens. Em tais circunstâncias, uma *pequena* dose de flerte servirá de estímulo positivo (e criará expectativas) para uma relação sem compromisso e também para sinalizar que:

- Você não é o tipo de mulher que vai ficar do lado do telefone esperando que ele ligue.
- Só porque ele pediu o seu telefone ou a convidou para sair não significa que você vai evitar outros homens.
- Ele precisa se esforçar ao máximo para sustentar o seu interesse e a sua atenção.

Se você só está querendo fazer sexo

Selecionar homens para fazer sexo é fácil; você deveria poder confiar total e inquestionavelmente nos seus instintos nessa questão. Se você tiver a sensação de que gostaria de partir para o lado físico com alguém que conheceu, então, provavelmente, será assim.

Criar expectativas nesse contexto também é relativamente tranquilo. Seja física, toque nele, converse sobre sexo e faça insinuações. Concentre os elogios em suas características físicas (o ideal é se ater à região abaixo do pescoço, embora sobre os lábios também funcione — já exaltar seus olhos ou cabelos soa mais ambíguo) ou diga a ele que você gosta de sua autoconfiança ou sensualidade. Pergunte o que ele vai fazer "mais tarde". Se esse toque não resolver, a situação vai ficar complicada.

Se ele agir da mesma forma, também talvez esteja procurando sexo casual, sobretudo se no início da conversa pareceu estar bastante interessado em sua logística — com quem você foi, como chegaram, onde você mora e assim por diante. Se você souber onde procurar, poderá quase ver as engrenagens rodando na cabeça dele, tentando definir exatamente onde e quando vocês dois poderiam teoricamente fazer sexo. Você pode responder com honestidade ou, se preferir, pode testá-lo. Crie uma situação que seria impraticável do ponto de vista logístico — por exemplo, se vocês estão em uma boate, diga que você é a motorista de plantão e terá de levar todas as suas amigas para casa no fim da noite, num subúrbio distante, e que terá de acordar às 6 horas da manhã no dia seguinte. Se ele ainda estiver conversando com você cinco minutos depois, isto, *provavelmente*, significa que ele está disposto a algo mais do que apenas fazer sexo casual com você.

Capítulo Dez

Saindo

Quando você e um homem chegam a se conhecer e você gosta dele, em geral o próximo passo é vocês se encontrarem. Um encontro é qualquer oportunidade em que você e um potencial parceiro amoroso e/ou sexual planejam se ver — vocês não precisam assumir isso como um compromisso, nem precisa ser um encontro apenas entre vocês dois. Vamos analisar o processo de sair a partir de dois ângulos distintos: os próprios encontros e todos os telefonemas e outras comunicações que acontecem antes do primeiro encontro e entre os encontros subsequentes. Começaremos com esta última categoria, já que é ela que abre todo o processo. Ele precisa entrar em contato com você para marcar o primeiro encontro, certo?

TELEFONEMAS E MENSAGENS DE TEXTO

Suponhamos que você conheceu um cara legal, teve um papo maravilhoso com ele e lhe deu o número do telefone. O que vai fazer agora?

Absolutamente nada.

Se ele estiver mesmo interessado por você, vai dar o próximo passo. Entendo que esperar pode parecer frustrante ou aviltante, porém, mais uma vez, estamos lidando com convenções sociais e poderosas associações. Como vimos, a maioria dos homens acha que as mulheres em que vale a pena investir são, sobretudo, as que ficam na delas; já as que os perseguem explicitamente depois do primeiro encontro tendem a ser mais desesperadas e/ou menos desejáveis. Esta descrição pode não se aplicar a você, especificamente, mas ele pode escolher não pagar para ver em função da impressão que você passe para ele. Nossos cérebros procuram padrões, que eles utilizam para simplificar a tomada de decisões. Se as últimas dez mulheres com quem um homem saiu o procuraram primeiro e acabaram não correspondendo à sua expectativa, no futuro ele, provavelmente, não mais investirá muito tempo ou energia em qualquer mulher que proceda dessa maneira.

Claro que isto pode levar a um beco sem saída. Se ele não entrar em contato depois de conhecê-la, o seu interesse não é, provavelmente, tão grande assim. Se você o assediar, a probabilidade é ele ficar menos interessado ainda, e nada acontecerá entre vocês. Mas se você não o perseguir, você, provavelmente, não voltará a vê-lo e, de qualquer maneira, nada acontecerá entre os dois. Agora você deve estar pensando: então, por que não arriscar? Trata-se de uma situação análoga à que os homens enfrentam quando uma mulher não atende nem retorna o seu telefonema. Ele pode tentar ligar mais algumas vezes, mas logo tudo vira um impasse. Na realidade, isso pode acontecer mesmo que o interesse da mulher seja genuíno; a ligação pode ter ocorrido num momento ruim, gerando uma chamada perdida e não retornada. Se o homem continuar insistindo, ela pode começar a questionar tamanha persistência; mas se ele não o fizer, ela o esquecerá. Essa situação nos leva a encorajar os homens, em especial os mais jovens, a enviar, primeiro, uma mensagem de texto, em vez de ligar. Mensagens de texto são menos importunas e mais fáceis de responder, criando um ímpeto emocional positivo imediato.

Mensagens de texto versus telefonemas

Muitas mulheres costumam perguntar o que significa quando um homem envia mensagens de texto em vez de ligar, ou vice-versa. Em 99% das vezes, minha resposta é: "Provavelmente, nada." Claro, em última análise, um telefonema requer um esforço e um investimento maior, mas ligações não são uma condição necessária ou suficiente para indicar se as intenções de um homem são sérias. O fato de um homem escolher enviar uma mensagem de texto ou ligar depende muito mais de suas próprias preferências — ou do que ele ouviu dizer que era a coisa "certa" para aumentar suas chances com você ou até mesmo de como se configura o dia dele — do que da maneira como se sente em relação a você.

Por exemplo, eu vivo enviando mensagens de texto e quase nunca atendo ao telefone; inclusive, a mensagem na minha caixa postal solicita que as pessoas desliguem e me enviem uma mensagem de texto. Contudo, se eu estiver dirigindo por um longo tempo e não puder enviar mensagens, posso fazer algumas ligações. Por sua vez, Chris Shepherd, meu colega instrutor de Love Systems, costuma fazer contato com as mulheres por telefone; mas quando ele está ocupado, ou a bateria do celular, fraca, ou a ligação, ruim, Chris opta por enviar mensagens de texto. Isto não tem nada a ver com nosso grau de empenho em conquistar determinada mulher, nem com as intenções que alimentamos a seu respeito. Eu garanto que jamais ouvi um homem dizer: "Karen tem potencial para ser minha namorada, então, vou ligar em vez de mandar uma mensagem de texto."

Ah, e quando digo para "não fazer nada" quero dizer não faça nada que o leve a achar que você está especificamente tentando estabelecer um contato. Não ligue, não envie mensagens, não o adicione nem envie mensagens pelo Facebook e assim por diante. Você pode responder a qualquer iniciativa dele, é claro, e vamos tratar deste assunto logo adiante. Você não precisa matar aula ou fingir que está doente para evitá-lo, nem parar sua rotina normal. Se não for óbvio demais para ele, você pode até aparecer num lugar onde acha que ele vai estar. Contudo, seja sutil; como já observamos, quase sempre a melhor maneira de você realizar os seus objetivos de relacionamento é *aparentar* não estar tentando.*

Depois de uma semana, se ele não tiver entrado em contato e não houver nenhuma outra perspectiva de encontrá-lo casualmente, então, se quiser, tente fazer contato. É provável que isso não faça a menor diferença —

---

* Pois é, isto pode parecer machismo. Não causa surpresa que uma sociedade que ainda não se libertou completamente do machismo produza convenções sociais que são essencialmente machistas. Diga-se de passagem que nem todas as convenções sociais baseadas no gênero são contra você. Você gostaria mesmo de ter sempre a responsabilidade de se aproximar e quebrar o gelo, por exemplo? (Veja Capítulo 6, "Por que a ansiedade de abordagem?".).

mas, pelo menos, você não estará negligenciando nenhuma possibilidade. Quem sabe? Talvez se trate mesmo de uma dessas raríssimas ocasiões em que ele de fato perdeu o seu número ou não salvou o contato corretamente.

Retomar um contato assim é toda uma ciência. Não ligue simplesmente para ele ou mande uma mensagem para dizer oi, e, muito menos, coloque-o na defensiva (dizendo, por exemplo: "Achei que você fosse me procurar..."). Aja como se nada de inusitado estivesse ocorrendo e convide-o casualmente a se juntar ao seu grupo de amigos para algum evento em que vocês irão de qualquer maneira. Por exemplo, se você o conheceu no Bar X e vai voltar lá daí a algumas semanas, pode enviar uma mensagem dizendo "Iremos ao Bar X de novo na sexta-feira; espero encontrar você por lá!". Este convite para que ele se junte a alguma atividade que você vai realizar de qualquer maneira é um encontro de tipo especial que canaliza todo o destaque social de volta às suas mãos — voltaremos ao assunto em um minuto.

O mais comum é que você não tenha de adotar medidas assim. Ele vai entrar em contato com você. Antes de vocês terem realmente tido um encontro, ele é quem deveria iniciar qualquer comunicação. Depois do primeiro encontro, sobretudo se ficou estabelecido que vocês provavelmente vão voltar a se ver ou a sair juntos, você passa a ter mais flexibilidade. Você pode ligar ou enviar uma mensagem de texto do nada, porém não faça isto toda hora. E o que é de suma importância: não faça isto apenas quando ele demorar insolitamente para ligar ou mandar mensagens; se ele reparar nesse padrão (e homens espertos reparam), deduzirá que você só está *tentando* se fazer de difícil, e com isto vai esvaziar a técnica de todo o seu poder.

Seguem algumas regras simples para ligar ou mandar mensagens de texto para ele. Essas regras constituem simples modelos, já que muitas mulheres não param de pensar nessas questões:

- **Não atenda todas as vezes que ele telefonar.** Algumas pessoas gostam de receitar fórmulas, como responder aos telefonemas dele só na metade das vezes, ou a duas de cada três chamadas, ou qualquer coisa que o valha. Acho isto rígido demais. O equilíbrio certo depende de você, dele e da situação. Por exemplo, a quantidade de chamadas perdidas será muito mais elevada se ele ligar todos os dias do que se for apenas uma vez por semana. Contanto que você trabalhe seguindo o princípio básico de não estar disponível demais para ele, estará tudo bem.

- **Retorne ligações perdidas somente de vez em quando.** Espere, primeiro, um dia ou dois, para ver se ele liga de novo.

- **Seja você quem conclui a maior parte das conversas, porém nem todas.** Se fizer isto sistematicamente, a maioria dos homens achará muito óbvio.

- **Para responder às mensagens de texto dele, demore pelo menos o mesmo tempo que ele leva para responder às suas.**

- **Não invista mais do que ele.** Evite enviar uma longa mensagem picada em cinco partes em resposta a uma mensagem breve.

- **Não mande duas mensagens seguidas.** Espere que ele entre em contato antes de enviar outra mensagem.

- **Ignore quaisquer dos conselhos acima quando contrariarem o bom senso.** Se vocês planejaram algo juntos às 20h e ele ligar às 18, atenda ao telefone. Ele, provavelmente, está ligando para confirmar, pegar o endereço ou por algum outro motivo relacionado ao encontro de vocês. As regras acima devem ser consideradas diretrizes, não uma camisa de força.

Quando você se sentir confortável aplicando as regras básicas acima, poderá utilizar com a máxima eficácia mais uma técnica devastadora: quanto menos tempo você dedicar a ele, tanto mais gentil e efusiva poderá ser. Durante uma conversa inicial, quando ainda estiverem aprendendo a se conhecer, você pode lhe consagrar dez ou 15 minutos no telefone — isto já demonstra bastante interesse. Depois de vocês terem conversado várias vezes e já terem saído juntos pelo menos uma vez, você pode variar a maneira como lida com as ligações dele. Se vai interrompê-lo em cinco minutos, pode passar aqueles cinco minutos falando empolgadamente do quanto está feliz por ele ter ligado e quanto você se divertiu com ele. Você pode até mesmo atender ao telefone mais ou menos assim: "Puxa, Paul, estou tão feliz que você tenha ligado! Eu estava justamente pensando em você, mas estou bem no meio de uma coisa aqui — posso ligar para você mais tarde?" Depois disso, espere alguns dias antes de retornar. Se ele não passar as 48 horas seguintes pensando em você, então, não é humano.

Quanto mais seguro de si e socialmente tarimbado ele for, tanto menos você deverá se mostrar interessada — especialmente se quiser ser considerada uma namorada potencial, e não parceira para uma transa casual. Demonstre que o visual dele, ou charme, ou seja lá qual for o seu atrativo, não é suficiente por si só; ele terá de conhecer você melhor e se esforçar para despertar o seu interesse. Em contrapartida, se você fizer o gênero garota tímida e um homem realmente doce a convidar para sair (mesmo que seja de forma um pouco desajeitada), será desejável que você perca algumas das ligações e das mensagens dele mesmo assim, mas não tantas como no caso da garota mais popular.

Por fim, manter contato com homens só é bom se isto parecer levar para algum lugar. Homens que se mostrarem dispostos a se envolver numa infindável série de conversas, flertando com você por mensagens de texto mas sem sequer acenar com algum projeto de sair com você provavelmente não a consideram uma namorada potencial — pelo menos, ainda não.

DURANTE O ENCONTRO

Bom, então, ele a convidou para sair — mas que tipo de convite? Não estou me referindo ao fato de ele ter sugerido um restaurante francês ou italiano, ou um filme em vez de um concerto. Refiro-me ao tipo de logística do encontro. A cultura popular reza que um encontro *de verdade* gira em torno de ir buscá-la num sábado à noite e levá-la para jantar. Algumas vezes, as coisas se dão assim; mas, em muitas outras, não seguem esse padrão — ainda mais hoje em dia. E isto faz diferença, já que encontros de diferentes tipos podem levar a resultados bem diferentes. Para que você consiga equacionar isso, passaremos pelo processo das "Quatro palavras--chave" da arte de se encontrar: Quem (vai estar lá)? Quando (vão sair)? Onde (será o encontro)? O quê (vocês vão fazer)?

Quem?

Talvez você esteja dizendo a si mesma: "Que pergunta é essa? Um encontro envolve duas pessoas, certo?" Normalmente, sim.

O que nenhum (outro) homem jamais lhe contará sobre como conseguir um namorado

Se você busca um relacionamento de longo prazo e com compromisso com um homem, deveria sair com diversos homens. Se você não tiver outros parceiros potenciais para sair, isto é sinal de que deve sair mais. Se você estiver saindo e flertando com um único homem, é mais provável que seja vista como uma pessoa carente ou que se fixa nos homens antes do que deveria — e, provavelmente, antes de você realmente estar querendo. Você sabe que esse comportamento não é atraente, pela própria experiência que teve com homens que eram afoitos demais com você.

Por que, às vezes, algumas pessoas demonstram interesse demais se estiverem dando em cima de uma única pessoa? É natural que haja momentos em que você queira estar com alguém, ou em que se sinta sozinha, ou queira flertar, ou em que você simplesmente está se sentindo feliz e afetuosa. Essas emoções podem ser desencadeadas por muitos fatores, entre outros, por mudanças de humor normais ou alterações hormonais. Em geral, as emoções não estarão relacionadas a um cara com quem você acabou de sair algumas vezes, mas se ele for o único homem de sua vida no contexto de um relacionamento amoroso, é quase certo que subconscientemente você atribua esses sentimentos a ele. Pelo menos algumas das experiências que você teve com homens afoitos demais foram ocasionadas pelo fato de você ser a única mulher com quem eles estavam saindo ou que lhes dava alguma atenção.

Ademais, o processo de se relacionar é semelhante ao de entrevistar namorados potenciais. Você não entrevistaria apenas um único candidato mesmo para o trabalho mais insignificante; então, por que deveria se restringir ao escolher um potencial parceiro de vida? Considere diversas opções e estabeleça padrões de comparação.

Entretanto, também aparecem encontros mais casuais. Talvez ele diga que está indo para algum lugar e a convide para ir junto; por exemplo, a um show, a um barzinho, a um piquenique no parque, ou fazer compras no shopping. Esse tipo de encontro é mais comum nos homens mais jovens, sobretudo em cidades universitárias ou grandes cidades, e requer especial atenção antes de prosseguirmos. Normalmente, elas *reduzem* o destaque social da pessoa que está acompanhando e *ampliam* o da pessoa que formulou o convite. Vamos supor que ele faça o convite e que você seja a convidada. Independente da atividade para a qual ele esteja convidando, você pode partir de dois pressupostos: ele vai ter alguma coisa para fazer e haverá por lá outras pessoas que ele conhece. Portanto, você estará disputando a atenção dele — não necessariamente com outras mulheres, mas disputando mesmo assim.

Você pode estar pensando: "E daí?" Ou "Eu ficaria simplesmente conversando com os amigos dele também" ou "Eu não disputaria a atenção dele; encontraria outro jeito de me divertir". E você bem pode estar certa, mas isto faria de você uma exceção. Nós estamos falando, aqui, de uma técnica de relacionamento Love Systems poderosíssima, que pode mudar significativamente o contexto de um encontro. Quando uma mulher disputa a atenção de um homem, ela costuma se sentir mais atraída por ele — a situação fica ainda mais destacada quando ele está à vontade porque o ambiente lhe é familiar (afinal, foi ele quem o escolheu), e você, não. Basta lembrar de programas de TV como *The Bachelor*. Você coloca umas vinte mulheres dentro de uma casa, com um homem, e restringe o contato com o mundo exterior. O que acontece? Elas vão competir por ele. Claro, esses programas são estruturados artificialmente, e os participantes têm suas próprias motivações, mas é mesmo impressionante como essas mulheres ficam focadas em conquistar a atenção e o interesse do homem. Se você colocasse essas mesmas vinte mulheres com o mesmo solteiro, dentro de uma boate lotada, eu me pergunto quantas delas gravitariam em torno do solteiro apesar de não haver mais competição direta.

Bem, mas só porque um homem sugere um encontro isto não significa, necessariamente, que ele esteja tentando manipulá-la. Provavelmente, não está. Talvez ele esteja genuinamente empolgado com a atividade em questão, nem sequer tenha lhe ocorrido sua dinâmica psicológica. Ou, talvez, vocês dois ainda não tenham chegado a se conhecer bem, e ele considere esse cenário uma forma de vocês dois passarem mais tempo juntos, sem nenhuma pressão, para ver como as coisas andam. Ou pode ser que a agenda dele esteja tão cheia no momento que esse tipo de encontro seja a única forma de ele rever você logo. É claro que ele teria de provar que tem intenção de arranjar um tempo para você se as coisas continuarem, mas, para um primeiro encontro, não há razão para você ficar ofendida; contudo, se vocês já tiverem saído e passado algum tempo juntos e ele ainda insistir em convidá-la para passar algum tempo com ele e os amigos, isto significa que ele gosta de você e quer exibi-la. Considere isso um elogio, e, *então,* diga quando vai querer ficar a sós com ele.

Seja como for, o cerne da questão é que o tipo de encontro de que estamos falando aqui sempre irá conferir mais destaque para ele e vai fazer você disputar sua atenção. Sendo assim, o que você deveria fazer? Se você está segura de que ele vai mesmo voltar a convidá-la para sair no futuro, pode escolher interpretar esse tipo de convite como uma indicação de que ele está ocupado e sugerir que ligue para você quando a agenda dele der um refresco. Não deve ter problema em você ir mesmo assim, se você gostar do cara e a atividade para a qual ele a convidou parecer divertida. O próprio fato de você compreender a dinâmica psicológica da situação fará com que a influência que exerce sobre você seja muito menor. Você também conseguirá diluir essa dinâmica de poder levando algumas amigas — inclusive algum amigo platônico, se quiser. (Antes de proceder assim, esteja absolutamente *certa* de que ele disse que os amigos dele também estariam lá. Você se sentirá um tanto quanto boba aparecendo com toda a galera num encontro que ele planejou como encontro a dois.)

Claro que você pode facilmente reverter essa situação. Quando ele a convidar para sair, você pode dizer que está ocupada naquele dia e sugerir que *ele* dê uma passada num lugar assim ou assado no dia tal. Esse tipo de encontro é bom quando você quer dispor de muita flexibilidade, e é especialmente valioso no caso de um primeiro encontro com um cara que você pode ter conhecido on-line ou depois de ter tomado algumas tequilas a mais. Se você não se sentir bem com ele, será muito mais fácil sair dessa situação, em vez de precisar fingir que recebeu uma ligação urgente de uma amiga. Também é o ambiente ideal se você não quiser fazer sexo com ele no primeiro encontro e não tiver certeza de poder resistir. Suas amigas podem atuar como um freio — muito embora haja outras maneiras de atingir o mesmo objetivo, conforme discutiremos em breve. Existe mais um motivo para optar por esse tipo de encontro: quando achar que se sente mais atraída por ele do que ele por você. As condições ficarão mais equilibradas e será muito mais difícil você passar por carente ou demonstrar que gosta demais dele. É difícil um homem impressioná-la quando está disputando sua atenção num ambiente em que você se sente em casa; portanto, se você sair de um encontro assim querendo vê-lo de novo, então, ele realmente tem algum charme ou certa conexão com você.

Anteriormente, aconselhei sugerir esse tipo de encontro quando um homem não tem entrado em contato com você. Agindo assim, dará o recado de que você ainda está interessada nele, ou que está aberta a várias possibilidades, mas que, se ele a quiser, terá de correr atrás, porque você não vai se jogar aos seus pés.

É claro que o encontro romântico "por excelência" ou "padrão" vai envolver somente você e ele, uma vez que ele tem por objetivo que os dois se conheçam melhor. É evidente que se o cara a levar ao restaurante preferido dele, poderá cumprimentar o porteiro pelo nome ou, se por acaso houver algum conhecido, podem acontecer algumas conversas paralelas, mas o objetivo central deveria ser vocês se conhecerem.

Quando?

Pelo menos no mundo ocidental, as convenções sociais determinam que a noite de sábado seja o momento privilegiado para sair, seguido de sexta-feira e, então, quinta, e assim sucessivamente até segunda-feira. (Domingo parece gozar de um status ambíguo, devido ao fato de também pertencer ao fim de semana.)

Os primeiros encontros acontecem frequentemente durante a semana. Isto posto, ele pode sugerir (e você concordar) marcar o primeiro encontro numa sexta-feira ou no sábado, caso seja o único momento que se encaixe na agenda de ambos, ou se vocês já passaram um bom tempo se conhecendo melhor (por exemplo, três horas durante o jantar de um amigo em comum *versus* vinte minutos numa happy hour), ou se houver um evento específico que interessa a ambos, como um concerto. A escolha da noite do encontro tem um ligeiro poder de sinalização. Quando um homem a convidar para sair no sábado à noite, significa que ele está dando alguma importância ao encontro. Se você aceitar o convite, está implícito que ele ganhou o direito ao sábado. Lembre-se disto quando planejarem algo.

Por vezes, você vai querer remarcar a data inicial do convite. Algumas mulheres fazem isso rotineiramente, e de caso pensado, para obrigar o homem a correr atrás delas um pouco, ao passo que outras têm mesmo outros compromissos no horário sugerido. Se você propuser uma nova data, faça-o de modo que a nova data caia numa noite menos nobre que a do convite original. Caso ele a tenha convidado para sair na quarta-feira à noite, mas você estiver ocupada, não sugira transferir para o sábado. E não discuta explicitamente esta dinâmica com ele; use este conhecimento apenas para tomar boas decisões quando marcarem encontros.

No que tange ao segundo e aos encontros ulteriores, você não precisa se preocupar tanto com a escolha da noite para sair; os dois estão querendo se ver, então se trata, basicamente, de acertar as agendas de ambos. Não obstante, o fato de ele *nunca* sugerir sair com você no fim de semana poderia significar que tem um compromisso ou que não a valoriza muito. Depois de alguns encontros, você, provavelmente, saberia se houvesse outras explicações possíveis — por exemplo, ele trabalha nos fins de semana, ou é o dia da visita dos filhos.

É evidente que nem todos os encontros se dão à noite. Ele pode convidá-la para almoçar, ir ao shopping ou dar uma volta pelo parque. O fato de ele escolher um encontro durante o dia sinaliza que, *provavelmente,* ele não está pensando em sexo, o que não significa dizer que, necessariamente, recusaria caso lhe fosse oferecida a possibilidade. Fora isto, não há muitas interpretações possíveis sobre um homem que sugira um encontro durante o dia, salvo, talvez, que seja provavelmente um cara ativo que não fica sentado em casa nos fins de semana (quando ocorre a maior parte dos encontros diurnos). Não há razão alguma para você se sentir ofendida ou diminuída; porém, a exemplo da dinâmica envolvendo as noites do fim de semana/dias de semana, se ele *jamais* a convidar para sair à noite, é razoável que você comece a se perguntar o que ele estará, de fato, fazendo à noite.

Onde?

Dependendo de onde vocês dois morem, a logística do encontro pode exercer um grande papel sobre o seu resultado. Consideremos duas situações, praticamente idênticas. Na primeira, o encontro começou quando vocês se encontraram num café qualquer. Na segunda, ele foi buscá-la ou você foi de carro até a casa dele, e daí ambos seguiram juntos para o café. Por causa desse único detalhe, qual é o encontro que, provavelmente, vai durar mais e se tornar mais físico? O segundo — por causa da determinação logística.

(Evidente que muitos encontros não vão envolver carros, sobretudo se ambos viverem próximos ou em cidades em que é mais comum ir a pé, pegar transporte coletivo ou andar de táxi. Todavia, a questão do carro pode surgir pelo menos algumas vezes, quando você vai sair, portanto, vale a pena discutir aqui a dinâmica da logística sob esse ponto de vista. Ademais, algumas dessas dinâmicas podem surgir, por vezes, sem estarem associadas a carros.)

Quando o encontro se inicia com ele indo buscá-la em casa ou você indo de carro até a casa dele, ele terminará, forçosamente, com um de vocês na casa do outro. Ou o homem lhe dá uma carona de volta para casa ou a leva até a casa dele, onde ficou o seu carro. A partir daí, não é incomum que a pessoa entre, tome um copo de água, use o banheiro etc.; assim, de repente, o encontro de vocês ganha um tempo suplementar. Ou seja, no fim do encontro, vocês estão juntos num lugar em que alguma coisa física pode acontecer. Mesmo sem carro, a mesma dinâmica pode ser criada, por exemplo, se ele a acompanhar para casa a pé, depois do encontro.

É óbvio que as pessoas também transam depois de encontros que *não* começaram na casa de um dos envolvidos. Mas pode ficar estranho sugerir ir para casa com alguém, e muita gente, especialmente as mulheres, prefere que o processo de sedução pareça espontâneo. No exemplo do café que vimos antes, é muito mais natural que um homem diga (e que a mulher consinta) "Vou deixar você em casa" do que "Eu sei que moro a vinte minutos de distância e na direção oposta à sua casa, mas, que tal cada um pegar seu carro e dirigir até minha casa para... uhmmm...

olhar minhas gravuras?". Ou, então, pegar o mesmo táxi, mesmo morando em direções opostas, ou até dar ao motorista um único endereço, em vez de dois.

Claro que, independente da logística, querer partir ou não para o lado físico depois de um encontro depende de você. Mas se você não quiser transar nesse encontro e não confiar na própria capacidade de manter a linha e/ou você não quiser lidar com o embaraço de declinar das insinuações físicas do cara, vai aprender a usar a logística a seu favor. Nesse exemplo, você configuraria o encontro de tal maneira a encontrar com ele em algum lugar e, consequentemente, não haveria razão alguma para ele ir até sua casa ou você à dele. De forma análoga, se você quiser encorajar a possibilidade de acontecer uma transa entre os dois — sem ser direta nem ele perceber que está a fim —, você pode fazer a logística inclinar a situação a seu favor. Caso ele sugira que vocês se encontrem em um restaurante, você pode responder que o seu carro está com defeito ou que já vai estar na vizinhança dele de qualquer maneira, ou qualquer coisa parecida, e pedir para irem juntos.*

Há muitos fatores envolvidos no modo como um homem planeja um encontro, mas poucos estão conscientes dessas implicações. Costuma ser um erro querer fazer deduções sobre as intenções de um homem a partir da natureza logística do encontro que ele sugere.

O *quê?*

Além de como organizar o encontro, também há a questão de o que vocês vão fazer exatamente. Algumas atividades têm mais chances de levar a uma maior atração do que outras. Entre elas, costumo incluir alguma forma externa de diversão — sobretudo quando faz você rir, ficar feliz ou carinhosa —, porém, que não limite o contato entre vocês. Espetáculos cômi-

---

* Não vai adiantar nada alegar que não sabe onde fica o restaurante ou como chegar ali; você simplesmente receberá instruções. A única coisa que conseguirá com isso é revelar que foi incapaz ou não teve vontade de procurar pelo restaurante on-line. O termo técnico masculino para uma mulher desse tipo é "princesa desamparada". E não é um elogio.

cos constituem um clássico exemplo. O espetáculo deve fazer vocês rirem juntos e se divertirem, e é notório que o fato de rir junto pode fazer as pessoas se sentirem mais próximas umas das outras. Ao contrário daquilo que acontece, digamos, no cinema, um espetáculo cômico deve incentivar a interação entre vocês entre um número e outro. Mas, diferentemente de um encontro para lanchar ou jantar, a interação de vocês não é a única forma de diversão, nem a predominante; os comediantes no palco se encarregam disso. Shows ou teatro de improvisação também podem apresentar uma dinâmica similar.

Além do mais, quanto maior a quantidade de atividades de que vocês participarem durante um encontro, e quanto maior o número de lugares a que você for com ele, tanto mais provável será que a atração entre os dois aumente. Podemos ter exatamente a mesma conversa sentados durante quatro horas em um restaurante, ou dividindo essas quatro horas e passando-as em vários lugares diferentes. Todavia, no último caso, nossos cérebros interpretam as diferentes atividades praticadas juntos e os diferentes cenários em que passamos tempo juntos como se de fato nos conhecêssemos melhor e por mais tempo do que na realidade.

Bem poucos homens estão conscientes da informação que acabei de apresentar aqui, portanto, ela não pode ser utilizada para inferir coisa alguma sobre as intenções dele com você. Porém, se você se sentir surpreendentemente atraída ou próxima de alguém com quem acabou de sair, a razão para tanto pode ser encontrada aí. Invertendo a situação, se você estiver muito interessada em um homem com quem irá sair, você pode procurar incorporar alguns dos elementos apresentados aqui no encontro dos dois — fazendo com que *ele* estranhe ainda não ter conseguido esquecer você no dia seguinte.

Quem paga?

Ainda falta tratar de uma questão tática, que diz respeito a dinheiro. Frequentemente me perguntam — tanto meus clientes homens quanto as mulheres — quem deveria pagar o quê num encontro. Seguem algumas regras simples:

- Você nunca tem obrigação de pagar coisa alguma nem em um primeiro, nem em um segundo encontro, se ele é que programou o encontro. Um homem que peça explicitamente para você pagar alguma coisa — sem você ter se prontificado — está sendo grosseiro. Se não tem condições financeiras para levá-la a um restaurante chique, ele deveria convidá-la para tomar um drinque ou para um piquenique no parque.
- Você nunca tem obrigação de pagar coisa alguma, em momento algum, se não participou da decisão. Se ele pedir uma garrafa de champanhe no bar, você deveria agradecer e elogiar sua generosidade, porém não é obrigada a rachar a conta.
- Se você não quiser correr o risco de ser considerada aproveitadora, evite sugerir programas muito caros caso não esteja pensando em se oferecer sinceramente para pagar a metade.
- Se você gostar dele e ele já tiver gasto bastante com o programa de vocês, então você pode pagar alguma coisa pequena; isto demonstrará que: a) você não é uma aproveitadora, b) você gosta dele e c) sabe se comportar. Se ele a levar a um show, por exemplo, compre a primeira rodada de drinques ao chegar ao local. Pague 100% de alguma despesa pequena, como uma rodada de drinques, em vez de tentar rachar uma conta mais cara, como a do jantar. Pois se tentar proceder assim com alguns homens você pode lhes passar a impressão de estar rebaixando a noite de "encontro amoroso" para "reunião entre amigos", caso *eles* considerem que os homens devam pagar as despesas dos encontros amorosos, ao passo que amigos racham a conta quando se reúnem.
- Qualquer homem que acredite que o dinheiro que ele gastou em um encontro deva influenciar o seu comportamento (particularmente no que tange a fazer sexo com ele) para além de gratidão e elogios, é um homem que você nunca mais deve ver e contra quem deve alertar as suas amigas.
- Depois de alguns encontros, é razoável que você contribua nas despesas que ultrapassem determinado valor, ou, pelo menos, que faça um esforço genuíno no sentido de pagar a conta algumas vezes, caso tenha condições financeiras para tanto. Ele bem que pode insistir em pagar tudo, de qualquer maneira, mas apreciará seu esforço sincero para colaborar.
- Se você o convidar para algum lugar, parta do pressuposto de que você vai pagar metade da conta.

- Como sempre, ignore qualquer uma das regras anteriores se contrariarem o bom senso ou a situação ímpar em que você se encontre. Se ele for muito rico e você for uma assalariada, você não vai poder contribuir com muito. Se você tem dinheiro, mas ele acabou de gastar todo o salário comprando entradas para levar você a um show de sua banda predileta, compre alguma coisa legal para ele mais tarde.

Na maior parte das vezes, as questões financeiras em encontros não giram especificamente em torno do dinheiro, porém das mensagens transmitidas por diferentes atitudes relativas ao dinheiro. O fato de um homem ter condições de pagar tranquilamente todos os drinques mais caros que uma mulher queira pedir em um primeiro encontro é algo irrelevante; pois, mesmo assim, ele não deixará de pensar que ela é uma oportunista que não o respeita se, quando a conta chegar, ela agir como se não tivesse absolutamente nada a ver com isso. Porém, se você der uma gorjeta ao manobrista depois do jantar, o valor que o seu acompanhante vai economizar não fará diferença alguma — mas vai passar a mensagem de que você o respeita e aprecia a generosidade dele.

TENDO "AQUELA" CONVERSA

Independente de quais forem os seus objetivos ao começar a sair com alguém — relacionamento de longo prazo, sair apenas casualmente ou amizade colorida —, é bom você reavaliar os seus sentimentos de vez em quando, para confirmá-los ou revisá-los caso seja necessário. Você pode ter conhecido alguém e ter pensado inicialmente que era o seu par perfeito, e agora achar que ele não é a pessoa com quem você assumiria um compromisso, embora julgue a sua companhia divertida. Ou, talvez, você descubra algumas qualidades em um homem com quem costumava sair muito casualmente que podem levá-la a considerar aprofundar o relacionamento com ele. E assim por diante.

Você também deve se assegurar de que ambos estejam querendo a mesma coisa. No caso de vocês saírem casualmente ou de amizade colorida, consulte o Capítulo 9 e estabeleça expectativas. Se um homem ultrapassar alguns limites (por exemplo, uma amizade colorida que começa a lhe enviar flores), você pode precisar lembrá-lo de que não está procurando uma ligação amorosa com ele no momento (ou jamais, dependendo do caso), mas, fora isto, não deveria haver problemas.

Já os relacionamentos monogâmicos de longo prazo e com compromisso assumido são diferentes.* Como é que você sabe que está em um relacionamento desse tipo? Porque você e ele tiveram "aquela" conversa: uma conversação explícita em que ambos concordaram que estão, de fato, juntos. Esta é mais ou menos a única maneira segura de saber que os dois consideram a relação da mesma forma. Nunca pressuponha. Aceito como alternativa razoável o fato de ele sempre apresentar você como namorada, ou — por que não? — um anel no seu dedo. E isto é só.

Meu ex-cliente Peter me contou o caso de uma mulher com quem ele saiu quatro vezes num mês. As coisas começaram a esquentar emocionalmente, e eles começaram a transar no segundo encontro, embora jamais tenham discutido em que pé estava a situação deles. Certa noite, ela o viu com uma mulher atraente e enlouqueceu; eles tiveram tamanho arranca-rabo que nenhum dos dois jamais procurou o outro novamente. Isto foi uma infelicidade, pois Peter estava realmente chegando ao ponto de querer assumir um compromisso com ela e deixar de sair com outras mulheres. Contudo, ao insistir em fazer cobranças injustificadas, ela pôs a perder a ligação que tinham.

Situações como a de Peter são mais comuns do que se imagina. Significativamente, elas só costumam acontecer quando a pressuposição coincide com os próprios desejos da mulher; algumas mulheres que presumem estar numa relação agem assim porque *querem* ter um relacionamento. Até aí, não há problema algum, mas não se pode inventar um sentimento e querer se dar bem com isso.

---

* Para simplificar estou presumindo que o relacionamento com compromisso de longo prazo que você quer seja também monogâmico. Isto não se dá por eu acreditar que a monogamia seja um componente necessário em uma relação compromissada de longo prazo (não acho), porém porque a monogamia é a expectativa padrão da maior parte das pessoas no que tange a relacionamentos desse tipo. É razoável imaginar que um homem que diz querer você como namorada está implicitamente propondo um relacionamento monogâmico, a não ser que ele explicitamente diga o contrário. De forma análoga, se você estiver procurando uma relação não tradicional — aberta, poligâmica ou qualquer outra —, cabe à *você* revelar este fato logo no início do processo de aproximação.

Quando dou palestras para grupos de mulheres ou quando trabalho com clientes femininas, elas frequentemente me fazem muitas perguntas sobre as potenciais exceções à regra: "Se vocês não conversaram sobre isso, vocês não têm um relacionamento." Eis as conjecturas mais comuns:

- Fazer sexo não quer dizer que vocês têm um relacionamento.
- Passar algum tempo com a pessoa todos os fins de semana não quer dizer que vocês têm um relacionamento.
- Ser apresentada aos pais dele não quer dizer que vocês têm um relacionamento.
- Ir a um ou vários grandes eventos como sua convidada (casamentos, por exemplo) não quer dizer que vocês têm um relacionamento.
- O fato de suas amigas dizerem que vocês formam um belo casal não quer dizer que vocês têm um relacionamento.
- O fato de os amigos dele dizerem que vocês formam um belo casal não quer dizer que vocês têm um relacionamento.
- Ele dizer o quanto a adora ou até a ama não quer dizer que vocês têm um relacionamento.
- O fato de um ou mais amigos dele (ou suas próprias amigas) se referirem a ele como seu namorado ou a você como a namorada dele não quer dizer que vocês têm um relacionamento.
- (Preencha o espaço) _____ não quer dizer que vocês têm um relacionamento.

Mais uma vez, o único indicador certeiro de que vocês têm um relacionamento é os dois terem estabelecido isto numa conversa explícita.*

De modo geral, são verdadeiros os estereótipos segundo os quais as mulheres tendem a valorizar mais que os homens os relacionamentos monogâmicos com compromisso e que, durante o processo de se conhecer, elas tendem a atingir, antes que os homens, o estágio de desejar um relacio-

---

* A título de esclarecimento: obviamente, muitos casais têm um relacionamento sem nunca terem tido essa conversa. Não estou afirmando que "aquela conversa" é a única maneira de entrar num relacionamento; estou dizendo que é a única maneira de ter *certeza* de ter um relacionamento. Trata-se de um assunto sobre o qual você deveria buscar ter clareza.

namento. E, do ponto de vista evolutivo/biológico, elas têm excelentes razões para tanto. Como uma mulher só pode ficar grávida de um só homem por vez, o interesse dela é que ele fique com ela para protegê-la e provê-la. Ela não ganha nada (do ponto de vista evolucionário) com a liberdade de ficar com outros homens. Mesmo depois de dar à luz, ela sabe que vai ter muito mais problemas para atrair um protetor/provedor para ajudar a criar o filho de outro homem porque esta situação constitui um impasse evolutivo para ele. Em contrapartida, o homem possui um incentivo biológico para multiplicar o seu sêmen amplamente, porque pode transmitir os seus genes através de diversas mulheres simultaneamente.

É óbvio que esse sentimento não se aplica a todas as mulheres — nem sequer se aplica a todas as mulheres que assumem ser o caso delas, já que algumas dessas mulheres estão reagindo às expectativas da sociedade, e não aos seus próprios desejos. Seja como for, o cerne desta dinâmica é que um homem que já tenha razoável experiência em relacionamentos, provavelmente, já se viu na situação de ser pressionado por mulheres para assumir um relacionamento com elas. É bem provável que suas associações referentes a ser pressionado e às mulheres que pressionam são negativas. Seja sutil.

Algumas mulheres justificam a pressão alegando que o homem deveria se sentir lisonjeado de ela querer ficar com ele. Se você é uma delas e ainda pensa dessa forma, agora, quando já estamos bem adiantados no décimo capítulo deste livro, então, provavelmente, eu falhei no meu trabalho. O mundo em que vivemos não é o do *deveria ser* e do *seria melhor se*. O que a maioria dos homens pensa *de verdade* quando está sendo pressionado por uma mulher é que ela está mais interessada em exibir um namorado do que em estar especificamente com ele.

É evidente que esta reação se deve, frequentemente, à falta de compreensão dos sentimentos e das intenções das mulheres — e talvez um homem *devesse* mesmo se sentir lisonjeado quando uma mulher sente seriamente que ele deveria ser seu namorado. Porém, não conte com isso. Independente de qual for a justificativa que você possa apresentar para pressioná-lo a assumir um relacionamento antes de ele estar pronto, saiba que, em geral, não vale a pena. É quase certo você se meter numa situação em que ficará desapontada — e, possivelmente, terá de enfrentar infidelidade e, com certeza, ressentimento. Relacionamentos amorosos monogâmicos, assumidos, duradouros e felizes acontecem quando ambos os parceiros valorizam o relacionamento com o outro mais do que a sua própria independência. Ou, para inverter a perspectiva: ele só vai assumir um compromisso genuíno e real com você quando sentir mais medo de perder você do que de perder sua liberdade (e vice-versa).

Imagine que você tenha uma amiga que realmente goste de passar muito tempo com você — mais do que você gostaria de lhe dedicar. Qual seria a melhor estratégia para ela conseguir passar mais tempo com você? Ela deveria:

(a) ficar insistindo e perturbando, dizendo que você está sendo uma péssima amiga ou
(b) fazer o tempo passado juntas ser tão bom que você vai querer passar mais tempo com ela?

Obviamente, os relacionamentos amorosos apresentam uma dinâmica diferente das amizades, porém esta analogia deveria lhe mostrar a futilidade de tentar argumentar ou culpar alguém para conseguir que fique mais próximo de você.

De modo análogo, porém talvez menos evidente, não comece simplesmente a aprofundar a relação sem antes falar com ele sobre isso. Um clássico exemplo são as mulheres que levam mais da metade do seu guarda-roupa e/ou artigos de perfumaria para a casa dele. A casa é *dele*. Ele *vai* reparar. E não vai achar nada lisonjeador; o que você vai conseguir é mostrar para o cara que você é do tipo de mulher que faz o que quer e quando bem entende, sem se preocupar com o sentimento dos outros. Essa tática não funcionou para Carrie no episódio de *Sex and the City* em que ela colonizou o armário do banheiro de Mr. Big, e não vai funcionar com você tampouco. Se você passar muito tempo na casa dele e achar que seria bom levar uma muda de roupas e uma escova de dentes, seria mesmo tão difícil assim perguntar se ele vê algum inconveniente nisso? Se você sentir que a relação ainda não está no ponto em que possa fazer esta pergunta, então, *certamente,* não está na hora de você ir em frente sem sequer perguntar.

Então, será que nós retrocedemos, em uma máquina do tempo, para uma época em que a única coisa que a mulher podia fazer era ser bonita e passiva, enquanto aguardava e esperava que um homem assumisse um compromisso com ela? Claro que não. Quando for o momento apropriado, levante essa questão; porém, seja cuidadosa ao escolher como abordar o problema. Eu não recomendaria a frase aparentemente típica: "O que somos?" ou "Aonde isto vai dar?". São perguntas abertas e poderiam significar uma porção de coisas; enquanto *você* chegou toda preparada para uma conversa desse teor e sabe exatamente o que está querendo dizer e o que você quer saber, talvez ele esteja pensando em pedir pizza, e vai se sentir como se tivesse sido empurrado no vazio. Mesmo que você não tenha intenção alguma e esteja apenas perguntando para conhecer o seu ponto de vista, ele, provavelmente, não vai nem querer saber. Tudo indica que, ao iniciarem conversas desse tipo, as mulheres da vida dele deviam alimentar a esperança de que ele assumisse um compromisso naquele exato momento, e elas devem ter ficado ressentidas com ele ou tê-lo atormentado para que se justificasse, quando não eram atendidas. Esse tipo de perguntas também pode ser associado com pessoas carentes, fracas e/ou manipuladoras.

Qual seria uma maneira melhor de iniciar a conversa? Duas considerações podem vir em nosso auxílio. Em primeiro lugar, os homens tendem a ser específicos e práticos. Assim, até perguntar "Somos namorado e namorada?" é melhor que "Aonde vai isto?" — embora ainda não seja a coisa mais aconselhável. Em segundo lugar, lembre-se da natureza dos relacionamentos com compromisso. Eles acontecem quando as pessoas valorizam a relação mais do que sua própria independência — ou estão com mais medo de perder a pessoa do que de perder sua independência. Portanto, use essa dinâmica — sutilmente. Pergunte algo como: "Bem, eu sei que isto pode soar meio esquisito, mas me dei conta de que nós nunca conversamos a esse respeito. Devíamos continuar a sair com outras pessoas?"

Ao iniciar a conversa assim, você o forçará a perceber que um envolvimento com você é uma via de mão dupla. O conceito acima (ou similar) facilitará a conversa. Acima de tudo, ele não vai se sentir pressionado pela pergunta; você está apenas indagando sobre a interpretação dos parâmetros do relacionamento dos dois. Você nem está expressando uma preferência, muito menos colocando-o sob pressão. Outro poderoso elemento é a inevitável inferência de que, se ele sair com outras pessoas, é evidente que você também sairá, e que ele correrá o risco de perdê-la, provavelmente, para um homem que *assumirá* o compromisso. Alguns homens podem não considerar essa possibilidade no nível consciente, portanto, um lembrete não ameaçador (isto é, tácito) pode vir a ser útil neste caso.

Qualquer que seja seu teor, a resposta que ele dará a sua pergunta será inequívoca, e você terá clareza sobre a situação. Se ele disser que você não deve sair com outras pessoas, isto significa que ele considera vocês namorados. Se, por outro lado, ele responder que ambos devem sair com outras pessoas, então, claramente, não é esse o caso (a não ser que ambos concordem com uma relação aberta). E se esta resposta não vier acompanhada de nenhuma outra explicação, então você pode estar certa de que é altamente improvável que ele considere vir a ter um relacionamento exclusivo com você no futuro. Caso queira continuar a sair com ele, sem exclusividade e sem nenhuma perspectiva de exclusividade, vá em frente; do contrário, está na hora de se despedir. Se ele quisesse ter deixado a porta aberta para vocês no futuro, teria dito algo como estar achando cedo demais, ou não estar pronto para um relacionamento naquele exato momento. O próximo passo depende de você e da dinâmica específica da relação: você pode continuar a sair com ele (enquanto explora outras opções, com outros homens), ou pode mandar que a procure quando estiver pronto para assumir um compromisso. Se escolher a primeira opção, não deixe a situação se prolongar eternamente, a não ser que você mude de ideia e resolva gostar da falta de exclusividade; diga-lhe que você *quer* um compromisso com ele (a parte "com ele" é importante), mas que vai lhe dar um tempo para se resolver, enquanto ambos saem com outras pessoas também. Então, marque um dia dali a um ou dois meses em seu calendário como data limite. Não lhe conte que determinou um prazo. E de jeito nenhum fique se lamuriando sobre o resultado dessa conversa — não ajudará em nada. Quando a data limite chegar, ofereça-lhe mais uma oportunidade de assumir um compromisso com você; se ele não o fizer então, é provável que nunca o faça.

Outra resposta possível seria ele devolver a pergunta para você, com um "Eu não sei; *você* quer sair com outras pessoas?". Provavelmente, não se trata de um truque ou uma armadilha. Em geral, isto significa que ele *não* tem saído com outras e que presume que você tampouco. Neste caso, você pode responder "não" com toda a segurança, afirmando só querer conhecer a opinião dele. Então, ele terá de responder.

Dentro de um relacionamento

Analisaremos os relacionamentos no próximo capítulo, porém há um item que combina com "ter aquela conversa": mudanças nos limites e nas regras do relacionamento de vocês. Por exemplo, se você e seu namorado eram monogâmicos e agora você quer sair com outras pessoas, terá de ter uma conversa explícita sobre isto. Você não pode partir do pressuposto de que o relacionamento evoluiu e agora lhe permite sair com outros homens sem ter discutido o assunto com o seu parceiro primeiro.

Muitas pessoas percebem o absurdo deste exemplo. Porém poucas percebem o mesmo absurdo na suposição inversa. Meu ex-cliente Jesse conheceu muitas mulheres, tanto durante quanto depois do seu programa de treinamento. Assim como um homem à beira da inanição dificilmente poderia ser um sofisticado crítico gastronômico, Jesse realmente perdia a condição de saber o que queria quando mulheres desejáveis começavam a lhe dar atenção. Por consequência, deixava bem claro para todas que não procurava nada sério e muito menos compromissos àquela altura.

A maioria das mulheres aceitava isto sem problema; muitas partilhavam o mesmo desejo. Algumas concluíam que Jesse não estava aberto àquilo que elas queriam e seguiam em frente. Uma mulher, Cassandra, disse concordar e, nos meses seguintes, Jesse começou a passar cada vez mais tempo com ela. Mas ele não parara de sair com outras e, certa noite, Cassandra ficou profundamente magoada e zangada quando uma amiga lhe contou ter visto Jesse com outra mulher. Ele lhe lembrou que os limites da relação haviam sido discutidos, que ela sabia do interesse dele em conhecer outras pessoas e que ela estava livre para fazer o mesmo. A resposta dela foi: "Eu sei, mas eu achei que já tínhamos superado isso tudo."

Trocando em miúdos, ela conjecturou. Espero que a esta altura estejamos de acordo sobre o perigo de tecer suposições. O perigo de pressupor coisas que coincidam com aquilo que você quer é particularmente enorme. Se você quiser que um relacionamento mude, de algum modo, é responsabilidade sua demonstrar suficiente respeito por seu parceiro para discutir essa questão com ele, em vez de supor que isso já aconteceu.

O lado triste para Jesse e Cassandra é que ele estava genuinamente se aproximando mais dela. Se ela tivesse sido honesta sobre como se sentia, as coisas poderiam ter mudado. Mas, considerando que ela resolveu enfrentar a situação desrespeitando-o e às suas preferências, ele logo mudou de ideia quanto a ela levar jeito para ter qualquer relação de longo prazo com ele. Mesmo que você esteja genuinamente segura (em oposição a achar) de que o seu parceiro pensa do mesmo modo que você, trate de confirmar com ele. Qual é a dificuldade?

TRANSFORMAR AMIGOS EM ALGO MAIS

Transformar um amigo em algo mais que um amigo é uma das tarefas mais sutis e complexas do mundo dos relacionamentos nos nossos dias. Também é uma área que requer muitas exceções, advertências e qualificadores, como "dependendo de sua personalidade" ou "se ele for um tipo de homem assim e assado". Lá na frente discutimos com segurança os comportamentos, as atitudes e as respostas dos homens em geral, e, sobretudo, dos homens de elevado valor. Os homens não são criados todos iguais, mas quando lidamos com uma amostragem ampla as generalizações que inevitavelmente temos de fazer são corretas em sua maioria. Se você passar alguns dias ou noites socializando e dez homens diferentes se aproximarem de você, as probabilidades são de que pelo menos oito ou nove deles se comportem do modo previsível que eu descrevi até aqui. Esta é a razão pela qual tenho tanta experiência com homens que procuram relacionamentos amorosos e/ou sexuais com mulheres. Em contrapartida, não sei quase nada sobre aquele seu amigo específico no qual você gamou. Aqui, estamos lidando com uma amostra composta por um homem. Esse cara não é alguém que você acabou de conhecer, e eu não posso prever como a história que vocês compartilharam vai influenciar os sentimentos e as ações dele. Assim, embora eu almeje lhe passar estratégias que vi funcionar repetidas vezes, antes de usá-las, passe-as, primeiro, pelo crivo do seu próprio bom senso.

O seu melhor plano geral para transformar um amigo em mais que isto é, em primeiro lugar, encontrar um equilíbrio correto entre ser "um dos caras" e expressar seu mistério feminino natural. Crie oportunidades sutis para ele levar as coisas um pouco mais adiante com você, porém não force nada nem mesmo dê a entender que está interessada nele. Se ele não perceber por conta própria que vocês poderiam ficar bem juntos (ou se ele achar que você não se interessaria e não quer correr o risco de perder a amizade etc.), então insufle um pouco de juízo no rapaz na base do choque, revelando-se para ele numa luz totalmente nova.

Sendo amiga dele

No que tange a equilibrar a amizade por ele e a mulher atraente que você é, muito vai depender da idade de vocês, da dinâmica da amizade e assim por diante. O ideal é que os dois tenham alguns interesses em comum, mas ele não deveria considerar você uma parceira de atividades. Não permita que ele a enquadre numa categoria e a relegue a desempenhar um papel estreito na vida dele.

Digamos que ambos estejam no início da casa dos 20 anos. A sua paixão e alguns amigos estão indo assistir a um grande jogo num bar local. O que você faz? Dá uma de membro da turma e sai com eles? Ou permanece feminina e misteriosa e faz com que ele pense em você? O ideal é ambas as coisas. Apareça lá, mas, contrastando com os caras, que devem estar usando a roupa com que passaram o dia inteiro, você usará uma calça jeans bem sexy e um top bonitinho. Poderá levar uma amiga com você. Você permanecerá atenta ao jogo, ou, mesmo que não esteja interessada, deverá saber o suficiente para *parecer* interessada e não falar durante os momentos cruciais da partida. Você vai torcer, comemorar e se divertir, mas não topará acompanhá-lo na meia dúzia de doses que o seu amigo afirma que vai tomar se o time dele ganhar. Quando o jogo terminar e a noite começar a cair de nível, alguém poderá sugerir a ida a outra espelunca qualquer; então, estará na hora de você partir. Ademais, a sua presença no bar seguinte só irá atrapalhar quando ele e os amigos quiserem falar sobre como você é uma garota surpreendentemente maneira.

Bem, o seu estilo de vida ou o dele pode não ter nada a ver com o exemplo acima, porém os princípios gerais deveriam se aplicar mesmo assim. Tudo gira em torno de manter um equilíbrio. Os aspectos do dia a dia da amizade são os espaços em que vocês constroem uma zona de conforto e uma ligação entre vocês, e também onde vocês exploram o que têm em comum. Mas você saber evitar um pouco parecer-se com os amigos homens dele lhe conferirá uma aura mística e criará um clima. Caso contrário, você virará irmã dele de uma vez por todas.

Por outro lado, *jamais* atue como conselheira dele em matéria de paquera ou relacionamentos. Isto pode aprofundar a amizade e, num momento vulnerável, pode até levar a alguma coisa física, mas raramente essas circunstâncias evoluem para algo que não seja um dos dois se sentindo usado e desapontado. Se ele trouxer outras mulheres, seja educada e gentil com elas (*verdadeiramente* gentil, e não hipocritamente amiga), mas não crie nenhum vínculo com elas, nem pergunte sobre elas mais tarde. Não as elogie nem critique para amigos em comum. O momento em que ele está concentrado em outra mulher que o faz feliz não é o tempo certo para ele se dar conta de que poderia ter alguma coisa com você, sua amiga de longa data.

Sua própria vida amorosa deveria permanecer misteriosa, porém não a ponto de o seu comportamento parecer estranho ou fazê-lo suspeitar que você é lésbica não assumida, ou que tem problemas de intimidade, ou que não confia nele. A ambiguidade é sua aliada. O que você fez na sexta-feira passada? Você foi jantar com um amigo; não precisa fornecer a informação de que foi um encontro amoroso. Você está a fim de ir com todo mundo ao show no sábado? Não, você já tem planos — ele não precisa saber que esses planos envolvem um encontro —, porém, talvez possa se encontrar com eles depois para tomar um drinque. E assim por diante.

Armando oportunidades

Se você e ele costumam passar muito tempo a sós e você já armou muitas oportunidades para ele, pode pular para a próxima seção. Todavia, se a maior parte de sua interação com esse amigo acontece no contexto de um grupo maior de pessoas, você pode precisar tomar uma atitude. Por exemplo, se você tiver de deixar em casa um grupo de pessoas em que ele estiver incluído, tente deixá-lo por último. Ou, então, embora seja um pouco mais complicado para armar, faça com que ele a deixe em casa por último, caso ele esteja dirigindo; de uma maneira ou de outra, isto vai fazer com que vocês consigam passar algum tempo juntos sem que ninguém tenha nenhuma base para fazer fofoca. Você pediu para ele guardar alguma coisa porque você não tinha bolso e então "esqueceu" de pegar de volta? Não espere até que todo mundo saia junto de novo; use como desculpa que você precisa logo do objeto e dê um pulo na casa dele.

Tratamento de choque

Alguns homens precisam de um pequeno tratamento de choque para acordar e ver você sob uma nova luz ou para assumir uma postura em conformidade com os seus sentimentos. Esse é um dos raros clichês hollywoodianos (por exemplo, no filme *Ela é demais*) que de fato acontecem na vida real de vez em quando: um homem e uma mulher são muito amigos; o amigo não se dá conta de que formariam um casal maravilhoso; então, certo dia, o amigo de repente passa a enxergar a amiga sob uma nova luz. Isto pode se dar ao vê-la toda arrumada, realçando ao máximo sua beleza e feminilidade, ou ao perceber um lado de sua personalidade que ele não conhecia, ou qualquer outra coisa que repentinamente modifique ou melhore a percepção que ele tem de você.*

Digamos que ele a convide para acompanhá-lo em um casamento. Ou, talvez, para se juntar a ele e a um grupo maior de pessoas que está indo a uma boate chique determinada noite. Estes são exemplos de grandes oportunidades para alavancar o seu visual e, com isto, administrar-lhe um pequeno tratamento de choque. Ele não vai achar que você se arrumou para ele, mas irá reparar em você. Já verificamos que flertar com outros homens não a torna necessariamente mais atraente, todavia, não prejudica em nada deixar-se admirar por outros homens e/ou fazer com que outros comentem com ele como você é deslumbrante. Contudo, toda regra tem sua exceção e, já que estamos falando de tratamentos de choque, talvez o seu amigo *precise* de fato vê-la flertar um pouco e perceber que outros caras se interessam por você. Portanto, se tudo tiver falhado, flerte um pouco. As pessoas

---

* Nos filmes, eles costumam mesmo usar uma luz literalmente diferente para tornar a personagem "transformada" ainda mais atraente. Você, no entanto, terá de confiar em seus truques de beleza.

às vezes não se dão conta do que têm ao seu lado até que (quase) o percam — ou que se torne bastante disputado.

A transa induzida pelo álcool

Infelizmente, não é raro que um homem (ou uma mulher) precise de alguns drinques para se arriscar ou para revelar os seus verdadeiros sentimentos. Essa não costuma ser uma boa ideia — inclusive porque esses sentimentos podem pertencer mais à garrafa de vodca do que a você ou seu amigo —, mas acontece bastante para que tenhamos de conversar a respeito. Todavia, de qualquer maneira, uma situação assim nem *sempre* termina em choro.

Então, o que fazer quando você e o objeto de seu desejo acabaram de tomar uma ou duas garrafas de vinho e a conversa de repente estaca por um momento, enquanto vocês travam contato visual e começam a se inclinar um para o outro, como se estivessem sendo atraídos por ímãs invisíveis?

NÃO CEDA COMPLETAMENTE.

Digo isto embora eu e muitas outras pessoas já tenhamos tido excelentes relacionamentos que começaram com uma transa espontânea e inesperada. Mas pode acontecer também que a manhã seguinte traga arrependimento ou, pior ainda, a dissipação da tensão romântica/sexual e uma sensação de alívio tipo "Uau, ainda bem que tiramos *aquilo* do nosso sistema".

Por mais que seja excitante e gratificante curtir só uma noite *caliente* com um amigo por quem você se interessa, tem certeza de que quer acordar no dia seguinte e se perguntar o que aquilo significou? A situação da manhã seguinte pode se transformar num campo minado. Às vezes, ela é inequívoca: por exemplo, se os dois acordam juntos, olham-se nos olhos e concordam que é maravilhoso isso ter acontecido e estarem juntos naquele momento. Não obstante, se você contar com essa reação, as probabilidades de não quebrar a cara são muito maiores numa sala de cinema do que na vida real. Normalmente, a situação é muito mais constrangedora e confusa, já que ambos se perguntarão como o outro estará se sentindo sobre o que houve. Já vi situações em que ambas as pessoas realmente queriam ficar juntas, mas o constrangimento as levou a achar que o outro não quisesse e, assim, nenhuma das duas tocou no assunto por medo de colocar a amizade em risco. Esse cenário é ainda mais provável caso vocês não passem a noite juntos e um dos dois volte para casa depois do encontro. Então, surge ainda o fator complicador de matutar se ele vai ligar ou enviar uma mensagem de texto e, se ele fizer isto, ainda surge o complicador da ausência da linguagem corporal ou das expressões faciais, ou até mesmo da entoação se a mensagem for de texto — o que eu não recomendaria neste caso.

Ao mesmo tempo, porém, não a aconselho a rejeitar uma proposta turbinada pela ingestão de álcool com um simples "Você está bêbado". Provavelmente, ele interpretará a rejeição como sendo permanente, e a última coisa que você quer é entrar numa discussão em torno de se ele está ou não embriagado. Então, o que fazer neste caso?

Alimente o clima, encoraje-o um pouco e saia da festa em sua companhia. Quando ele se debruçar para beijá-la, ponha um dedo sobre os lábios dele e diga algo como "Assim não, querido". Dependendo da reação, você pode emendar com: "Se você realmente se sente assim, então me leve para jantar amanhã como uma garota normal que você está tentando impressionar." Se quiser, pode até lhe aplicar um beijo (rápido!) na face, a título de incentivo. Essa atitude abre uma brecha caso ele tenha sérias intenções com você, porém sem arriscar a amizade, sem você se expor demais, nem se colocar numa posição vulnerável.

Depois disto, procure não fazer nada diferente do que você faria normalmente. Termine a noite assim que puder, mas sem deixá-lo com a sensação de ter feito algo errado ou de que você está fugindo dele. Jamais mencione o acontecido ou a oferta que você fez. Não pergunte se ele pensou na sua proposta ou se se lembra da noite anterior. Ele vai lembrar o suficiente. E se ele estava mesmo tão bêbado a ponto de não se lembrar de nada, então, provavelmente, não significou nada de qualquer maneira; por outro lado, se ele precisa de fato ficar *tão* bêbado a ponto de não recordar o que aconteceu depois apenas para ser capaz de expressar os seus sentimentos, ele não deve ser o namorado ideal para você.

Capítulo Onze

Relacionamentos: tirando as pedras do caminho

A dinâmica cotidiana de um relacionamento dificilmente será tão excitante ou romântica quanto a fase inicial de namoro — não é à toa que a Disney jamais pensou em filmar *Branca de Neve e o Príncipe brigam por causa do trabalho doméstico*, nem *Cinderela 2: terapia de casal*. Você e seu homem podem chamar um ao outro de alma gêmea se quiserem — vocês não estão prejudicando ninguém —, mas se você achar que os dois combinam tão perfeitamente que jamais terão de enfrentar nenhum problema ou conflito, então você, decerto, nunca teve um relacionamento. Em qualquer relação, é crucial que ambos sejam capazes de compreender o outro, resolver problemas e crescer juntos, tanto mais se for uma relação com compromisso e de longo prazo.

Os relacionamentos também diferem da fase inicial de namoro no sentido de que não há tantos atalhos disponíveis para ajudá-la a atingir suas metas. Quando você e um homem se encontram pela primeira vez, o modo de cada um sentir o outro estará necessariamente embasado em suposições, inferências e sinais oriundos do conhecimento limitado que têm um do outro e do seu campo de observação. Muitas das técnicas apresentadas neste livro partem do pressuposto de que a informação será limitada. Um homem não precisa realmente *ter* status elevado ou ser pré-selecionado pelas mulheres; ele pode criar essa impressão do nada se souber como jogar, e as mulheres reagirão da mesma maneira. De forma análoga, você não precisa de fato ser muito solicitada, nem estar tão insegura a respeito de um homem a ponto de representar realmente um desafio para ele; você só precisa *se fazer de* difícil, e isto deveria causar nele a mesma reação emocional. Entretanto, essas técnicas perdem sua relevância à medida que vocês dois passam a se conhecer melhor. Se ele não tivesse gostado de você pelo que você é, não haveria métodos ou sistemas que pudessem lhe arranjar um segundo encontro, e, muito menos, um relacionamento.

Na ausência de atalhos, *como* você pode atingir os seus objetivos no relacionamento? Como você faz para satisfazer as suas necessidades e os seus desejos, independentemente de quais forem, ficando, ao mesmo tempo, juntos por muito tempo? A resposta é falsamente simples: faça-o querer o que você quer. Não, não estou me referindo a tentar fazê-lo gostar de shoppings ou de comédias românticas; estou dizendo que você deve se concentrar em encorajá-lo a *querer* satisfazer suas necessidades, torná-la feliz e ficar com você. Isto, provavelmente, implica satisfazer as necessidades *dele* e fazê-lo feliz. É uma espécie de círculo virtuoso: se você se sente feliz e realizada com um relacionamento, é bem provável que vai querer se certificar de que o seu parceiro sinta a mesma coisa. Se for o caso, ele, provavelmente, vai querer fazer você ainda *mais* feliz e realizada, o que deveria incentivar você a se esforçar ainda mais para satisfazer as necessidades dele e assim por diante. Claro que a mesma dinâmica pode criar um círculo vicioso, caso você ou o seu parceiro se sinta infeliz ou insatisfeito e passe a reduzir o esforço necessário para a manutenção da relação. Então, como é que se cria o ímpeto positivo? Como é que vocês podem tornar um ao outro feliz e como é que podem permanecer assim?

Muitas pessoas responderiam instintivamente a estas perguntas pensando nas coisas que poderiam fazer por seus parceiros: uma comida especial, um trato especial na cama, sua atividade predileta e assim por diante. Este tipo de enfoque tem o seu valor, e vamos analisá-lo no fim deste capítulo. Mas o que eu observei é que, para a maioria das pessoas que estão em um relacionamento, não faltam ideias no que tange ao que os respectivos parceiros gostam. Na realidade, é bem provável que você e seu homem se *façam* mutuamente felizes (não é à toa que você entrou nessa relação, certo?), mas se você não se sentir feliz com ele ou com a situação, talvez seja porque existe suficiente negatividade entre os dois para que as coisas positivas sejam comparativamente diminuídas.

Imagine o relacionamento de vocês como uma flor e os problemas e as dificuldades como uma grande pedra. Enquanto a pedra permanecer por cima da flor, não há adubo, água ou cuidados que possam ajudar a flor a crescer; a questão é que você precisa tirar a pedra do caminho para que a flor possa tornar a vicejar. Em um relacionamento, maior capacidade de lidar com os fatores negativos (tirar as pedras do caminho) é, em geral, mais importante que a de criar mais eventos positivos (alimentando a flor).

Portanto, vamos remover essa pedra. Ou, melhor ainda, vamos impedir que ela aterrisse em cima da nossa flor. Muito embora eu não possa lhe fornecer exatamente o mapa da mina no que se refere à sua relação, que é única, posso compartilhar com você algumas ferramentas e técnicas que vi muitos casais usarem para resolver problemas e sustentar o relacionamento, mesmo passando por maus momentos. Dentre eles, os mais importantes são a comunicação, a vontade de resolver problemas e a maneira de lidar com os conflitos.

COMUNICAÇÃO

Homens e mulheres se comunicam de formas distintas. De modo geral, os homens tendem a se comunicar para compartilhar e receber informações, ao passo que as mulheres se comunicam tanto para compartilhar informações quanto pelo prazer e as emoções positivas gerados pelo fato de se comunicar e se conectar às pessoas.

Um desdobramento dessa diferença é que os homens vão tentar resolver os seus problemas, mesmo que você não queira. Alguns, literalmente, não conseguem resistir.* Quando *ele* fala sobre um problema, normalmente é porque está procurando uma solução; portanto, é natural que ele presuma que este também seja o seu caso. Se eu estiver me queixando de ficar sempre preso no trânsito no caminho de casa para o trabalho, ficaria inte-

---

* BRIZENDINE, Louann. *The Male Brain* [O cérebro masculino]. Nova York: Broadway Books, 2010.

ressadíssimo se alguém me dissesse que devo estar saindo tarde demais de manhã e que as ruas estão muito menos cheias antes das 7 horas. Se fosse você que estivesse se lamentando, porém, talvez também apreciasse o mesmo tipo de resposta. Ou você pode estar querendo que o seu homem reaja ao conteúdo emocional do que você disse, que soaria como: "Isso deve ser tão chato! Você já trabalha tanto e ainda tem de ficar presa no trânsito desse jeito."

Muitas mulheres se sentem frustradas, e alegam que "Meu parceiro não me ouve" ou "Ele prefere oferecer conselhos para resolver o meu problema, em vez da empatia e compreensão que eu quero da parte dele".* Na realidade, o contrário é que pode ser verdadeiro: ele talvez esteja tentando ajudá-la com o seu problema porque *está* ouvindo você, e *se importa*. Por outro lado, se ele, efetivamente, reagir à sua queixa num nível emocional, não haverá de ser por acidente; trata-se de um esforço deliberado para se comunicar com você, do seu próprio jeito. Alguns homens são capazes de fazer isto, mas a maioria não saberia nem por onde começar. Você tem de lhes ensinar, ou aprender a traduzir a linguagem deles. (Ver o quadro "Ensinando os homens a falar com as mulheres", a seguir.)

Ensinando os homens a falar com as mulheres

Todos os programas de Love Systems incluem um módulo sobre contar histórias. O cliente nos conta sua história preferida e nós ajudamos a traduzi-la para os ouvidos femininos. Vou compartilhar algumas das medidas mais comuns que tomamos durante esse processo, para que você possa aplicar nelas uma técnica de engenharia reversa e utilizá-las caso algum dia tenha qualquer dificuldade em se fazer compreender e precisar "falar masculino".

---

* Não se aflija por temer estar cometendo o erro oposto. Se você responder emocionalmente a um homem em vez de literalmente, é bem provável que ele não se incomode muito; ele poderia achar que você não entendeu o que ele quis dizer ou que você não está sendo particularmente útil, porém é improvável que fique frustrado ou zangado. Isto posto, os homens estão quase sempre procurando por uma resposta literal, e não há motivo algum para você não atendê-los.

1) A versão dele apresenta fatos demais. Uma típica história masculina sobre alguma coisa engraçada que aconteceu no metrô pode começar com detalhes factuais, como: "Eu estava entrando no metrô em Dupont por volta das 7h30, que normalmente é cedo para mim, mas eu tinha uma reunião às 8h30 com o meu chefe hoje, então, tive de sair mais cedo. Mas, enfim, tínhamos andado apenas três estações quando (o episódio engraçado ocorreu)." Nós ajudamos os homens a cortar esses fatos e incluir tão somente os detalhes necessários para transmitir a história. Neste caso, as 43 palavras acima poderiam ser substituídas por "Eu estava no metrô hoje de manhã e...", o que deixaria muito mais espaço para o conteúdo emocional.

Engenharia reversa: Acrescente bastante informação factual para ele se sentir confortável sabendo o que está acontecendo. Tome cuidado, porém — utilize só detalhes *necessários*, já que muitos homens não têm muita paciência com pessoas que levam uma eternidade para chegar ao ponto. Se você está contando para o seu namorado alguma coisa ocorrida no metrô hoje de manhã e ele estiver ocupado tentando entender por que você estava no metrô, já que você costuma ir trabalhar de carro, ele não estará prestando toda a atenção à sua história de qualquer maneira. E quando a interromper para perguntar por que você não estava usando o carro logo quando você estiver construindo o clímax de sua história, você poderá ter a sensação de que ele não a está ouvindo ou que não se importa com o que você tem para dizer. Na realidade, porém, o oposto é que é provavelmente verdade: perguntas desse tipo mostram que ele *de fato* se importa; caso contrário, não perguntaria.

2) A versão dele carece de conteúdo emocional. O homem médio, provavelmente, conseguiria lhe contar a história da escalada de uma montanha ou de uma viagem ao polo sul sem descrever uma única emoção. Isto não significa que ele esteja emocionalmente morto ou que não se sinta à vontade para compartilhar seus sentimentos com você. Os homens simplesmente não costumam dar, de maneira espontânea, esse tipo de informação; têm de ser questionados diretamente. Por exemplo: "Então, como você se sentiu quando finalmente conseguiu chegar ao topo da montanha?" Um homem que contasse uma história carregada de emoção para outros homens na certa passaria por alguém muito complacente consigo mesmo e correria o risco de enfrentar impiedosa gozação. É notório que os homens não tendem a sentir tanta empatia por emoções alheias quanto as mulheres — e não esperam que os demais sintam empatia com eles.

Engenharia reversa: É claro que não há problema em você lhe contar como se sente e em realçar certos pontos com comentários emocionais. Mas o relato tim-tim por tim-tim da sua jornada emocional do dia pode ser demais para ele, e pode não ser tão bem-sucedido quanto você gostaria em reconhecer e reagir àquilo que você considera as partes mais importantes de sua história. Se, por vezes, o seu homem for daqueles para quem as árvores escondem a floresta, em vez de despejar tudo nele de vez, comece relatando os fatos nus e crus, e, *depois*, conte como se sente com esses fatos.

3) *A versão dele carece de tensão dramática.* Em sua maioria, os homens não são contadores de história. Um cliente meu que era bombeiro descreveu da seguinte maneira o clímax de sua mais intensa experiência de combate ao fogo: "Havia muita fumaça. Eu mal conseguia enxergar. Por fim, ouvi alguém gritando atrás de mim, então corri em direção à voz. Acabou sendo a decisão certa." E este, decerto, é exatamente o jeito como ele contaria a história para os seus pares, que podem preencher as entrelinhas com suas próprias experiências. No entanto, a maioria das mulheres ficaria insatisfeitíssima, pois, naturalmente, esperariam algum tipo de crescendo e, então, o clímax, ainda mais por se tratar de uma cena tão dramática. As mulheres não esperam apenas comunicação de uma conversa mas também entretenimento.

Engenharia reversa: Vá direto ao ponto ou, pelo menos, forneça-lhe uma noção de qual vai ser o seu ponto. Se você quiser contar toda a longa história de *como* você acabou vestida como Lady Gaga num ônibus para Houston às 4 horas da manhã, ótimo; mas, a não ser que o suspense ou um final surpreendente seja um elemento central da história, considere iniciar a narrativa com uma introdução do tipo: "Você nunca vai acreditar no que aconteceu comigo e com minhas amigas no último fim de semana: nós acabamos embarcando por engano em um ônibus noturno e atravessamos o país!" Se ele souber em linhas gerais aonde a sua história vai chegar, ficará mais empenhado em seguir o fio da narrativa.

Mais uma vez, trata-se de conselhos, para o caso de você ter dificuldades para se comunicar com o homem ou os homens em sua vida. Nenhum dos dois deve ter a responsabilidade de falar na "língua" do sexo oposto. Mas se um de vocês sentir que, às vezes, falam sem se comunicar, a compreensão de aonde o outro quer chegar pode auxiliar.

Considerando que os homens se comunicam principalmente para dar e receber informações, eles podem interpretar você de forma mais séria do que você pretendia. Elisa, uma ex-cliente, saíra várias vezes com um homem com quem as coisas pareciam caminhar muito bem, até que, de repente, ele pareceu perder o interesse e se retraiu emocionalmente. Então, ele teceu um comentário enigmático de que acabara de sair de um relacionamento a distância e não queria iniciar outro do mesmo tipo. Elisa ficou admirada com essa história, já que ambos moravam na mesma cidade e ela se ausentara apenas durante duas curtas viagens de negócios desde que haviam se conhecido, alguns meses antes.

Quando ela foi falar com ele de novo, enquanto ainda procurávamos compreender melhor, ele observou que Elisa mencionara diversas vezes que queria viajar dentro de algumas semanas para ir ao festival de música preferido dela, planejava ir à Europa no verão, visitar a família para o 60º aniversário da mãe, almejava ser escolhida para um projeto de trabalho que casualmente implicava viajar muito e assim por diante. Quando ele fez as contas, pareceu-lhe que na agenda dela não sobrava muito tempo fora das viagens. Todavia, para Elisa, essas ideias de viagem eram apenas desejos ou possibilidades formulados aleatoriamente, porque sentia prazer ao falar sobre isso. Ela bem sabia que, na realidade, não poderia realizar todas, e que a maioria não seria bem-sucedida de qualquer maneira. Ele, porém, não sabia disto. Para ele, tratava-se de projetos reais; por que Elisa falaria deles se não fosse assim?

"Mas eu estava apenas conversando", defendeu-se ela. Aí é que residia o problema. A maioria dos homens não compreende intuitivamente o conceito de "estar apenas conversando". Assim como as mulheres, os homens possuem um detector de mentiras, mas não dispõem de um filtro que possa orientá-los, explicando: "Ela não está mentindo nem inventando isso, mas não quer que você tome literalmente aquilo que ela está dizendo." Na cabeça masculina, ele está demonstrando respeito ao levar a sério, ouvir e reagir ao que você diz.

Esta mesma disparidade no estilo de comunicação também pode causar o problema oposto. Quando o seu homem ficar repetindo que vocês dois talvez pudessem ir até Montana de carro para passar o verão em um campo para treinamento de sobrevivência, existe uma possibilidade de que ele esteja mesmo cogitando isso. Pode ser uma forte possibilidade ou uma mais remota, mas ele está pensando no assunto. Caso você esteja planejando passar o verão longe do campo de treinamento, *diga alguma coisa*. Se você partir do pressuposto de que ele está "apenas conversando" e depois reagir com surpresa quando ele começar a preparar a viagem, ele, na certa, ficará magoado por não ter sido levado a sério, ou, então, frustrado, por você não ter se manifestado antes.

Quanta comunicação?

Homens e mulheres não tendem apenas a se comunicar por motivos diferentes e de maneiras diferentes — eles também diferem por se comunicar em quantidade distinta. Na verdade, na média, a mulher possui *três vezes mais* necessidade de se comunicar, em comparação com a média dos homens; elas falam 21 mil palavras por dia, contra 7 mil no caso deles.* É uma discrepância profunda — muito maior que a maioria das outras diferenças físicas ou de personalidade entre homens e mulheres que discutimos neste livro.

Suponhamos que ambos usem cerca de 7 mil palavras durante a jornada de trabalho. Então, quando os dois chegam em casa à noite ele já esgotou a cota dele, ao passo que para você ainda sobram dois terços da falação diária por fazer. Não é de admirar que tantas mulheres se queixem de que seus parceiros são indiferentes ou não comunicativos, enquanto tantos homens lamentam que, às vezes, a falação contínua de suas parceiras se torna sufocante e difícil de suportar.

---

* BRIZENDINE. *The Female Brain* [O cérebro feminino]. Nova York: Broadway Books, 2006. Esses achados foram contestados em MEHL, Matthias R. *et al.* "Are Women Really More Talkative Than Men?" [As mulheres são realmente mais falantes que os homens?]. *Science* 317, nº 5834 (6 de julho de 2007). No entanto, este último estudo foi realizado somente com estudantes universitários, o que limita sua aplicabilidade, e não contestaram a conclusão de que as mulheres tendem mais a conversar para resolver problemas e conflitos, ao passo que os homens tendem mais a se retrair emocionalmente e a serem menos comunicativos. Resumindo: você tem mais necessidade de se comunicar do que ele. No que diz respeito às conclusões a que chegamos nesta seção, é irrelevante verificar se esta dinâmica se aplica o tempo inteiro ou tão somente quando houver algo que ele não quer discutir.

Parte da solução para este caso demonstra a importância de conservar seus próprios amigos, interesses e atividades de lazer, mesmo quando se está em um relacionamento.* Esse tipo de válvula de escape pode reduzir a pressão que ele sente, tornando ambos mais felizes. E é uma situação em que todos ganham. Mas e se você não quiser sair e conversar com as suas amigas? O que fazer se você quiser compartilhar e se abrir com seu namorado? Para que ele está numa relação com você se não quer conversar?

Fico feliz por você ter perguntado. Para início de conversa, ele pode não querer falar tanto quanto você, mas isto não significa que não queira falar nada. Da mesma forma como não existe uma quantidade "certa" de sexo em um relacionamento, tampouco existe uma quantidade correta de comunicação; caso você queira mais dele, trata-se de uma diferença de opinião, e não de uma falha da parte dele. Ou vice-versa, claro. Para a maioria dos homens, ficar sentado por aí batendo papo é uma atividade de lazer como qualquer outra, sem maior importância quando comparada a outras maneiras de passar o tempo. Se você curte ter muitas e longas conversas com o seu homem, então use essa qualidade como crivo quando estiver conhecendo homens e saindo com eles, do mesmo modo como você selecionaria os homens retendo apenas os que gostam de sair à noite, se suas prioridades fossem dançar e ir a festas. Você pode achar que conversação prolongada constitui exceção a essa regra, já que a comunicação constrói e desenvolve o relacionamento e, portanto, deveria ser uma prioridade, mas ele pode não achar. Ou pode pensar que o que *realmente* desenvolve uma relação e o faria se sentir mais próximo de você seria você fazer uma comidinha caprichada toda noite para os dois jantarem a sós, ou na companhia de uma de suas amigas. Moral da história: cada um tem suas próprias ideias sobre o que quer e espera de uma relação e sobre o que o aproxima mais do parceiro. É muito mais fácil encontrar um homem que almeje as mesmas coisas que você do que impor suas preferências e expectativas a um cara que não as compartilha com você.

---

* Na realidade você deveria fazer isso de qualquer maneira – pela sua própria sanidade e equilíbrio em sua vida –, independentemente da qualidade da comunicação entre você e seu parceiro. Uma mulher que possui vida própria também é inerentemente mais atraente (veja Capítulo 4) e menos dependente de seu homem, ou vulnerável caso o relacionamento não funcione.

Lógico que selecionar melhor os homens não é sempre a solução. As pessoas e os relacionamentos mudam. Talvez ele fosse aberto e comunicativo quando vocês estavam começando a se conhecer, e agora esteja mais retraído. Deveria haver uma solução para este problema. Uma relação saudável deve ter espaço para negociação e, conforme discutimos no início deste capítulo, do ponto de vista ideal, você e seu parceiro deveriam *querer* fazer um ao outro feliz. Você quer mais tempo para ficar sentada batendo papo, explorar, compartilhar e discutir os seus sentimentos. Neste caso, seria apenas justo você pensar em atividades que *ele* poderia curtir se você resolvesse se empenhar mais em fazê-lo mais feliz. E se você não estiver a fim de fazer essas coisas, como, por exemplo, passar mais tempo assistindo a esportes, cozinhar seu prato predileto ou se empenhar naquela coisa que ele tanto gosta na cama — bem, como acha que ele reagiria ao seu pedido por mais tempo para bater papo?

Sendo assim, vamos começar a explorar estratégias e coisas que você deve ou não fazer para introduzir mudanças em seu relacionamento.

Resolvendo problemas: negociando a relação de vocês

Sob muitos aspectos, conforme se desenvolve e evolui, um relacionamento pode parecer uma negociação prolongada. Com isto, *não* estou me referindo, de modo algum, a uma luta de poder ou a uma série interminável de batalhas a serem ganhas ou perdidas. Ao contrário do que se vê no cinema e na TV, os grandes negociadores não são monstros agressivos mascando charutos, que cerceiam e intimidam a outra parte para submetê-la.* Na realidade, esse tipo de estratégia não costuma funcionar de jeito nenhum. Quando um acordo é parcial, cedo ou tarde a outra parte vai se dar conta disto e cancelar o acordo em questão, pedir para renegociá-lo ou tentar sabotá-lo de alguma maneira. Entrementes, a pessoa acumulará ressentimento, prejudicará sua reputação com terceiros e, provavelmente, não voltará a negociar com você no futuro — ou, caso o faça, quererá forte compensação.

---

* Grande parte dos princípios de negociação descritos nesta seção foram inspirados pelo manual de negociação *Getting More* [Obtendo mais], de Stuart Diamond (Nova York: Crown Business, 2010).

Esses princípios se aplicam tanto a uma relação comercial quanto aos relacionamentos amorosos. O mesmo se dá com este ponto-chave que vale a pena repetir: você vai levar muita vantagem no longo prazo se ajudar ativamente o seu parceiro a atingir as metas que ele quer. Isto não significa ser dependente ou responsável pela felicidade dele, porém defender ativamente os interesses dele. Parece óbvio, mas não é; em muitos relacionamentos, as ferramentas padrão para a resolução dos problemas são maltratar e/ou conciliar. Claro que conciliar é melhor para a relação do que uma constante luta de poder, mas continua representando a metade do que cada um quer, quando o todo poderia estar disponível. Há uma forma melhor de proceder.

Você se lembra de Edward, o paraquedista? A noiva dele, Mônica, queria passar as festas de fim de ano com a família dela, na outra extremidade do país (ambos os pais de Edward já faleceram), mas Edward odiava viajar durante os feriados, ou em qualquer outro período caótico e disputado do ano. Em muitos outros relacionamentos, alguém simplesmente "ganharia a parada" — eles iriam e Edward teria de se conformar, ou não iriam e Mônica é que teria de lidar com a situação. As desvantagens desse tipo de abordagem são patentes. Outros casais poderiam chegar a um acordo: talvez visitassem a família de Mônica só a cada dois anos em vez de anualmente. Este resultado é um pouco melhor, porém ainda pode acarretar ressentimento, já que soluções conciliatórias nem sempre são consideradas igualmente justas por ambos os lados. O aspecto mais importante é que nenhum dos dois consegue realmente o que quer. Edward ainda teria de viajar quando não desejava, e Mônica não passaria tanto tempo quanto gostaria com a família.

A melhor abordagem é focar os *interesses e os objetivos*, e não as *posições*. A posição de Mônica era ir visitar a família para as festas de fim de ano, junto com Edward. Mas quais interesses e objetivos a levavam a adotar esta posição? Queria ver a família? Passar as festas com eles? Fazer Edward e a família se conhecerem melhor? Ou será que era porque uma mulher nascida e criada em Nova York se sente desorientada enfrentando o Natal no estado ensolarado do Arizona, sem neve alguma? E assim por diante.

No fim, de fato o que Mônica queria era que todos passassem as festas juntos: Edward e os pais dela. Também queria voltar à terra natal e rever os velhos amigos, embora isto fosse secundário para ela e não precisasse necessariamente ser no fim do ano. Então, o que resolveram fazer? Eles compraram passagens para os pais de Mônica visitá-los no período das festas, o que agradou muito (inclusive para eles fugirem do frio), e concordaram que Mônica lhes faria uma visita em outra época do ano, com Edward ou sozinha. Ao levar em consideração os interesses de Mônica, as necessidades de Edward (não precisar viajar nas férias) foram mais bem-atendidas do que poderiam ter sido se ele fizesse qualquer concessão. O mesmo pode-se dizer a respeito de Mônica. Na verdade, Edward me contou que o resultado obtido foi até melhor que a sua posição inicial: ele jamais teria pensado em trazer os pais de Mônica para visitá-los, mas a presença deles tornou as festas mais divertidas para todos.

Mudar de enfoque exige um pouco de paciência no início. Deixe-o penetrar seu raciocínio. Explique o que você está querendo. Com um pouco de sorte, ele vai se ligar e irá querer saber quais são os seus interesses para que possa tentar achar uma solução que funcione para ambos. Não se apegue a uma determinada solução (que então se tornaria uma posição e contrariaria o propósito desta abordagem), particularmente porque a maior parte dos problemas possui várias soluções possíveis. Mônica poderia ter descoberto que Edward evitava viajar durante as festas de fim de ano por causa dos aeroportos cheios, dos aviões lotados, do extravio de bagagens. Essa informação poderia resultar em novas sugestões da parte dela: empreender uma viagem mais longa que lhes permitisse evitar o período de pico dos dias de festa; ou voar na primeira classe (se pudessem arcar com essa despesa); ou optar por aeroportos menores, menos procurados; ou irem de trem. Nenhuma dessas soluções é abertamente melhor ou pior que a sugerida por Edward, e qualquer uma seria melhor que uma concessão ou uma briga de poder.

Outra vantagem trazida por esta abordagem é que você e o seu parceiro vão passar a se conhecer melhor e descobrir o que o outro realmente valoriza. É natural esperar que os demais pensem igual a nós e valorizem as mesmas coisas, mas frequentemente não é este o caso, e essa suposição pode ser muito prejudicial para o relacionamento. Meu amigo e ex-cliente Stephen me contou sobre uma relação altamente promissora que teve com sua ex-namorada Tara e que acabou afundando, em parte, por causa desse tipo de suposição. Tara adorava vinho e tudo o que gira em torno dele — adegas, degustações, tours para conhecer vinhedos e assim por diante —, ao passo que Stephen não ligava para nada disso. Durante muito tempo ela falou de como seria bacana passar um fim de semana visitando as vinícolas na região de Napa Valley. Então, um dia, ela lhe deu isto de presente de Natal: um tour para casais aos vinhedos. Tara não era particularmente manipuladora nem desconsiderava as opiniões de Stephen; apenas partiu do pressuposto (aí está essa palavrinha de novo...) de que ele também curtiria algo que soava maravilhoso para ela, e não se deu o trabalho de descobrir se era isso mesmo. Quer você seja ou não tão distraída a ponto de dar um furo desse, entenda que a maioria das pessoas superestima a própria capacidade de compreender as motivações e os desejos dos outros. O ator norte-americano Henry Winkler definiu este conceito otimamente: "Os pressupostos são os cupins dos relacionamentos." O tempo gasto tentando conhecer melhor o seu homem é raramente desperdiçado e vice-versa.

Não obstante, algumas pessoas passam para a defensiva quando você começa a perguntar sobre os seus interesses e motivos, em especial se não estiverem acostumadas com esta abordagem. Voltando a Mônica e Edward, ela poderia ter reagido à tentativa dele mais ou menos deste jeito: "Como assim, qual a parte realmente importante para mim de a gente ir passar as festas lá em casa? É a parte em que vamos para casa passar as festas!" Em geral, esse tipo de resistência vá acontece quando não existe suficiente confiança na relação e/ou quando uma pessoa adota uma perspectiva muito egoísta. Se isto descreve a sua situação, então, talvez, você deva questionar se ele é o homem certo para você.

Claro que nem todos os problemas são resolvidos da forma mais eficiente através deste tipo de enfoque baseado no interesse. Se eu quiser ficar na festa até as 23 horas e você quiser sair às 22, talvez possamos ir embora às 22h30 e tocar nossas vidas. Mas, assim que adquirir alguma prática, você ficará surpresa com quantas vezes poderá utilizar esses princípios.

LIDAR COM CONFLITOS

Apesar de toda a boa vontade do mundo para fazerem um ao outro feliz, para compreender a perspectiva do outro e resolver problemas conjuntamente, você e seu parceiro ainda terão de enfrentar conflitos mesmo assim. Na realidade, lidar com conflitos num relacionamento poderia constituir (e seguramente é) um livro inteiro por si só. Entretanto, nós vamos cobrir alguns dos tópicos principais. Incluí aqui os cinco piores exterminadores de relacionamentos que eu cansei de ver nas mulheres. Analisaremos, primeiro, essas situações em detalhes, e, então, falaremos sobre como corrigir ou evitá-las.

Discutindo sobre discutir

Com frequência o que as mulheres interpretam e descrevem como discutir ou trabalhar a relação é visto pelos homens muito mais francamente como discutir ou brigar. Às vezes, alguns casais até começam a bater boca — ou discutir, dependendo do ponto de vista — sobre se eles estão brigando ou conversando!

Se vocês estão discutindo sobre se estão discutindo, está na hora de dar um tempo. E digo isto literalmente. Fazer uma pequena pausa é excelente maneira de abortar um conflito iminente, ainda mais se ambos usarem esse tempo para relaxar ou queimar o excesso de energia, em vez de remoer aquilo que está incomodando. Levando este princípio um pouco mais além, de qualquer maneira, costuma ser uma boa ideia — quando possível — esfriar a cabeça por um ou dois dias, antes de tocar num assunto espinhoso.

Ademais, normalmente não é útil para a relação dizer à outra pessoa como ela deveria se sentir a respeito de alguma coisa. Se ele disser "Eu não quero brigar por causa disto agora" é porque sente que existe um conflito e, por algum motivo, prefere deixar a conversa para depois. Independente de você aceitar o pedido dele ou não, não conseguirá nada argumentando que o que ele sente está errado.*

Deixando a semântica de lado, você deveria aceitar esse pedido? Isto depende de você e da relação. Por exemplo, se for uma sexta-feira à noite, de uma semana difícil no trabalho dele, e o assunto não for urgente, então,

---

* Se você quiser encarar essa questão, também poderá dizer que não tinha a intenção de brigar com ele, e demonstrar que se importa com os sentimentos e a percepção dele perguntando como gostaria que, no futuro, você viesse a mencionar os problemas, de modo a ele não se sentir atacado.

não haverá problema em lhe conceder uma noite de folga, caso ele a peça. Mas você também estaria no direito de afirmar que a questão é importante para você e perguntar se teria algum problema em voltar a falar dela no fim de semana. (Por que perguntar em vez de simplesmente comunicar que você planeja fazer isso? Porque ele não pode realmente se recusar sem parecer ridículo, portanto, você conseguirá a resposta que quer de qualquer jeito, e será muito mais fácil iniciar a conversa mais tarde se ele já tiver concordado explicitamente com ela.) Considerar o ponto de vista dele e lhe atribuir um peso igual ao seu não significa lhe dar um poder de veto sobre se você vai verbalizar os problemas ou não; se ele acha que conseguirá ter uma excelente relação com uma mulher maravilhosa sem nunca ter de conversar sobre nada ou resolver coisa alguma... bem, não demora e isso não vai ser mais problema seu, porém de outra mulher qualquer.

Para impormos um tom mais otimista, é uma regra geral que as mulheres tendem a querer trabalhar para resolver os conflitos, ao passo que os homens tendem a se retrair emocionalmente.* Portanto, se o relacionamento de vocês incluir esta dinâmica de brigar/conversar, não se preocupe, você é apenas uma mulher normal se relacionando com um cara normal. Muitos casais passaram por problemas assim antes e, com um pouco de compreensão e paciência, vocês também superarão.

Amuar-se até gerar conflito

A maioria dos homens acha frustrante ou até falta de respeito quando uma mulher evidencia que há algo errado, porém não abre o jogo e fala sobre isso. Pior ainda é quando ele pergunta o que há e ela responde "nada" num tom que passa inequivocamente a certeza de que há *sim* algo errado. Trata-se de uma abordagem passivo-agressiva e manipuladora que quase certamente vai colocá-lo na defensiva e envenenar o resto da conversação. É

---

* CHRISTENSEN, A. "Dysfunctional Interaction Patterns in Couples" [Padrões de disfunções na interação de casais], em NOLLER, P. e FITZPATRICK M. A. (eds.) *Perspectives on Marital Interaction* [Perspectivas na interação conjugal], Monographs in Social Psychology of Language [Monografias em psicologia social da linguagem], vol. 1. Clevedon, Inglaterra: Multilingual Matters, 1988.

mesmo desse jeito que você quer abordar um problema que afeta o seu relacionamento?

Algumas mulheres justificam essa atitude afirmando que o homem deve saber o que fez de errado e, portanto, o fato de ele perguntar "O que há de errado?" já é por si só insultante ou manipulação. Porém, um erro não justifica o outro, e esse tipo de olho por olho não irá ajudar a relação de vocês. Seja como for, nós já tratamos da falácia que é assumir que outras pessoas compartilhem seus pontos de vista. Ele bem que pode não saber o que fez de errado, já que os homens costumam ser muito menos intuitivos emocionalmente do que as mulheres, e ele não deve ser tão bom quanto você em decifrar as emoções alheias. De forma geral, seria mais seguro presumir que ele esteja de boa-fé. Se não puder ser — se você tiver mesmo certeza de que ele é o tipo de cara que sabe que errou, porém finge que não —, então a questão aqui não é amuar-se até gerar conflito; é saber se vocês dois confiam e respeitam um ao outro o suficiente para estarem juntos. Eu não recomendaria ficar com nenhuma pessoa que tratasse você dessa maneira.

Phil, o médico, começou a sair com uma mulher que ele conheceu em um clube de corrida pouco depois do seu programa de treinamento. Tina e Phil são pessoas bastante ativas, embora ela seja um pouco mais do que ele. Na maior parte do tempo, Phil consegue acompanhar o ritmo dela, mas, durante a temporada de futebol, ele fica embolado no sofá horas a fio todos os domingos. Tina teria todo o direito de terminar com Phil caso não gostasse do jeito como ele passa seu tempo livre, ou de conversar com ele a esse respeito e explicar por que isso a incomoda. Ela também teria todo o direito de decidir que não é grave Phil passar algumas horas vendo futebol aos domingos, durante parte do ano, e aproveitar esse tempo para fazer o que ela gosta. Caso topasse, poderia até se juntar a Phil de vez em quando, para tentar entender por que ele curte tanto futebol. A única opção que não leva a lugar algum é justamente a que ela escolheu adotar: saudá-lo todos os domingos com o comentário ácido: "Então, você está planejando ficar deitado no sofá o dia inteiro, hoje, *de novo*?" O que Tina conseguia com isto era fazer Phil se sentir um pouco mais culpado e um pouco mais ressentido com ela.

Quando um assunto não é suficientemente importante para ser abordado de forma direta, então, na certa, não é suficientemente importante para você adotar um comportamento passivo-agressivo ou amuado.

Sendo legalista

Já é fato notório que as mulheres são muito mais hábeis e sutis do que os homens na comunicação verbal. É muito provável que você seja muito melhor que ele no que diz respeito a transmitir uma emoção ou um pensamento, sem formulá-los explicitamente. Algumas mulheres lançam mão dessa habilidade para flertar, outras, para fofocar sobre uma rival sem se incriminar, e muitas a utilizam, com suas melhores amigas, para transmitir significados ou nuances impenetráveis para qualquer pessoa de fora do grupo.

Você talvez possa usar essas habilidades para conseguir os seus objetivos algumas vezes, mas o homem acabará se dando conta disso e ficará frustrado, o que dará margem para o ressentimento. Peter, um ex-cliente, relatou uma conversa desse tipo com a ex-namorada, Michelle:

> PETER: — Ei, estou indo no Jason. Volto daqui a algumas horas.
> MICHELLE [num tom triste e surpreso]: — Oh... você vai sair hoje à noite?
> PETER: — Sim. Já conversamos sobre isso. Toda quarta à noite vou para o meu jogo de pôquer e coloco o papo em dia com os rapazes.
> MICHELLE: — Ah... entendi. Então, você realmente não quer me ver hoje à noite?
> PETER: — Não, eu adoro ver você. Adorei passar um tempo com você ontem, e vamos fazer algo divertido neste fim de semana, mas hoje é dia de pôquer com a galera.
> MICHELLE: — É tão ruim passar um tempo comigo? Do jeito que você fala até parece uma obrigação.

Peter acabou não indo ao pôquer naquela semana. Durante outra conversa, algumas semanas mais tarde, Michelle o acusou de fazer tão somente o que queria, e nunca o que ela queria. Peter levantou a questão da noite do pôquer como exemplo de que ele atende às necessidades dela, mas Michelle desconsiderou aquela noite, alegando que ela jamais lhe pedira de fato para ficar em casa. Quando indagado, ele não pôde apontar nada de específico que justificasse a sensação que nutria de que ela estava agindo de modo carente e controlador. Então, Michelle levou a melhor?

Não. Isto aqui não é uma corte de justiça. Peter não precisa justificar o que sente; basta que ele sinta. Quando me relatou a situação, eu previ que Peter terminaria com ela dentro de um mês. Eu errei: eles terminaram seis semanas depois.

Teria sido muito melhor para Michelle se ela tivesse revelado logo os seus sentimentos. Em vez de ficar enrolando Peter e pedir que ele voltasse a explicar a questão do jogo de pôquer, agindo como se esse acontecimento semanal fosse uma grande surpresa, ela deveria ter dito algo como: "Eu sei que normalmente hoje é sua noite de pôquer, mas estou me sentindo muito só/triste/precisando de você/qualquer outra coisa, e pensei que seria muito legal ver você, se você acha que consegue arranjar isto." Esta abordagem não seria uma garantia de consentimento por parte de Peter, nem de que ele não ficasse chateado com o pedido, mas, pelo menos, Peter não teria ficado ressentido por ter sido manipulado por ela, o que é muito mais prejudicial no decorrer do tempo.

Recentemente, ouvi duas mulheres que tomavam café e discutiam as queixas de uma delas sobre o namorado. Pelo visto, ele havia marcado de ir à casa dela na noite anterior e não fora, porque, de repente, tivera de trabalhar até tarde no seu restaurante devido a alguém ter faltado por doença. Ela estava irritada não só porque ele não fora à casa dela como combinado, mas porque, na manhã seguinte, ele se queixou de que ela o havia pressionado. Então, a mulher leu toda a conversa da noite anterior, feita por mensagens de texto, para a amiga (e os demais clientes do café). Ao que tudo indicava, esta consistia das mensagens que ela própria enviara a cada 15 minutos, mais ou menos, perguntando se ele já tinha terminado ou terminaria logo, e as respostas dele, de que não sabia quando poderia sair, mas que, provavelmente, seria muito tarde.

"Veja se no meio dessas mensagens todas há uma única sequer em que eu exigi que ele fosse até minha casa", ela pedia à amiga. E a amiga concordava que, de fato, não havia. Mas o namorado dela não estava certo, ainda assim, ao interpretar a intenção das suas mensagens — embora não fossem essas exatamente as palavras? Eu apostaria até o último centavo que sim.

Se você tem algo a dizer ao seu homem, desembuche logo. Se a sua preocupação for que há coisas que não devem ser ditas, ou que você pode não gostar da reação dele, dizer as coisas pela metade não resolverá o problema. Se você se sentir frequentemente pouco à vontade dizendo as coisas que quer, talvez deva se questionar se as suas queixas justificadas, ou se o seu namorado é suscetível demais para se relacionar com você. Mas se o que tem a dizer for bastante importante para ser dito, então, é muito importante dizê-lo claramente e sem subterfúgios.

Escolha suas batalhas

Há uma quantidade finita de tempo que você e o seu homem vão poder passar juntos. Que porção dela você quer passar brigando? Quanto ele é capaz de aturar? Na minha experiência, a maioria das mulheres possui muito mais energia emocional do que os homens para falar sobre relacionamentos e problemas da relação — conforme observamos, vocês têm a predisposição de tentar equacionar os problemas emocionais, enquanto os homens apresentam a predisposição de evitá-los. O homem e a mulher precisam encontrar um meio-termo; ele, provavelmente, terá de discutir mais a relação do que gostaria, e ela, menos.

Assim, como você escolhe quais brigas comprar? Tudo o que falamos até agora já é um bom ponto de partida. Quando um problema não é suficientemente importante para ser tratado de forma aberta e franca, então melhor seria deixá-lo de lado. Minha ex-cliente Jillian se queixava de que o namorado não parecia respeitá-la porque nunca fazia nada que ela pedia. Quando encenamos uma conversa desse tipo, verificamos que, na realidade, ela jamais pedia algo; dava indiretas. Então, analisamos as necessidades dela, e eu a ajudei a formular seus sentimentos em palavras. Ela se mostrou reticente numa questão: pedir que ele fizesse menos barulho ao chegar em casa tarde, quando ela já estava dormindo.

— Não posso pedir isto para ele.
— Por quê? — perguntei.
— Porque ele trabalha muito, e quando chega tarde é porque estava fazendo horas extras. Ele não tem culpa de me acordar ao chegar em casa.

Eu não disse nada — fiquei simplesmente observando as engrenagens funcionando a todo vapor em sua cabeça.

— Acho que, então, eu não deveria ficar irritada com isso — ela mesma concluiu.

Se ela não tivesse se forçado a formular o problema clara e explicitamente, e tentado se imaginar comunicando-o ao namorado, é bem provável que não tivesse questionado por que experimentava tanto ressentimento.

Raiva e ressentimentos costumam aparecer nos relacionamentos quando as expectativas da pessoa não estão sendo satisfeitas. Não existe um guia padronizado para fixar expectativas apropriadas em relação ao seu homem, mas você deve explicitar — e justificar — para si mesma quais são exatamente as suas expectativas. Anote-as, de forma clara e com detalhes específicos. A especificidade é a chave da questão. Não escreva apenas que você espera que o seu namorado demonstre que se preocupa com você; anote *como* ele poderia demonstrar isso. Para algumas mulheres, poderiam ser flores frescas todos os dias. Para outras, um telefonema ou uma mensagem de texto. A maioria dos homens, na certa, acharia a segunda opção razoável, contrariamente à primeira. Mas se você quiser mesmo flores todos os dias, isto é ótimo — *assuma* essa expectativa e transmita-a claramente para os homens com quem se relaciona.

Aposto que o simples ato de escrever, obrigando-se a tornar claras suas expectativas, vai ajudá-la a escolher quais são as brigas que quer comprar. Talvez, seguindo o exemplo de Jillian, você se dê conta de que algumas de suas expectativas não são razoáveis e devem ser modificadas. Ou, quem sabe, você perceba que o seu homem está longe de ser o que você procura... Se a cada dois ou três dias você descobrir algo que a irrita no seu homem ou na relação, então deveria se perguntar se está mesmo feliz em tê-lo como namorado. Se você tiver certeza de que o adora e quer ficar com ele, porém ainda houver muitas coisas que parecem estar incomodando, então este exercício pode ser um ótimo indicador de que você necessita repassar suas expectativas pelo crivo do cabimento.

Seja como for, se persistirem problemas que quer abordar e você acreditar que sua relação com ele tem potencial, está na hora de outra grande discussão da relação. Não lhe entregue apenas uma lista de coisas; a maioria dos homens acharia isto arrogante e condescendente. Porém, nada de dourar a pílula. Conte-lhe que você tem se sentido infeliz e que há algumas coisas que gostaria de mudar na relação. Diga-lhe que tem certeza de que também há coisas que ele gostaria de alterar e sugira que procurem um horário e um lugar confortável para conversar sobre os problemas de ambos. (Não transforme essa conversa numa emboscada ao entrar no mérito das questões imediatamente.) Você não precisa mencionar que elaborou uma lista que já está prontinha...

Uma briga que você NÃO deve comprar

A maioria dos homens vai olhar para outras mulheres. Eles simplesmente são assim. Isto não significa que as estejam comparando com você, ou que queiram sair ou transar com elas. Na maior parte do tempo, nem é um processo consciente, porém instintivo e automático. O cérebro dele libera uma química de "gratificação" quando age assim, mas isto não constitui uma ameaça ao relacionamento de vocês. (A título de esclarecimento, "olhar para" não significa "encarar" — e, muito menos, "criar fantasias" ou "flertar" com elas.)

Você pode brigar com ele por causa disso, se quiser, mas é improvável que chegue a algum lugar. Eu namorei mulheres (heterossexuais) que vez ou outra chamavam minha atenção para mulheres atraentes. Essas conversas eram sempre divertidas e engraçadas, e isso também servia para demonstrar que elas se sentiam seguras e à vontade consigo mesmas. Essa atitude também lhes garantia maior credibilidade quando *estavam* genuinamente preocupadas ou com ciúme por algum motivo. Você não precisa necessariamente chegar a esse ponto, mas eu tampouco o admoestaria quando ele der uma espiada numa figura atraente que está passando do lado.

Se você for, por natureza, uma pessoa assertiva ou dominante, ou tiver simplesmente muita energia emocional, tome muito cuidado para não oprimir seu parceiro. Alguns homens valorizam sua paz e tranquilidade a tal ponto que preferem deixar suas mulheres vencer do que discutir. O argumento do rolo compressor não é uma estratégia viável no longo prazo —

com o passar do tempo, você corre o risco de ele criar ressentimento até o ponto em que simplesmente terminará com você, e você será mais uma daquelas mulheres que dizem que aconteceu de repente, sem que você desconfiasse de nada.

Por vezes um homem passa por pau-mandado, porque é mais fácil fazer qualquer coisa que a parceira queira do que enfrentar discussões/brigas de relacionamento o tempo inteiro. Isso acontece mais comumente em relacionamentos dos quais é difícil sair — quando o casal é casado, quando há crianças envolvidas ou quando o homem se acha velho demais para recomeçar a busca por uma namorada. Se você tende a ser assertiva e alimenta grandes expectativas a respeito das pessoas que a cercam, cuide para que essas qualidades positivas não se transformem num senão em seu relacionamento. O fato de seu parceiro jamais discordar de você nem questionar nenhum pedido que você faça não é sinal de relacionamento saudável, e você deveria passar seu comportamento em revista. Caso contrário, ele pode estourar. E mesmo que não o faça, quem é que quer se relacionar com um pau-mandado, de todo modo?

Dê mostras de boa-fé

Neste capítulo já analisamos uma série de potenciais abordagens para problemas em seu relacionamento: conciliar, deixar para lá, solucionar os problemas com base no interesse e assim por diante. Independente de como você chegou a uma solução, certifique-se de que seja aceitável para você e que você possa se ater a ela — caso contrário, não se trata verdadeiramente de uma solução.

Não estou dizendo que deva conseguir tudo o que quiser, mas deve se sentir sinceramente à vontade com o resultado. Depois de ter concordado com a visita dos pais para passar as festas com eles, não teria sido apropriado Mônica reclamar que sentia saudade de Nova York, nem agir como se Edward tivesse vencido na questão das férias, e ela, perdido, o que daria ensejo para impor o que ela bem entendesse na próxima vez. Caso se opusesse tanto àquela solução, Mônica não devia ter concordado com ela. Jillian decidiu não tocar no assunto do barulho que o namorado fazia ao chegar em casa tarde, o que está bem — desde que, e só neste caso, isto não venha a atrapalhá-la no futuro. Se ela continuar a se irritar com essa questão, deixar o problema de lado não terá sido a solução correta.

Sim, isto pode implicar discutir mais a relação — o que parece contradizer o conselho de você escolher quais as brigas que quer comprar. Mas se as opções forem discutir de novo a relação ou ver o seu ressentimento crescer, relativo a uma questão que você deu a impressão de estar resolvida de maneira satisfatória, ele vai preferir a primeira, sempre.

Do mesmo modo, resolver uma questão — sobretudo com base na conciliação — não deve servir como pontapé inicial para uma renegociação. Tina agiria de má-fé se concordasse com um fim de semana por mês sem futebol em troca de pegar mais leve nos outros fins de semana, e então utilizasse aquele "fim de semana sem futebol" como base para tentar negociar que dois, três ou até mesmo todos os fins de semana fiquem também sem futebol. Por quê? Porque, provavelmente, Phil iria ficar com a impressão de terem chegado a um verdadeiro compromisso e que, em troca de ele abrir mão do futebol num fim de semana por mês, Tina aceitaria que ele assistisse aos jogos nos demais — e não que ela estivesse tão somente se preparando para outra rodada de "conciliação". Claro, às vezes, as situações mudam, ou você tenta uma solução e depois percebe que não funciona para você — e não deixe de comunicar a ele se esse for o caso. Contudo, não é a mesma coisa que planejar deliberadamente outra rodada.

Não estou afirmando que você tenha de gostar de todos os aspectos do seu relacionamento e da personalidade do seu namorado. Isto não vai acontecer, pois é impossível. Porém, para estar com qualquer pessoa, você tem de estar disposta a aceitar algumas coisas de que pode não gostar. Peter partiu o coração de Michelle quando terminou com ela. É bem provável que ela tivesse preferido que Peter jogasse pôquer de vez em quando do que não tê-lo mais ao seu lado. Mas ela o perdeu totalmente porque não quis aceitar a ocasional noite de pôquer como algo normal dentro do toma lá, dá cá de qualquer relacionamento.

Uma versão mais sutil, porém igualmente destruidora desse tipo de má-fé, é forçar um homem a discutir e explicar a toda hora algo de que você não gosta. Claro que você pode revisitar uma questão antiga se mudou sua maneira de pensar, ou se quiser mais um esclarecimento, ou se estiver insatisfeita com a resolução tomada, mas nunca aja como se a conversa nunca tivesse acontecido antes.

Administrar o conflito em relacionamentos pode ser um verdadeiro desafio para as mulheres. Seu impulso natural é abordar as questões emocionais, ao passo que o do parceiro o leva a se retrair e resistir aos seus apelos. Tampouco ajuda o fato de a sociedade ser meio machista nesse quesito e adotar padrões distintos: ninguém hesita em estereotipar uma mulher que utiliza qualquer intervalo numa conversa como trampolim para falar sobre "nós" ou "discutir a relação", mas o parceiro que nunca quer falar sobre nada, este está apenas fazendo papel de homem. Considerando-se que você, provavelmente, lê muito melhor as emoções dele do que ele as suas, pode ser mesmo frustrante enxergar um problema com tanta clareza e até dispor de um meio para solucioná-lo de modo a deixar todo o mundo mais feliz, mas não ter condições de comunicá-lo ao parceiro ou sequer de mobilizá-lo para conversar.

Relaxe. Vocês vão mesmo enlouquecer um ao outro de vez em quando. É impossível que duas pessoas não façam isto. Mas se você ficar irritada mais do que "de vez em quando", então tire um tempo e pense sobre a situação. Todas as coisas que a incomodam se somam e formam questões maiores? Se for assim, não é bem verdade que você e seu homem tenham tantos problemas; vocês têm apenas alguns problemas, com muitos sintomas. Caso contrário, seria melhor você analisar se não está alimentando expectativas irreais em relação a ele, ou a namorados de modo geral, ou, alternativamente, se ele é de fato o homem certo para você. Pode ser melhor terminar e começar do zero, com alguém mais compatível, do que ficar frustrada porque o seu parceiro não satisfaz suas necessidades. Ou, como Albert Einstein disse certa vez: "As mulheres se casam na perspectiva de que o homem vai mudar. Os homens se casam esperando que elas não mudem. Ambos ficam desapontados."

Independente do que você for fazer, escolha uma solução potencial e toque-a para a frente; não fique apenas se queixando ou se frustrando sem fazer nada a respeito. A única recompensa que alguém recebe por aguentar uma relação insatisfatória é passar mais tempo nessa mesma relação. Em contrapartida, a recompensa por construir um ótimo relacionamento, desenvolver uma comunicação aberta e ser capaz de solucionar problemas conjuntamente deve ser uma relação ainda melhor no futuro. Bem, *aí está* alguma coisa em que vale a pena investir.

Conclusão

Espero que você tenha curtido o tempo que passamos juntos. O mais importante é que você descobriu ferramentas e ideias que vão ajudá-la a conseguir os homens, o amor e os relacionamentos que almeja.

Ao mesmo tempo, você deve ter notado que, ao longo do caminho, entre as táticas, os estudos, as técnicas, os faça e não faça, eu inseri alguns recados recorrente e de fundo.

Um desses tópicos é o absurdo em que se transformou o mundo contemporâneo da sedução. Nossos impulsos biológicos foram projetados para um mundo completamente diferente, que não existe mais. A maioria das pessoas não sabe o que realmente as move, e muitas não o admitiriam mesmo se soubessem. Acrescente-se a isto uma boa camada de machismo antiquado e o fato de a sociedade ainda não ter se acostumado totalmente com a ideia da sexualidade feminina; desse modo, por consequência, não é de surpreender que tantas mulheres se sintam paralisadas pela frustração.

Espero que este livro a tenha ajudado a compreender o mundo da paquera, na medida em que ele possa ser compreendido, porém me dou conta de que, quando se fala do comportamento humano individual, no tocante a sexo, sedução e relacionamentos, podem ocorrer coisas imprevisíveis ou estranhas. Na medida do possível, eu encorajaria você a apenas sorrir do absurdo disso tudo, às vezes. Óbvio que você quer e precisa levar a sério sua vida amorosa, mas não tem de levar a sério todos os momentos do caminho. O velho clichê soa perfeito aqui: a vida não é um destino, é uma jornada. Tanto quanto possível, procure curtir a jornada. Afinal, você, provavelmente, vai encontrar alguns homens interessantes ao longo do caminho, vai se divertir e aprender muito sobre o mundo que a cerca — e, talvez, também sobre si mesma.

Outro tópico é: ninguém melhor do que você sabe o que você precisa em sua vida amorosa. Sim, não raro as pessoas não sabem mesmo o que querem e o que as move; entretanto, não é possível que amigos, familiares ou a sociedade, de modo geral, tome decisões melhores que as suas, em seu lugar. As influências externas são, em grande parte, responsáveis por plasmar o que consideramos ser nossos valores e preferências. Se você está feliz com os seus, ótimo. Se você fica frustrada sem muitas vezes saber o porquê, deveria verificar se está vivendo sua própria vida ou deixando que outras pessoas a vivam em seu lugar. Eu vi demasiadas pessoas se convencendo (ou *se deixando* convencer) a se esquivar de situações ou experiências que elas teriam realmente curtido e aproveitado. Isso para não mencionar as que se deixam convencer a *entrar* em situações, paqueras ou relacionamentos que não são, de modo algum, convenientes para elas.

A vida é sua. Ninguém se importa mais com a sua felicidade do que você, e se você há de errar ao longo do caminho, pelo menos que os erros sejam seus. É a sua vez de jogar...

A jornada continua...

Um dos componentes centrais de Love Systems é que "ninguém é deixado para trás". Depois de um programa de treinamento ou de um treinamento ao vivo, os clientes ganham acesso permanente a uma comunidade on-line fechada para compartilhar experiências, receber conselhos profissionais e se manter atualizados quanto a novas e poderosas técnicas.

Eu gostaria que você, leitora deste livro, me acompanhasse em uma experiência similar. No website **www.ItsYourMoveBook.com** existe uma área privativa para os membros, as mulheres que possuam *É a sua vez*. Essa área está repleta de exercícios, estudos de casos, material suplementar, colas e tudo o que for necessário para ajudá-la a tirar o maior proveito possível das poderosas técnicas contidas neste livro. Eu também dou uma chegada ali sempre que posso para responder perguntas sobre o material do livro ou para conversar sobre as experiências das usuárias.

Inicie a sua jornada hoje mesmo — e vejo você por aí!

Nick Savoy

Este livro foi composto na tipologia Adobe Garamond Pro,
em corpo 11,5/15, impresso em papel off-white,
no Sistema Cameron da Divisão Gráfica
da Distribuidora Record.